基于职业发展的普通高校辅导员领导力提升研究

蔡胜男　高麦玲　霍洪田◎著

JIYU ZHIYEFAZHAN DE
PUTONG GAOXIAO FUDAOYUAN
LINGDAOLI TISHENG YANJIU

新华出版社

图书在版编目（CIP）数据

基于职业发展的普通高校辅导员领导力提升研究 / 蔡胜男 , 高麦玲 , 霍洪田著 .
-- 北京 : 新华出版社 , 2024. 10.
-- ISBN 978-7-5166-7611-0

Ⅰ . G645.1

中国国家版本馆 CIP 数据核字第 2024WR3166 号

基于职业发展的普通高校辅导员领导力提升研究

作者：蔡胜男　　高麦玲　　霍洪田
出版发行：新华出版社有限责任公司
　　　　　（北京市石景山区京原路 8 号　邮编：100040）
印刷：河北鑫兆源印刷有限公司

成品尺寸：170mm×240mm　1/16　　　　印张：19.75　　字数：230 千字
版次：2024 年 12 月第 1 版　　　　　　印次：2024 年 12 月第 1 次印刷
书号：ISBN 978-7-5166-7611-0　　　　　定价：82.00 元

微店

视频号小店

抖店

京东旗舰店

扫码添加专属客服

微信公众号

喜马拉雅

小红书

淘宝旗舰店

前　言

　　2016 年 12 月 8 日，习近平总书记在全国高校思想政治工作会议上就高校思想政治工作队伍建设指出，要拓展选拔视野，抓好教育培训，强化实践锻炼，健全激励机制，整体推进高校党政干部和共青团干部、思想政治理论课教师和哲学社会科学课教师、辅导员班主任和心理咨询教师等队伍建设，保证这支队伍后继有人、源源不断。大学内部治理作为教育治理体系的重要组成部分，是实现教育治理现代化、推动高等教育高质量发展的关键一环。那么高校辅导员作为大学内部治理中层领导甚至是校领导的后备人选和坚定的执行者，更需要有针对性地对辅导员领导力提升进行研究。建设一支政治信念坚定、业务素质精湛、工作作风务实的辅导员队伍是提升大学治理能力和水平的有力保障。本书是关于高校辅导员晋升发展所需的部分能力的研究，可帮助高校培养研究型、担当作为、为师生服务的中层领导干部，为高校高质量发展储备干部人才，提升大学的现代化治理能力。

调查研究发现，国内学术界大多针对高校辅导员对工作和学生管理方面的领导力进行探讨，但对辅导员晋升为高校中层领导显著性和核心领导力的研究极少。从这个角度讲，本研究成果具有一定领先性，能够填补高校辅导员培养、储备、选拔、任用干部领域的研究空白，推动该领域的发展。国外研究主要集中在对"领导力"本身的研究。领导力被视为一种特定的"关系"，一种"过程"，一种"影响力"，不仅强调领导者的个人能力和素质，还注重领导者在决策、道德和人际交往等方面的表现，为全面理解领导力提供了更为丰富的视角。

因此，本书通过对领导力的界定，结合辅导员工作的特点，对高校辅导员领导力作如下定义：高校辅导员领导力是一种综合性的能力，具有前瞻性和战略性思维，是能够准确判断学校未来的发展方向，通过其人格魅力、沟通技巧和团队协作等能力，是凝聚和激励师生朝着学校特定的教育目标奋斗的能力。高校辅导员领导力既是一种感召力，也是一种控制力；既包括对内的判断、协调、激励和创新能力，也包括对外的合作、交流以及应对复杂环境的能力。

本书通过文献研究法、问卷调查法、行为事件访谈法、因子分析法、层次分析法等，构建了基于职业发展的高校辅导员领导力的评价指标体系，通过指标体系对高校辅导员目前的情况进行实证分析，并提出相应的提升辅导员领导力的策略，帮助辅导员尽快提升自己的领导力，成为高校发展的中坚力量。首先，通过文献研究法、问卷调查法、行为事件访谈法，对高校校级领导和中层领导进行领导力的调查研究，构建基于职业发展的高校辅导员领导力评价指标体系；其次，通过问卷调查，采用因子分析法完善高校辅导员领导力评价指标体系，形成二级指标体系，并采用层次分析法确定权重，最终确定高校辅导员领导力指标体系（模型），提出高校辅导员晋升所需的政治素养力、前瞻力、决断力、成就驱动力、交际沟通力、合作力六个维度的二级指标和36项三级指标；再次，进行实证分析，根据指标体系形成调查问卷，对普通本科高校辅导员领导力开展实证调查分析，调查了解高校辅导员目前的状况和与指标体系之间的差距，以及存在的问题和原因，找规律、凝经验，对不足之处，究原因、找举措；最后，提出高校辅导员领导力的提升的策略，从职务晋升的角度出发，提出高校辅导员领导力提升策略，帮助高校辅导员有针对地提升自己的领导力，把自己锻炼、打磨、培养成高校高质量发展的中层领导人才，同时也能帮助高校重视辅导员领导力的提升和发展，完善考核奖惩、干部选拔、激励机制、培育培训等策略机制，真正加快提升高校辅导员的领导力，从而推进高校的现代化治理能力和高校的高质量发展。

本书共有八章，第一章介绍了研究的背景、意义、方法、重难点与创新点等；第二章介绍了高校辅导员领导力的概念及研究的相关理论；第三章介绍了提升高校辅导员领导力的重要作用及现实因素分析；第四章介绍了指标体系的构建模型理论、构建原则、构建流程与技术方法；第五章调查了领导力的构成要素，分析了高校辅导员领导力指标体系的指标权重、基本内容、主要特征；第六章介绍了高校辅导员领导力的实证分析问卷的设计、高测评结果分析；第七章根据实证分析结果，分别从国家、高校、辅导员自身和六力指标体系四个层面提出领导力提升的策略；第八章针对本书研究成果进一步总结、展望、查找不足，为后续研究奠定基础。

　　本书是 2024 年德州市社科联立项课题"基于职业发展的普通学校辅导员班主任领导力提升研究"的成果之一。在编写过程中，参考和吸取了近年来国内外同领域专家、学者的最新成果，借鉴了许多著作、文献精华。在此，向各位专家和同行表示最诚挚的感谢。同时,本书在调研一手数据时,也得到了本院校及许多兄弟院校领导、同仁的关注、支持与鼓励,在此一并表示真诚的谢意！由于水平和能力有限，书中难免存在疏漏和不妥之处，敬请同行专家和广大读者、相关高校领导和老师多提宝贵建议，以便在今后的学习中改进和完善。

目　录

CONTENTS

第一章 <<<

导论

>>>

在高等教育体系中，高校辅导员饰演的角色至关重要。他们不仅是学生学术道路上的指导者、学生成长过程中的引路人，更是推动高校发展的中坚力量。高校辅导员作为教育强国建设的中流砥柱，构成了新时期推进高等教育事业发展的核心动力。高校辅导员队伍的发展态势，对于教育强国、科技强国、人才强国建设的协同推进，具有举足轻重的影响。其队伍的专业素养、教育理念及创新能力，均对国家整体的战略发展具有深远的战略意义。随着新时代的快速发展和高等教学改革的不断深化，高校辅导员领导力成为影响其职业发展的重要因素。在高校辅导员的工作中，领导力不仅体现在对学生的管理、指导和引领上，更体现在对学院、学校乃至社会的影响和贡献上。因此，开展对于高校辅导员领导力提升的专门研究，不仅有助于辅导员个人职业生涯的规划与发展，更是提高高校管理水平和人才培养质量的关键。

第一节　问题缘起及研究意义

一、问题缘起

在 2021 年 3 月 11 日十三届全国人大四次会议表决通过的《中华人民共和国国民经济和社会发展第十四个五年规划和 2035 年远景目标纲要》中提出要建设高质量教育体系。我国"十四五"规划和 2035 年远景目标纲要明确提出，到 2035 年我国将基本实现社会主义现代化，建成教育强国；"十四五"时期"建设高质量教育体系"①。构建高质量高等教育体系要特别注重结构优化，以顺应社会主义现代化国家建设的需要。高等学校内部治理作为教育治理体系的主要组成内容，是实现教育治理现代化、推动高等教育高质量发展的关键一环。高校辅导员作为大学内部治理的中坚力量，甚至是未来校领导的重要备选人才和坚定的执行者，其领导力的提升显得尤为重要。人才培养作为高校的根本使命，不仅服务于中国式现代化和法治中国建设，更需要培养大批具备高素质和专业化能力的法律人才，以及拥有现代法治思维的多元化人才。

党的二十大报告将教育、科技、人才"三位一体"统筹安排、一体部署，明确了科教兴国战略在新时代的科学内涵和使命任务。这是以习近平同志为核心的党中央对强国崛起规律、未来世界发展大势的深刻洞察和把握，以及对教育在全面建设社会主义现代化国家中的基础性、战略性作用的强调与期待。科技发展靠人才，人才培养靠教育。在建设教育强国、科技强国、人才强国的过程中，教育强国是基础②。坚持教育理念、体系、制度、内容、方法、治理现代化，是建设中国特色社会主义教育强国的基本路径③。这关系到社会主义事业的兴衰，关乎国家的长治久安，更关联到中华民族伟大复兴的宏伟蓝

① 新华社.中华人民共和国国民经济和社会发展第十四个五年规划和 2035 年远景目标纲要 [EB/OL].[2021-03-13].https://www.gov.cn/xinwen/2021-03/13/content_5592681.htm.

② 中国教育报.实施科教兴国战略强化人才支撑——论学习贯彻党的二十大精神 [EB/OL]. [2022-11-02].http://www.moe.gov.cn/jyb_xwfb/s5148/202211/t20221102_697098. html.

③ 中国教育报.建设中国特色社会主义教育强国——二论学习贯彻习近平总书记在中共中央政治局第五次集体学习时的重要讲话精神 [EB/OL].[2023-06-01].http://www.moe.gov. cn/jyb_xwfb/s5148/202306/t20230601_1062303.html.

图。高校作为基层社会治理的重要阵地，在制度建设、法治文化建设、干部队伍建设等方面扮演着关键角色。制度贯彻是实现高校治理体系现代化向治理能力现代化转化的首要任务，应坚持党的领导、以学生为中心、以教师为主体。同时，干部队伍建设则是治理能力现代化的关键所在，特别是要培育一支具备现代化治理能力、研究能力、勇于担当作为，并致力于服务师生的中层领导干部队伍是普通高校的一项主要的事务。加强高校辅导员领导力提升的研究，为辅导员整体素质提升呈现了一个崭新的视角，有利于丰富高校辅导员队伍建设的理论研究成果、推动立德树人根本任务的实现[1]。所以提升普通高校辅导员领导力显得至关重要，但是在研究过程中发现，关于辅导员领导力的研究颇为丰富，然而现有研究主要集中在其管理学生、服务学生能力的提升层面，鲜有将辅导员作为高校中层领导潜在的后备力量或治理能力现代化的关键推动者这一视角的研究，且缺乏深入的分析和探讨。所以非常有必要结合中国国情开展高校辅导员领导力培养的全面系统研究，做出前沿性的研究成果[2]。

第一，高校高质量发展对辅导员领导力的必然要求。在新时代背景下，高校辅导员作为高校治理体制的中坚力量，不仅担负着大学生日常思想政治教育和治理工作的重要使命，而且将来是高校中层管理队伍的重要组成部分，所以高校辅导员应关注国家战略需求，紧密围绕人才培养这一核心任务，创新工作方式方法，提高教育质量，为繁荣和发展我国高等教育事业助一臂之力。在学校高质量发展的倡导下，辅导员应该与时俱进，在负责好大学生思想政治教育工作的基础上，

---

① 宋莹. 高校辅导员领导力提升研究 [D]. 上海：华东政法大学，2021.

② 耿克尧. 高校辅导员的领导力研究——以河北省为例 [D]. 保定：河北农业大学，2015.

关注自身队伍建设，对自己的职业发展做长远规划。不断提升自身发展所需的各项能力，为了实现职业生涯的晋升，并成功肩负起高校中层领导的重任，高校辅导员需要持之以恒地投入到自我能力的提升之中，特别是那些成为高校中层领导必备的核心能力，比如沟通技巧、团队协作能力、决策能力和创新能力等。这些能力的全面提升，对于个人在职业道路上的持续进步具有重要意义，更是塑造一个高效、有影响力的中层领导者不可或缺的元素。在高校的高质量发展中，高校辅导员要紧跟新时代的步伐，贡献自己的智慧和力量。

第二，大学治理现代化对辅导员领导力的必然要求。党的十八大以来，习近平总书记指出建设教育强国。奋进新征程、建功新时代、创造新伟业，必须坚持科技是第一生产力、人才是第一资源、创新是第一动力，深入实施科教兴国战略、人才强国战略、创新驱动发展战略，更好发挥教育、科技、人才事业的基础性、战略性支撑作用[①]。高校辅导员作为高校中层领导干部的后备人才，其领导力水平如何，直接影响着高校治理现代化的进程。此外，作为教育治理体系的关键环节，大学内部治理现代化的关键因素，也是高等教育质量提升的关键因素。因此，高校辅导员作为大学内部治理的中层领导储备力量和坚定执行者，有必要对辅导员领导力的提升进行有针对性的研究。所以如何激发辅导员的内在动力，促进辅导员尽快具备中层领导能力，成为各高等学校干部队伍建设迫切需要解决的难点。

第三，高校的人才战略对辅导员的必然要求。当下正是由人口

---

① 蒋金锵.牢牢抓住第一生产力、第一资源、第一动力（思想纵横）[EB/OL].[2023-03-24]. http://paper.people.com.cn/rmrb/html/2023-03/24/nw.D110000renmrb_ 20230324_2-09.htm.

红利转变为人才红利的阶段，高校的人才战略不仅要在高学历的科研人才身上下功夫，而且要同样重视管理干部队伍的培养与选拔。辅导员作为高校管理战略人才力量的源头活水，高校要通过"大力培养、积极引进、持续支持、有效激励、跟进服务"，切实担负起基础人才培养主力军的作用，让优秀更快迈向顶尖。

第四，辅导员的核心要素。高校辅导员的核心要素在于领导力。他们不仅是大学生教育的重要引导者，而且在大学内部现代化治理过程中扮演着关键领导者的角色。同时，高校辅导员还需要不断提升自身的综合素质，以进一步提高其领导力水平，从而更好地履行其职责，为学生和大学的发展贡献出更大的力量。

二、研究意义

本书是在对高校领导和辅导员大量调研的基础上提出的学术研究，因此具有很强的可行性和实用价值，与培养具备现代化治理能力、研究型、勇于担当作为、为师生服务的中层领导干部紧密相关。通过深入研究，我们旨在推动中层领导干部队伍的建设与发展，以适应新时代的发展要求，为高校的长远发展和师生的福祉贡献力量。

第一，丰富了领导力理论研究。领导力理论研究，其渊源可追溯至西方国家，经过岁月的沉淀与积累，理论知识日益丰富。然而，过往的研究大多聚焦于国家层面的领导者、政府官员、企业高管以及社会组织的领导者等，对于其他领域的领导力探索相对较少。在这样的背景下，针对高校辅导员领导力的研究显得尤为重要，它不仅拓展了领导力理论的研究范围，更为高校储备、培养、选拔、任用、考核干部人才提供理论支撑和数据支持，具有很强的学术性。

第二，提供高校辅导员领导力研究的新视野。进一步对高校辅导员领导力的核心意义进行明确界定。在角色定位的基础上，辅导员主动转变思维方式，拓宽思维领域，摒弃传统模式，形成独特的思考视角；不再局限于对学生的管理，学会从个人职业发展的角度出发，进行深入思考。

第三，有助于提升高校辅导员领导力水平，优化高校辅导员队伍管理。与高校教师相比，辅导员与学生联系更密切、更直接。更为关键的是，他们是高校德育工作得以开展的载体和承担者，是大学生成长过程中的人生导师和引路人，这就必然要求辅导员不断提高其自身综合素质和工作能力，向职业化和专业化方向发展，扮演学生工作的领导者和决策者，而不再是简单的"保姆"和"勤务兵"[①]。

第四，有助于高质量人才储备和学校长远发展。只有在学校积极致力于培养高质量辅导员等中层领导干部的人才储备中，不断拓宽高校辅导员视野，夯实人才基石，才可能使得学校长远发展。应重视中层领导干部的培养，将其纳入学校战略发展规划。高质量高素质人才的发展研究不仅是普通高校辅导员队伍发展的要求，更是高校自身发展的必然发展趋势和高质量、高素质人才储备的基本需求。所以要不断激发人才潜力，鼓励创新与实践，以适应不断变化的新时代教育环境。

第五，有利于深化对高校思想政治事务理论的研究。概括高等学校辅导员领导力提升的影响与价值，并在此基础上提出有针对性的提升措施，对于推进我国高校思政工作的发展具有关键作用。

[①] 耿克尧. 高校辅导员的领导力研究——以河北省为例 [D]. 保定：河北农业大学，2015.

第六，有助于提升思想政治教育的实效性。高校辅导员领导力的发挥往往被当前的实际工作忽视，这在一定程度上制约了思想政治教育工作的深入开展。因此，对高校辅导员领导力的深入探讨和提升，不仅有助于人们对辅导员领导力在教育工作中的全面认识，更能助力辅导员通过领导力的增强来提升思想政治教育的实效性，从而有力推动立德树人这一根本教育任务的圆满完成。

第二节　国内外研究综述

一、国内研究综述

"领导力"一词虽源于西方，但如何结合我国国情发挥实效，是我们需要深入探索的研究，我们需学习学者的研究成果，并汲取其中的经验。从现有文献来看，国内对领导力的研究正在不断深化，并取得了显著的进展。在知网上以"领导力"为关键词进行检索，出现了10219条结果，当中博士论文有73篇，硕士论文有841篇，还有2202篇核心期刊文章；以"高校辅导员领导力"为关键词检索出了29篇文献；以"辅导员领导力"为主题检索，出现了66条结果，当中包括核心期刊文章42篇，硕士论文11篇。在所有检索出的论文中，发现学术界大多是高校辅导员对学生的领导力的探讨研究，但基于高校辅导员职业发展的领导力的研究极少，尚未找到与本书课题相关的论文，如图1.1所示。

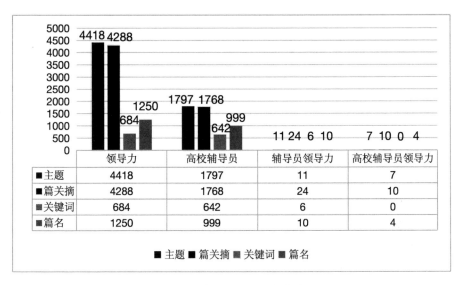

图 1.1　高校辅导员领导力检索统计图

　　鉴于辅导员领导力是领导力定义的一个分支，本书对于"高校辅导员领导力"的国内研究现势进行了深入探讨。这一探讨实际上是对"领导力"与"辅导员领导力"两方面的研究成果的综合分析。现在，对其进行如下详细分析。

（一）关于领导力的研究

　　通过对领导力理论意义及核心构成要素进行系统而深入的研究，我们能够更全面、更深刻地把握领导力这一复杂概念。这些详尽的研究不仅极大地拓展了我们对领导力的认知边界，更为本书后续深入探讨高校辅导员领导力的内涵与要素提供了坚实的理论支撑。

　　第一，关于领导力的内涵研究。领导力一词源于英文"leadership"，为管理学术语。随着全球化进程的加速和领导学的兴起，逐渐成为近几年来的热点语汇。不同学者对领导力的定义和内涵有着不同的理解，但普遍认为领导力是领导者在团队或组织中发挥影响力，推动目标实现的重要能力。在我国，学者李秀娟认为领导力是指处于社会关系中的个体在特定的情境下引领他人和社会积极改变所需要具备的各种能力素质等影响力要素的集合[①]；学者王芳认为领导力是由多种特质组合共同决定的，其中包括智力、个性、价值观以及与领导情境相关的一系列人际技能、问题解决能力和默会知识[②]。领导力在领导团队实现组织目标时至关重要，涵盖决策、协调、沟通与创新等要素。它不仅深刻影响个人成长，助力深化自我认知、构建人际网络并把个人价值最大化，同时在组织层面也发挥着举足轻重的作用。领导力能有效推动组织进步，增强竞争力和创新动力。经过不断锤炼与提升，领导力将成为个人与组织共同迈向成功的强大动力。

第二，关于领导力培育对策的研究。领导力培育目标的设定首先必须明确所需领导力的类型。变革型领导力、愿景型领导力等不同类型领导者的能力，其要求也是千差万别的。根据组织的发展战略和岗位需求，选择适合的领导力类型作为培育目标至关重要。此外，领导力培育目标还需考虑层次性。从初级领导者到高级领导者，不同层次的领导者所需具备的领导力和管理能力存在差异。因此，在设定领导力培育对策时，应针对不同层次的领导者制订相应的发展计划，才能够确保他们在各自的岗位上发挥最大的作用。

综上所述，领导力研究及其培育策略的探讨对于我国发展高质量人才具有重要的理论指导意义。我们应继续深化对领导力内涵的

---

① 李秀娟. 思想政治教育视域下大学生领导力培育研究 [D]. 上海：华东师范大学 ,2017.
② 王芳. 领导力早期发展的初步探索 [D]. 上海：华东师范大学，2010.

理解，探索更有效的领导力培育方法，以推动我国领导力的进一步提升。同时，也应对领导力的实际应用进行更多的实证研究，以期为领导力在实践中的有效运用提供有力支持。

（二）关于高校辅导员领导力的研究

表 1.1　国内学者关于高校辅导员领导力研究的核心思想

序号	研究论文名称	作者	单位	核心思想
1	高校辅导员的领导力研究——以河北省为例	耿克尧	河北农业大学	本书以问卷调查的数据为基础，并结合国内外关于辅导员领导力的研究成果，分析高校辅导员领导力缺乏的原因，并提出相应的解决方法和对策。河北省辅导员领导力的现状结果表明：高校辅导员领导力的培育是一个系统的工程，需要依靠社会、高校和辅导员自身的不断努力和长期奋斗[①]。
2	我国高校辅导员的领导角色与"领导力"培育研究	杨雪连	广东外语外贸大学	本书立足于中西方领导力培育的基础，力图从管理学、领导学、教育学、心理学等多学科的角度去挖掘适合辅导员领导力培育的模式[②]。
3	高校辅导员领导力提升路径探究	胡杨	辽宁理工职业大学机电学院	本书结合笔者自身工作经验，阐述了高校辅导员领导力的基本内涵，从促进领导力自我开发、优化领导力培训、完善领导力保障机制三个方面提出了高校辅导员领导力提升的路径，为提升我国高校辅导员领导力提供参考[③]。

---

① 耿克尧.高校辅导员的领导力研究——以河北省为例 [D].保定：河北农业大学,2015.

② 杨雪连.我国高校辅导员的领导角色与"领导力"培育研究 [D].广州：广东外语外贸大学,2014.

③ 胡杨.高校辅导员领导力提升路径探究 [J].辽宁工业大学学报（社会科学版）,2023, 25 (05)：96-98.

续表

序号	研究论文名称	作者	单位	核心思想
4	新时代高校辅导员领导力构建研究	万胜、申林灵	中国地质大学（北京）水资源与环境学院；中国人民大学社会与人口学院	高校辅导员领导力构建对于增强思想政治教育针对性、实效性具有重要意义。辅导员领导力表现为辅导员在学生思想引领上具有影响力、对学生组织具有的管理和协调能力、解决实际工作和学生发展过程中遇到的各种难题的处置能力以及对理论实践的研究能力。辅导员领导力的构建是对辅导员职责需要的回应，能促进辅导员育人功能的整体性发挥。在具体工作实践中，可以通过设置愿景、注重沟通、解决学生急难愁盼的问题和自我完善来实现高校辅导员领导力的构建①。
5	高校辅导员领导力提升研究	宋莹	华东政法大学	高校辅导员是高校教师队伍和管理队伍的重要组成部分，具有教师和干部的双重身份，是离学生最近的人，是学生成长成才的人生导师和健康生活的知心朋友，是开展大学生思想政治教育，落实立德树人根本任务的基础力量和骨干队伍。提升高校辅导员的领导力，对于充分发挥其引领示范和辐射带动作用，筑牢高校意识形态前沿阵地，培养合格的社会主义建设者和接班人具有重要作用②。
6	高校辅导员的领导力提升研究	李胜男	新余学院	辅导员的领导力在思想政治教育过程中发挥的作用逐渐增大，会直接影响到高校思政工作的成效。本文对高校辅导员领导力的概念、高校辅导员领导力存在的问题以及制约高校辅导员领导力提升的因素进行了基础性分析，对高校辅导员领导力提升进行了研究③。

① 万胜，申林灵.新时代高校辅导员领导力构建研究 [J].学校党建与思想教育，2023 (17)：84-87.

② 宋莹.高校辅导员领导力提升研究 [D].上海：华东政法大学，2021.

③ 李胜男.高校辅导员的领导力提升研究 [J].文化创新比较研究，2019，3(22)：25-26.

续表

序号	研究论文名称	作者	单位	核心思想
7	高校辅导员领导力提升路径探究	杨东	南京林业大学	领导力本质就是影响力，可分为权力性影响力和非权力性影响力。针对我国高校辅导员领导力的培育现状，文章提出从构建科学管理制度、完善考核奖惩条例、理顺晋升发展机制来提升权力性影响力；从加强人格素养、增加知识积累来提升非权力性影响力，从而有效提升高校辅导员的领导力①。
8	专业美术院校辅导员领导力研究——以四川美术学院为例	熊久阳	西南大学	本书以管理心理学、领导学等相关理论为指导，研究专业美术院校辅导员领导力。主要运用文献研究法、访谈法、问卷法、综合分析法等，对四川美术学院辅导员领导力的情况进行了较为深入的研究。在分析现状的基础上，指出其存在的问题和形成的原因，最后提出相关对策和建议。希望通过本研究为加强专业美术学院的思想政治教育提供新的思考途径和解决问题的建议②。
9	民办高校辅导员领导力研究——以湖南民办高校M学院为例	雷友良	贵州师范大学	本书在运用文献研究的基础上，通过问卷调查与访谈的方式，以湖南省民办高校M学院的辅导员、大学生、一线管理人员为对象，分析辅导员领导力的四个维度：学习力、执行力、创新力、影响力，得出辅导员领导力存在的问题及产生原因③。
10	论高校新任辅导员的领导力提升策略——从毛泽东领导哲学的视角看	祝杨军	首都师范大学招生就业处	高校新任辅导员之所以容易进入"彼得陷阱"，根本原因在于其领导力水平与具体工作需要之间存在较大差距。借鉴毛泽东丰富的领导哲学理论与实践经验，能够帮助新任辅导员尽快破解领导力缺乏和不足带来的难题，提升学生工作水平④。

第一，关于高校辅导员内涵的研究。高校辅导员具有丰富而深远的内涵，他们既是高校教师队伍的重要组成部分，又是对大

① 杨东.高校辅导员领导力提升路径探究 [J].领导科学论坛,2019(09):41-44.
② 熊久阳.专业美术院校辅导员领导力研究——以四川美术学院为例 [D].重庆:西南大学,2012.
③ 雷友良.民办高校辅导员领导力研究——以湖南民办高校M学院为例 [D].贵州:贵州师范大学,2016.
④ 祝杨军.论高校新任辅导员的领导力提升策略——从毛泽东领导哲学的视角看 [J].宁波开放大学学报,2021,19(03):91-96.

学生进行思想政治教育的中坚力量。他们承担着学生日常思想政治教育和管理工作的组织者、执行者、指导者等多种角色。一方面在工作内容上，他们对学生进行理想信念教育，还负责指导学生党支部和学生组织建设，以及对学生进行学业、心理、就业、交友等方面的辅导，体现了辅导员在大学生思想政治教育工作中的核心地位。另一方面从职业角度看，辅导员的职业素质内涵包括具备相应的知识、技能、态度等，以完成他们的岗位职责。需要掌握思想政治教育、心理学、就业指导等多方面的知识，同时还需要具备良好的沟通能力、组织协调能力、解决问题的能力等。我国学者李胜男认为：高校辅导员的领导力是指辅导员通过教师的权威以及自身的知识、情感、能力等教育引导学生树立正确积极的世界观、人生观、价值观，督促帮助学生完成学业，树立正确的职业生涯发展目标并实现人生目标，实现人生价值[1]。杨雪连认为辅导员的领导力即是"辅导员的组织能力、沟通能力、协调能力、统筹布局能力的糅合体"[2]。高校辅导员的内涵是一个综合的概念，包括他们的角色定位、工作内容、工作任务、工作原则以及职业素质等多个方面。

第二，关于高校辅导员领导力构成要素的研究。不同学者从各自的研究视角出发，对辅导员领导力的内涵和外延进行了深入探讨，形成了一系列具有理论价值和实践意义的观点。这些研究既丰富了辅导员领导力的理论体系，又为促进其队伍专业化、职业化建设提

---

[1] 李胜男.高校辅导员的领导力提升研究 [J].文化创新比较研究 ,2019,3(22):25-26.
[2] 杨雪连.我国高校辅导员的领导角色与"领导力"培育研究 [D].广州：广东外语外贸大学 ,2014.

供了强有力的支持。我国学者普遍重视辅导员领导力在实践中所表现出来的外显能力素质，包括但不限于组织协调能力、沟通能力、解决问题的能力等方面。不同的学者形成了多元化的观点，因为他们的研究方法不同。这些观点在一定程度上反映了学者们对辅导员素质理解的差异性和多样性。有的学者强调辅导员的思想政治素质在领导力构成中的核心地位，认为辅导员必须具有坚定的政治立场、崇高的道德品格和良好的心理素质；有的学者则更加注重辅导员自身的专业素养和实践能力，认为这些能力素质是辅导员领导力发挥的关键。

第三，关于高校辅导员领导力现状的研究。通过对高校辅导员的实证考察，觉察当前高校辅导员领导力整体上呈现出积极向上的态势。但有些高校辅导员领导力还存在一些问题：一是部分辅导员缺乏领导意识和领导能力，难以有效发挥领导作用；二是辅导员队伍的整体素质和能力水准参差不齐，阻碍了领导力的发挥；三是部分辅导员在工作中缺乏创新精神和主动意识，这些问题制约了辅导员领导力的进一步提升。

综上所述，"领导力"的理念受到我国越来越多学者的重视和深入探讨，近年来，高校辅导员领导力也逐渐成为学者们研究的焦点。辅导员领导力与高校思想政治教育的目标紧密相连，不仅是辅导员职业生涯发展的关键要素，而且在实现高校思想政治教育目标方面扮演着至关重要的角色。当前十分需要紧密结合新时代特点，深入剖析辅导员领导力的内涵、特性以及发展趋势，从而为新形势下发展高质量人才提供坚实的理论支持和实践指导。

二、国外研究综述

在深入梳理国外文献的过程中，发现辅导员这一角色因其独特的政治色彩和对学生事务管理的职责而展现出鲜明的中国特色。然而，截至当前，我们尚未搜集到直接针对高校辅导员领导力的系统研究成果。鉴于此，本书将研究焦点转向领导力领域的广泛研究，以期从中提炼出对高校辅导员领导力研究具有启示和借鉴价值的观点和方法。通过深入剖析领导力研究的成果，能够为辅导员领导力的研究提供新的视角和思路，进而推动这一领域的深入发展。

（一）关于领导力的内涵研究

在探讨国外领导力的内涵时，经查阅文献了解目前的认识主要涵盖了"关系""过程"与"能力"三大维度。首先，领导力被视为一种特定的"关系"。如在 1993 年约瑟夫·罗斯特的研究中指出，领导力是一种领导者与跟随者之间互相影响的关系，领导者和跟随者有意于对现实的改变来体现他们共同的目的[①]。他认为，这种关系的核心在于领导者和被领导者之间的协作与配合。其次，领导力被视作一种"过程"。《卓越领导力——十种经典领导模式》中阐明，领导力就是某个体影响带动一组个体实现某个目标的过程[②]。最后，领导力被解读为一种"能力"，尤其是影响力。约翰·马克斯韦尔

---

① Rost J.C.Leadership for the twenty-first century[M]. New York:Preggers, 1991：.116.

② [美] 彼得·诺斯豪斯 . 卓越领导力——十种经典领导模式 [M]. 王力行，王怀英，李凯静，等，译 . 北京：中国轻工业出版社，2003.

认为领导力就是影响力[①]。

（二）关于领导力构成要素的研究

国外对于领导力构成要素的研究是多种多样的，不同的学者和理论流派都从不同的角度对领导力进行了深透的探讨。早期特质领导理论的核心在于探讨领导者的个人特质或能力，认为这是决定其领导效果的关键因素。美国领导学学者 Stogdill 曾于 1948 年和 1974年两次对领导特质理论进行调查研究。他在 1974 年得出的结论表明，领导者必须具备十个方面的能力或素质，即成就、韧性、洞察力、主动性、自信心、责任感、协调能力、宽容、影响力和社交能力[②]。这些特质被看作是领导者与生俱来的品质，对于其领导行为和效果具有显著影响。

随着研究的深入，特质领导理论逐渐发展并融入了更多元素。除特质领导理论外，其他领导和领导力理论也都或多或少地涉及领导力的构成。英国领导学学者 Adair 认为领导者在履行职责时需要展现以下品质或特性：群体影响力、指挥行动、冷静、判断力、专注和责任心。美国学者哈维·罗森（Rosen）认为领导者必须具备八项要素，即前瞻性、信任、参与意识、求知精神、多样性、创造性、

---

① [美] 约翰·马克斯韦尔. 领导力开发你的领导潜能 [M]. 邓郁，译. 上海：上海人民出版社，2005.

② 百度百科. 领导力五力模型 [EB/OL]. [2023-12-30]. https://baike.baidu.com/item/%E9%A2%86%E5%AF%BC%E5%8A%9B%E4%BA%94%E5%8A%9B%E6%A8%A1%E5%9E%8B?fromModule=lemma_search-box.

笃实精神和集体意识[①]。这些特性不仅强调了领导者的个人能力和素质，还注重了领导者在决策、道德和人际交往方面的表现，为全面理解领导力提供了更为丰富的视角。

综上所述，国外对于领导力构成要素的研究应运而生出多元化的趋向。不同的理论流派和学者都从不同的角度对领导力进行了深入探讨，提出了各自的观点和模型。这些研究不仅丰富了我们对领导力的理解，也为实践中的领导者提供了宝贵的指导和借鉴。

三、国内外研究评述

随着我国对高质量、高素质人才储备需求的日益提升，培养普通高校辅导员成为具备大学现代化治理能力、研究型特质、勇于担当以及全心全意为师生服务的中层领导干部的任务越发明确且紧迫。这一转变不仅是对辅导员个人能力的全面提升，更是对高等教育管理体系现代化和专业化发展的有力推动。更通过培养这样一批具备多方面能力的中层领导干部，进而为培养更多优秀人才、服务国家发展战略提供坚实支撑。

国内外学者对领导力理论及高校辅导员领导力提升方面，均进行了广泛而深入的探索，并取得了显著成果。这些研究不仅为不同组织和领域的领导者提供了宝贵的指导原则，同时也极大地推动了领导力领域的知识更新和实践创新。国内大部分高校辅导员在学生管理层面的领导力已得到显著提高。他们通过创新的管

---

① 百度百科.领导力五力模型 [EB/OL].[2023-12-30].https://baike.baidu.com/item/%E9
%A2%86%E5%AF%BC%E5%8A%9B%E4%BA%94%E5%8A%9B%E6%A8%A1%E5%9
E%8B?fromModule=lemma_search-box.

理方法、深入的学生关怀和有效的沟通策略，成功地将领导力理论应用于实践，使得大学现代化治理工作取得了显著成效。国内高校辅导员领导力的提高，不仅体现在对学生日常管理的优化上，更在于他们对于学生成长环境的塑造和引领。他们通过引导学生参与社会实践、创新创业等活动，培养学生的领导力、团队协作能力和社会责任感，为社会培养了大量拥有创新精神和实践能力的高素质人才。

随着教育改革的深入和社会发展的变化，高校辅导员领导力的提升将面临更多的挑战和机遇。当前，普通高校辅导员基于自身职业发展的领导力意识方面整体水平相对较低，这在一定程度上制约了其个人职业发展以及高校管理水平的提升。对于如何培养辅导员自身的领导力意识、制定有效的提升策略以及探索可行的发展路径，仍存在较大的提升空间。因此，辅导员领导力意识不足的影响因素需要进一步深入分析，并有针对性地提出高校辅导员领导力提升策略，帮助其更好地理解领导力的重要性，掌握领导力提升的关键技能，进而为高校发展多作贡献。在领导力研究方面，国外起步较早，在理论体系上已经构建得比较完善。国外辅导员工作历史悠久，体系健全，成熟度较高。以美国为例，辅导员不仅在学业指导上发挥重要作用，还涉及学生思想、学习、生活等全方位的帮助和指导。英国的导师制以及新加坡的辅导员制度，虽然与我国存在差异，但有着丰富的经验和完善的制度。我国高校辅导员队伍的构建与提升仍需汲取国际前沿的经验与智慧。在借鉴海外成熟做法的基础上，结合国内教育的具体情况，我们应不懈追求和塑造一个与我国国情相契合的辅导员工作新体系。此外，对领导力理论的深化研究，对于进一步增强高校辅导员的引领能力，构筑科学的理论框架和实践路径具有不可或缺的重要性。近年来，我国部分学者对领导力的本质、分类及提升策略进行了探讨，并立足中国实际，构建出具有新时代特色的领导力理论体系，但在高校辅导员领导力研究领域，仍然留存诸多挑战与不足。

首先，对于高校辅导员领导力的内涵与外延，我们还未形成统一且深入的认识。这导致在理论构建上存在一定的模糊性，难以形成具有广泛共识的领导力模型。因此，我们需要进一步深入探索高校辅导员领导力的核心要素，以及这些要素如何相互作用，共同构成有效的领导力。其次，高校辅导员的领导环境日趋复杂，其面临的挑战也愈加多样化。辅导员的角色既要求其拥有坚实的知识基础和娴熟的技巧，又要具备适时调整策略的灵敏度、有效的沟通能力与团队合作的精神。遗憾的是，现行研究对于这种角色的复杂性和多元性关注不足。最后，辅导员在提升领导力的征途上，还须跨越体制上的壁垒，如职业晋升路径的模糊不清和激励体系的不健全等问题，这些因素共同制约着辅导员领导能力的成长。

随着新时代的变迁和社会的发展，高校辅导员的角色定位也在发生变革。这要求我们对辅导员领导力的研究也要与时俱进，不断更新和完善理论框架，以适应新的形势和需求。只有这样，我们才能推动领导力理论与实践的不断进步，为高校辅导员队伍和学校的建设和发展提供有力的支持。

第三节　研究的目的、思路、方法和内容

一、研究目的

领导力是一种可培养的技能。本书通过构建高校辅导员关于职业发展的领导力评价指标体系，一方面为提升高校辅导员领导力提供理论支撑和数据支持，帮助高校辅导员有针对性地提升自己的领导能力，把自己锻炼、打磨成高校高质量发展的中坚力量；另一方面培养普通高校具有现代化治理能力、研究型、敢担当、有作为、为师生服务的中层领导干部，帮助高校高质量发展储备干部人才，提升高校的现代化治理能力。

二、研究思路

本书以将高校辅导员培养成具有现代化治理能力、研究型、敢担当、有作为、服务师生的中层领导干部为目的，基于以下几个方面的考虑展开研究。

基于"问题是什么"的现实逻辑，基于高校辅导员如何尽快晋升到高校中层领导的问题，高校辅导员需要在多个方面做出努力，包括提升政治素养力、前瞻力、交际沟通能力、合作能力等。

基于"解决什么问题"的理论逻辑，高校辅导员要尽快晋升到高校中层领导，需要培育和提升哪些领导力，是亟待解决的问题。本书主要是构建辅导员需要提升的、高校中层领导们显著性的和核心的领导力指标体系。辅导员们通过这个指标体系，了解自己需要提升的目标和现有不足；高校通过这个指标体系重视和加强辅导员的领导力培育，从而为高校储备、培养、选拔、任用干部人才提供

理论支撑和数据支持，具有很强的学术性。

基于"怎么解决问题"的实践逻辑，通过文献研究法、行为事件访谈法、问卷调查法、因子分析法、模糊评价法、层次分析法，本书构建了关于职业发展的高校辅导员领导力的评价指标体系，通过指标体系对高校辅导员目前的情况进行实证分析，并提出相应的提升辅导员领导力的策略，帮助辅导员尽快提升自己的领导力，成为高校发展的中坚力量。

三、研究方法

第一，文献研究法。通过查阅和汇集国内外针对高校辅导员领导力的相关报道、期刊、书籍，充分利用网上数据库，查找、梳理国内外针对高校辅导员领导力研究的相关材料，获得最新动态，为课题研究提供理论支撑。

第二，行为事件访谈法。这是一种开放的行为回顾式探究技术，是主要的能力特征揭示工具。这种方法是目前在素质模型建设过程中运用最多的一种，主要是以校领导、中层领导干部、高校辅导员等为主要访谈对象的素质模型。通过对访谈对象的深入访谈，获得最直接、真实的高校辅导员领导力词汇，对收集到的词汇进行汇总、分析、编码，然后进行对比研究，找出高校辅导员领导力的核心素质。

第三，问卷调查法。在构建高校辅导员领导力的评价指标体系的前期调研中，需要对具有代表性的高校辅导员和中层领导进行问卷调查，了解高校中层领导自身应具有的领导力词汇，获取真实有效的一手资料，从而提高课题的理论和实际应用水平。

第四，因子分析法。主要用于研究怎样从一组变量中提炼出共性因子。这种方法的原理是基于变量之间的相关性，通过降维的思想对最初变量进行分类，将相关性较高的变量归结为一类，形成一个综合因子。每个综合因子所代表的信息互不相关，也不重叠，从而能够用较少的因子信息来反映原始数据的整体信息。

第五，模糊评价法。对普通高校辅导员日常工作实践的深入访谈和观察，以非量化的方式进行深入分析与研究。并通过系统、全面的方式，对辅导员的领导力进行客观、公平的评价。通过模糊评价法，能够有效识别并量化辅导员在领导力方面的优势与不足，为辅导员的专业成长提供有力支持，为高校辅导员队伍的正规化、职业化建设提供科学的理论支撑和实践指导。

第六，层次分析法。它是一种定性与定量相结合的，系统化、层次化的决策分析方法。其核心思想是把一个复杂的问题分解为若干个构成因素，并把这些因素按支配关系分组形成阶梯式的层次结构，通过两两对比的方法确定层次中各因素的相对重要性，再将决策者的判断综合起来，确定决策方案总排序的相对重要性。

四、研究内容

一是提出命题。根据现实和社会发展的需要，高校的治理能力现代化和推动高质量发展，都离不开高素质的辅导员队伍建设。加强辅导员需要提升的、高校中层领导们显著性的和核心的领导力的研究，为辅导员整体素质提升呈现了一个崭新的视角，有利于丰富高校辅导员队伍建设的理论研究成果、推动立德树人根本任务的实现。

二是构建高校辅导员领导力指标体系。构建辅导员需要提升的、高校中层领导们显著性的和核心的领导力指标体系。首先，通过文献研究法、问卷调查法、行为事件访谈法，对高校校级领导和中层领导进行领导力的调查研究，构建基于职务发展的高校辅导员领导力评价指标体系的词汇；其次，通过问卷调查，采用因子分析法完善高校辅导员领导力评价指标体系，形成二级指标体系，并采用层次分析法确定权重，最终确定高校辅导员领导力指标体系（模型）。

三是实证分析。根据指标体系形成调查问卷，对高校辅导员领导力开展实证调查分析，调查了解高校辅导员目前状况和与指标体系之间的差距，以及存在的问题和原因，找规律、凝经验，对不足之处，究原因、找举措。

四是提出高校辅导员领导力的提升策略。从职务晋升的角度出发，提出高校辅导员领导力提升的策略，帮助高校辅导员有针对地提升自己的领导力，把自己锻炼、打磨、培养成高校高质量发展的中层领导人才。也能帮助高校重视辅导员领导力的提升和发展，完善考核奖惩、干部选拔、激励机制、培育培训等策略机制，真正加快提升高校辅导员的领导力，从而推进高校的现代化治理能力和高校的高质量发展。

研究内容逻辑图如图 1.2 所示。

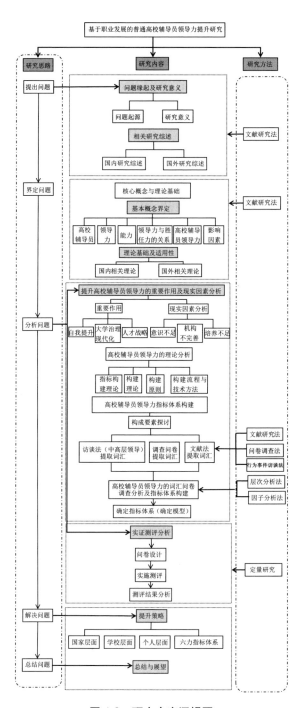

图 1.2 研究内容逻辑图

第四节　研究重点、难点与创新点

一、研究重点

本研究的核心聚焦于两大层面。

第一，构建关于职业发展的高校辅导员领导力的评价指标体系。关键在于以职业发展为目标，探讨高校辅导员将来作为高校中层领导所具有的领导力，因此构建基于职业发展的高校辅导员领导力评价指标体系，为高校选拔、培养和激励辅导员提供实践指导，探讨如何将领导力评价指标体系与辅导员的培训、晋升等环节相结合，提升高校辅导员的积极性和管理能力，为高校高质量发展提供坚实的人才储备。

第二，基于多个视角，有针对性地提出一系列确切可行的高校辅导员领导力提升策略。建章立制，尤其是健全辅导员激励机制，激发其工作积极性和创新性等。这些策略的全面实施将有助于促进高校辅导员领导力的整体提升，以期促进辅导员队伍的专业成长和整体效能的显著提高。

二、研究的难点

第一，基于调研范围广、时间不确定性等因素对高校校领导和中层领导调研的及时性、真实性等不好掌握。高校校领导和中层领导涉及多个部门和岗位，他们的职责和工作内容各不相同。若要全面了解他们的想法和实际情况，需要覆盖多个领域和层面，这无疑增加了调研的难度和复杂性。高校领导的工作往往具有较大的不确定性，可能需要处理突发事件、参加重要会议等，导致调研时间的安排变得困难。由于上述因素，调研的及时性往往受到影响，导致获取的信息可能存在一定的滞后性。同时，由于调研对象的特殊性，他们在接受调研时可能存在一定的保留或倾向性，影响调研结果的真实性。

第二，构建高校辅导员领导力指标体系的科学性、规范性、有效性需要进一步实证调研。在研究过程中，对确保指标能够客观、准确地反映高校中层领导应该具有的领导力水平方面存在一定的难度。在研究领导力理论、管理学理论以及高校教育管理的相关理论方面还有一定的难度，对理论方面的研究还不深入，需要在研究过程中不断地学习和探索。

三、研究的创新点

（一）研究成果创新

第一，构建高校辅导员职业发展领导力考核指标体系。我们通过广泛的文献回顾发现，目前的研究主要围绕着大学辅导员在学生管理方面的领导能力展开。而关于辅导员职务晋升为高校中层领导方面的领导力研究尚显不足。本研究综合应用了文献研究法、问卷调查法和行为事件访谈法，并借助数学统计方法和 SPSS 软件对收集到的数据进行了深入分析，最终构建了全面、客观的评价指标体系。这一成果在填补高校辅导员在干部培养、储备、激励和选拔任用领域的理论空白方面具有重要意义，为该领域的进一步发展提供了有力支撑。

第二，提高高校辅导员的领导力战略，使其更加有效、更易实施。从多个角度、全方位地增强研究的精确度和可靠性，从而确保所制定的高校辅导员领导力提升策略的科学性与有效性。经过这样的综合方法运用，本研究不仅能够提供更为全面和深入的见解，还能确保结论的严谨性和可靠性，为相关领域的研究和实践提供有力的支持。本研究不仅具备深厚的理论基础，还通过大量的实证调研，以山东省普通本科高校辅导员为具体研究对象，使研究成果更具实用性。这些成果能够直接应用于高校人才干部的培养、激励、选拔等实际工作中，有效推动了高校治理能力现代化、高校的高质量发展。

（二）研究观点创新

本研究从高校辅导员职业发展的角度出发，构建了以职业发展为核心的高校辅导员领导力评价指标体系，研究了普通高校辅导员提升领导力的策略。这一体系为高校培养辅导员提供有力的理论和应用支撑。

（三）评价方法创新

本研究利用了文献研究法、行为事件访谈法、问卷调查法，并结合层次分析法、因子分析法和模糊评价法等多种方法，建立了一套适用于普通高校辅导员职业发展领导力评价的指标体系。此指标体系能够科学、有效且精准地评估高校辅导员在职业发展过程中的优势和不足，为他们以后的发展指明方向，提供有效的帮助。

第二章

核心概念与理论基础

第一节　辅导员领导力的概念界定

一、高校辅导员

（一）高校辅导员的概念

教育部原部长陈宝生对于"辅导员"的定义：各地各高校和广大辅导员要充分认识到辅导员队伍在落实立德树人根本任务、推动高等教育健康发展中的重要意义、重大责任和光荣使命。

一是从工作作用的角度全面认识辅导员的"辅"。要从辅导员岗位的特殊性出发，做好党委工作的助手、教师教学的助手、学生学习的助手。要从辅导员工作主辅二重性出发，做思想政治工作的主攻手、学生管理的主导者、学生成长的主心骨。

二是从工作方法的角度深刻认识辅导员的"导"。要加强政治领导、思想引导、情感疏导、学习辅导、行为教导、就业指导，守护学生的人生航向，坚守阵地，引导学生正确处理各种关系、解决学习中遇到的难题，旗帜鲜明，体察入微，引导学生科学做好人生规划，顺利走向社会。

三是从岗位身份的角度清晰认识辅导员的"员"。要在"两个一百年"奋斗目标的历史交汇期，在推进教育现代化、建设教育强国，办好人民满意教育的进程中，承担伟大工程的施工员、伟大事业的质检员、伟大斗争的战斗员、伟大梦想的服务员的职责，培养能够担负民族复兴大任的时代新人。[①]

《高等学校辅导员职业能力标准（暂行）》对高校辅导员有以下定义：辅导员是高等学校教师队伍和管理队伍的重要组成部分，具有教师和干部的双重身份。辅导员是开展大学生思想政治教育的骨干力量，是高校学生日常思想政治教育和管理工作的组织者、实施者和指导者。辅导员应当努力成为学生的人生导师和健康成长的知心朋友。[②]

具体来说，高校辅导员的职责包括但不限于：（1）帮助学生构建正确的世界观、人生观和价值观，以及爱岗敬业、乐于奉献的职业道德；（2）清楚认识学生的思想状况，努力化解同学之间的矛盾和冲突，打造安全稳定的校园环境；（3）服务学生的学习和生活，提供相应的咨询和指导，为学生的综合素质全面发展创造环境；（4）指导学生党支部团体和学生的组织和建设，将其打造成为锻炼和服务学生的平台。

此外，辅导员也具备行政人员的身份，因此相比于其他教师，他们有两条晋升路线，既可以继续做行政工作，也可以转岗为教师。所以，称呼辅导员为"辅导员老师"不仅是尊称，也体现了其职业身份。

总的来说，高校辅导员的角色具有多重性，他们既是教育者，又是管理者和服务者，是大学生坎坷的成长之路上的重要指路人，是普通高校大学中层领导干部不可或缺的一员。

---

① 教育部新闻办.教育部长陈宝生开讲啦，高校辅导员工作这么做！［EB/OL］.［2019-09-27］.http://www.bjcipt.com/Item/24200.aspx.

② 中华人民共和国教育部.高等学校辅导员职业能力标准（暂行）［EB/OL］.［2014-03-31］.http://www.moe.gov.cn/jyb_xwfb/gzdt_gzdt/s5987/201403/t20140331_166419.html.

（二）高校辅导员的角色定位

高校辅导员的角色理论上应该是多种角色的复合体。一方面，高校辅导员是高校教师队伍的重要组成部分，他们既是学生日常思想教育工作的组织者，是学生人生路上的导师，是学生身心健康发展的知心朋友，对学生的健康成长有着至关重要的影响和作用。另一方面，高校辅导员又是高校未来中层领导干部的储备人才，为学校高质量发展贡献自己的智慧和力量。因此，对于高校辅导员的角色定位应从以下几个方面着手。

1. 学生管理

（1）思想政治教育的组织者

高校作为社会主义人才培养的摇篮，其办学方向始终指向社会主义事业。在这一过程中，辅导员的角色至关重要，他们不仅是学生成长的引路人，更是社会主义事业的传承者和践行者。辅导员必须明确自身的职责——即通过思想政治教育，引导学生树立正确的政治方向和价值取向。这意味着，辅导员要准确传达党的重要方针、政策和路线，使学生深刻理解并认同党的理念，激发他们为党的事业奋斗的热情。此外，辅导员还需帮助学生构建健康的人生观和价值观，引导他们正确看待社会现象，增强对中国共产党领导的信任和支持。这样的教育不仅有助于学生的个人成长，更为建设富强、民主、团结的新中国提供了坚实的人才保障。为了更有效地进行思想政治教育，辅导员还需加强与各方力量的合作，与思想政治理论课教师、学生管理部门、校系党团组织紧密沟通，以确保教育的全面性和深入性，实现对学生学习的全方位监督。

（2）学生的人生导师

作为人生导师，辅导员应该向学生传文明之道，授立身之业，解人生之惑，应该用自己储备的知识和修养去引导大学生成长成才，重视服务育人工作，让大学生真切地感受到学校的温暖和政府的关怀。因此，要想扮演好人生导师的角色，辅导员特别是年轻的辅导员，必须具备坚定的理想信念，崇高的敬业精神，广博的知识架构，良好的心理素质和较强的工作能力，同时还必须不断加强自身素质修养。

（3）学生健康成长的知心朋友

"感人心者，莫先乎情。"始终对学生保持一颗爱心，是做好思想政治工作的前提。高校辅导员要成为学生的良师益友，必须爱学生并热爱学生的工作，通过建立深厚的情感和友谊，真正成为学生的知心朋友，这是辅导员所应具备的最基本的一项素质和能力。辅导员还要能够熟悉大学生的思想和心理特征，要学会积极引导学生，相信学生，激发学生自我教育、自我管理的热情，尽情发挥学生的才能。辅导员要传授学生学会选择和承担责任的能力，选择是与责任紧密联系的，既然选择了就要负责。

2. 职业发展

高校辅导员的职业发展是一个多元化且充满挑战的过程，对于喜欢与学生打交道、愿意为学生服务的辅导员来说，长期从事学生工作是一个较好的人生规划。他们可以通过不断学习和实践，提升自己的专业技能和管理能力，逐步晋升科级、副处级、正处级、校级等领导岗位。同时，中层领导干部是高校的中流砥柱、核心力量，在高校的教育工作中起着桥梁作用。高校辅导员作为高校治理体制中的中坚力量，是未来高校中层干部管理队伍或校领导工作的重要组成部分。本书主要研究普通高校如何致力于培养具有现代化治理能力、研究型、担当作为、为师生服务的中层领导干部。因此，高校辅导员应该与时俱进，在负责好大学生思想教育工作的基础上，对自己的职业发展做长远规划，不断提升自身发展所需的各项能力，这包括政治素养力、决断力、交际沟通能力等多方面的能力，这些能力是辅导员专业素养的组成元素。

3. 综合评述

高校辅导员在职业发展中需要具备多方面的能力，例如，政治素养力、决断力和交际沟通力等。这些能力的不断提升不仅有助于辅导员更好地履行职责，提高政治敏锐性和鉴别力，为学生的成长和发展提供有力支持，积极引导学生构建正确的世界观、人生观和价值观，而且可以为辅导员发展成为高校中层干部奠定基础，为普通高校培养更多综合能力强的高素质人才，促进高校的教学水平和管理水平不断提升。同时，高校和社会也应当为辅导员的职业成长和发展提供必需的支持和保障，增强辅导员队伍的专业性和促进职业化发展。

二、领导力

领导力的英文翻译是"leadership"，而国内外学者对于leadership这一词的定义有着两方面的含义。一方面，强调了"过程"，即是指领导者对于被领导者施加一定的影响并不断引导成员实现目标的过程，而中文翻译中则为"领导"。另一方面，是指领导者在施加影响、完成目标过程中所需要的个人素养，一般在中文中翻译为"领导力"。关于领导力的定义，学者们没有一致的意见。因此，领导力这一概念便出现了"仁者见仁，智者见智"的局面。

表 2.1　国内学者对于领导力的定义

国内学者及著作对于领导力的定义		
学者	文献	定义
李永瑞	领导力与组织管理	领导力是个体规划职业生涯或组织确定发展目标，个体或组织整合资源并内化为核心竞争要素，并积极影响他人的决策和行为，有效促进个人职业生涯发展或组织目标实现的各种能力体系的总和。[1]
樊登	可复制的领导力	领导力是指领导者通过带领团队实现目标的能力，它是一个人在组织中发挥影响力的能力[2]
吴维库	基于价值观的领导：樊登的 9 堂商业课	领导力就是怎样将事情有效完成的能力。将领导力分为决策能力、执行能力、以身作则等行为能力。[3]
黄宏强	高校学生干部领导能力探析	领导能力就是领导者在此过程中所表现出来的所有的个性心理特征。[4]
李超平	变革型领导与团队效能	变革型领导结构包括四个因素。这四个因素分别是愿景激励、德行垂范、个性化关怀以及领导魅力。[5]
奚洁人	中国大学生领导力教育的战略思考	领导力本质上是一种影响力，尤其是能引导人们朝着正确方向前进的能力或是组织和影响人们为实现某种目标的能力。[6]
李秀娟	思想政治教育视域下大学生领导力培育研究	领导力是指处于社会关系中的个体在特定的情境下引领他人和社会积极改变所需要具备的各种能力素质等影响力要素的集合。[7]

---

[1] 李永瑞 . 领导力与组织管理 [M]. 北京：清华大学出版社，2011.

[2] 樊登 . 可复制的领导力：樊登的 9 堂商业课 [M]. 北京：中信出版社，2018.

[3] 吴维库，富萍萍 . 基于价值观的领导 [M]. 北京：经济科学出版社，2002.

[4] 黄宏强 . 高校学生干部领导能力探析 [J]. 管理工程师，2010(01):46-50.

[5] 李超平 . 变革型领导与团队效能：团队内合作的跨层中介作用 [J]. 管理评论，2014,26(04):73-81.

[6] 奚洁人 . 中国大学生领导力教育的战略思考 [J]. 当代青年研究，2012(05): 23-28.

[7] 李秀娟 . 思想政治教育视域下大学生领导力培育研究 [D]. 上海：华东师范大学，2017.

续表

国内学者及著作对于领导力的定义		
学者	文献	定义
李光炎	领导力与生产力	领导力 =F(道德魅力、岗位能力、职责努力、心理承受力)[①]
苗建明、霍国庆	领导力五力模型研究	领导力是在特定的情境中领导者吸引和影响被领导者与利益相关者并持续实现群体或组织目标的能力。[②]
杨世铭、范莹、刘益颖	中外青年领导力研究成果评述与启示	领导力是在特定情境中领导者吸引和影响追随者，并受追随者反作用，最终实现共同组织目标过程中所表现出的能力。[③]
张平	学校变革视野下校长领导力研究	领导力是通过各种权力或非权力因素，领导者影响他人，引领他人实现组织目标的能力。[④]
梁健	如何提升非制度权力下的领导力	领导力是领导者利用自身资源与具体实际有机结合而成的能督促、激发、引导被领导者一起实现共同目标的能力。[⑤]

表 2.2 国外学者对于领导力的定义

国外学者及著作对于领导力的定义		
学者	文献	定义
威廉·A.科恩	德鲁克论领导力：现代管理学之父的新教诲	领导力是将人类的愿景提升到更高的境界，将人类的业绩提升到更高的标准，使人类能够超越正常的个性局限。[⑥]
库泽斯和波斯纳	领导力如何在组织中成就卓越(第6版)	领导力是动员大家了共同的愿景努力奋斗的艺术。[⑦]

---

① 李光炎.领导力与生产力 [J].中共桂林市委党校学报 ,2001(01)：30-32.

② 苗建明,霍国庆.领导力五力模型研究 [J].领导科学 ,2006(09)：20-23.

③ 杨世铭,范莹,刘益颖.中外青年领导力研究成果评述与启示 [J].河南科技大学学报 (社会科学版), 2019, 37 (06)：95-100.

④ 张平.学校变革视野下校长领导力研究 [D].上海：华东师范大学 ,2010.

⑤ 梁健.如何提升非制度权力下的领导力 [J].北京石油管理干部学院学报 , 2005(06)：22-24.

⑥ [美]威廉·A.科恩.德鲁克论领导力：现代管理学之父的新教诲 [M].北京：机械工业出版社 ,2011.

⑦ [美]詹姆斯·库泽斯,巴里·波斯纳.领导力如何在组织中成就卓越 (第6版) [M].徐中,沈小滨,译.北京：电子工业出版社 ,2019.

续表

国外学者及著作对于领导力的定义		
学者	文献	定义
约翰·马克斯维尔	领导力 21 法则：如何培养领袖气质	一切组织和个人的兴衰都源自领导力，而领导力不是一种与生俱来的天赋，它是一种可以学习掌握，并能逐步提升的思维模式，一旦了解其中的秘诀，任何人就能很快拥有领导力。[①]
库泽斯和波斯纳	领导力（第 3 版）	领导力是如何激励他人自愿地在组织中作出卓越成就的能力。[②]
彼得·诺斯豪斯	领导学理论与实践（第 6 版）	领导力是一个有着多重维度的复杂过程。[③]
理查德·V.达姆	领导力（第 10 版）	领导力指的是施加于被领导者的，可以使其尊敬、服从、忠诚与合作的一种领导者应具有的能力。[④]
理查德·L.达芙特	领导学（第 6 版）	领导力意味着创造变革，而不是维持现状，追求的变革反映了领导者和追随者共同的目标。[⑤]
约翰·马克斯韦尔	领导力：开发你的领导潜能	领导力就是影响力。[⑥]
Rost J.C.	Leadership for the twenty-first century	领导力是一种领导者与跟随者之间互相影响的关系，领导者和跟随者有意于对现实的改变来体现他们共同的目的。[⑦]

[①] [美]约翰·马克斯维尔著.领导力 21 法则：如何培养领袖气质 [M].上海：文汇出版社，2017.

[②] [美]詹姆斯·库泽斯，巴里·波斯纳.领导力（第 3 版）[M].李丽林，杨振东，译.北京：电子工业出版社，2004.

[③] [美]彼得·诺斯豪斯.领导学理论与实践（第 6 版）[M].北京：中国人民大学出版社，2014.

[④] [美]理查德·V.达姆.领导力（第 10 版）[M].杨斌，等，译.北京：电子工业出版社，2011.

[⑤] [美]理查德·L.达夫特.领导学（第 6 版）[M].苏保忠，苏晓雨，等，译.北京：清华大学出版社，2018.

[⑥] [美]约翰·马克斯韦尔.领导力：开发你的领导潜能[M].邓郁，译.上海：上海人民出版社，2005.

[⑦] Rost J.C.Leadership for the twenty-first century[M]. New York:Preggers, 1991：116.

续表

国外学者及著作对于领导力的定义		
学者	文献	定义
彼得·圣吉	有机组织的领导力	领导力是"有机的组织"，领导者可以通过设立愿景来调动人们的积极性、变革组织的运转方式。①
彼得·诺斯豪斯	卓越领导力——十种经典领导模式	领导力就是某个体影响带动一组个体实现某个目标的过程。②

三、领导力与胜任力

（一）胜任力的概念

"胜任力（Competency）"这个概念最早由哈佛大学教授戴维·麦克利兰（David McClellan）于 1973 年正式提出，是指能将某项工作中有卓越成就者与普通者区分开来的个人的深层次特征，它可以是动机、特质、自我形象、态度或价值观、某领域知识、认知或行为技能等任何可以被可靠测量或计数的并且能显著区分优秀与一般绩效的个体特征。但有的学者从更广泛的角度定义胜任力，认为胜任力包括职业、行为和战略综合三个维度。职业维度是指处理具体的、日常任务的技能；行为维度是指处理非具体的、任意的任务的技能；战略综合维度是指结合组织情境的管理技能。③

（二）领导力与胜任力的关系

领导力与胜任力之间既有相同点，也有不同点。领导力强调的

---

① 彼得·圣吉.有机组织的领导力 [J].经理世界，2001(7).

② [美]彼得·诺斯豪斯.卓越领导力——十种经典领导模式 [M].王力行，王怀英，李凯静，等，译.北京：中国轻工业出版社，2003.

③ 戴维·麦克利兰.胜任力（戴维·麦克利兰提出的概念）[EB/OL].https://baike.baidu.com/item/ 胜任力 /2199566?fr=ge_ala，1973.

是领导者对团队的影响力，而胜任力关注的是个体在岗位上的能力表现。在实践工作中，领导力与胜任力相辅相成，共同推动团队和个人的发展。领导力能够发掘团队每一个成员的潜能，帮助他们提升胜任力。优秀的领导者能够发现并挖掘团队成员的优点，制订合适的培训计划，提升他们的专业技能和综合素质，从而使他们更好地完成工作任务。胜任力也是领导力重要的组成因素。一个具有高胜任力的团队成员，往往能够得到领导者的青睐，获得更多的晋升机会。在此基础上，领导者通过有效的激励和管理手段，进一步激发员工的胜任力，形成一个良性循环。

四、关于高校辅导员领导力的相关研究

（一）高校辅导员领导力的基本内涵

1. 高校辅导员领导力的概念

一方面，大多数学者认为，高校辅导员领导力是指为实现立德树人根本任务，在开展思想政治教育工作的过程中，辅导员通过教师的权力以及自我知识的积累、身心健康发展、自身能力等教育引导学生构建正确的世界观、人生观和价值观。监督促进学生完成学业，树立正确的目标方向，实现人生价值，高校辅导员领导力主要包括政治引领力、思想引导力、道德感召力和才能指导力四个方面。

另一方面，高校辅导员领导力也是辅导员成为高校中层管理队伍的重要组成部分的阶梯。高校辅导员作为高校未来中层领导干部的储备人才，其领导能力直接影响着高校高质量发展的进程。而辅导员这一职位不仅满足了大多数职业者自己的需要，同时，也满足了普通高

校的需要。简单来说，高校辅导员只有把个人职业和高校工作发展相互结合起来，才能使辅导员这一职位真正具有生命力和非凡的意义。

而本章节的研究，主要侧重于第二方面。高校辅导员需要通过不断学习努力提升自己的能力，制订职业规划并持续调整，同时注重提高工作效率和实现工作目标，以实现职位的晋升、个人能力的提升、职业规划以及工作效率的提高等。因此，高校辅导员应该不断学习和提升自己的能力，通过培训、学习和实践来不断完善自己。高校辅导员通过不断地积累经验和提高专业素养，可以逐步提高自己的职业能力水平，为辅导员成为高校中层领导干部打下坚实的基础。

2. 国内学者对于高校辅导员领导力的定义

国内学者对于高校辅导员领导力的定义主要集中在其角色定位、影响力以及教育引导能力等方面。首先，高校辅导员作为大学生思想政治教育工作的教育者和管理者，其领导力体现在能够充分利用自身职权和客观条件，以最小的成本实现教育目标，提高大学生思想政治教育工作的效能。

表2.3 国内高校辅导员领导力的定义

国内学者及著作对于高校辅导员领导力的定义		
学者	文献	定义
刘丰林	高校辅导员情商培养和领导力提升的探索与思考	高校辅导员的领导力是指辅导员教育引导学生树立正确的世界观、人生观和价值观，指导学生科学制定职业生涯规划和自身发展目标，督促并帮助学生顺利完成学业并实现大学各个阶段目标的能力。领导力的本质就是影响力。辅导员的影响力有权力性影响力和非权力性影响力。[①]

① 刘丰林 . 高校辅导员情商培养和领导力提升的探索与思考 [J]. 湖北社会科学，2014（6）.

续表

国内学者及著作对于高校辅导员领导力的定义		
学者	文献	定义
宋莹	高校辅导员领导力提升研究	所谓高校辅导员领导力，是指高校辅导员为实现立德树人根本任务，在开展思想政治教育工作的过程中，对学生施加正向影响力的价值观、人格魅力及才能素养等各要素之和，主要包括政治引领力、思想引导力、道德感召力和才能指导力四个方面。①
杨东	高校辅导员领导力提升路径探究	高校辅导员的领导力就是获得学生追随的能力，即学生愿意在辅导员的引导下自觉完成学习任务，积极参与各项活动，自愿地树立正确的世界观、人生观、价值观。②
徐玲	我国高校辅导员领导力培育现状、问题及相应对策	领导力的本质就是影响力。高校辅导员的影响力由权力性影响力和非权力性影响力两种类型构成，其中非权力性影响力是相对于辅导员职位、资历等权力性影响力而言的一种非强制性的广泛影响力，是辅导员在学生的教育、管理、服务过程中，通过自身的作风、品格、才能、知识、情感等素质对大学生产生的影响力，具有潜移默化和持久深远等特点。③
刘健康	高校辅导员领导力的三重意蕴	高校辅导员领导力是辅导员对学生思想和行为的影响力。这种影响力，是辅导员在与学生相互作用中产生的影响力，是获得了学生认同的正向的影响力。④
向健	加强高校辅导员领导力建设	高校辅导员的领导力是相对于学生来说的，辅导员作为学生工作"第一人"，管理着"辖区"的所有班级和人员，辅导员的领导力体现在辅导员对学生的影响力，这包括辅导员的领导意识、个人魅力和创新力。⑤
赵精华	高校辅导员非制度影响力提升研究——基于领导力六维模型分析	高校辅导员领导力是建立在其教师角色所赋予的制度性权力及其自身品性修养、性格特征、业务能力和学习能力等非制度性权力基础上的一种综合影响力。⑥

① 宋莹，李秀娟.高校辅导员领导力提升研究 [D].上海：华东政法大学,2022.

② 杨东.高校辅导员领导力提升路径探究 [J].领导科学论坛,2019(09):41-44.

③ 徐玲.我国高校辅导员领导力培育现状、问题及相应对策 [J].亚太教育，2016（08）.

④ 刘健康.高校辅导员领导力的三重意蕴 [J].学校党建与思想教育，2020 (02): 68-70.

⑤ 向健.加强高校辅导员领导力建设 [J].青年与社会，2014（560）.

⑥ 赵精华.高校辅导员非制度影响力提升研究——基于领导力六维模型分析 [J].闽南师范大学学报 (哲学社会科学版),2016,30(01):129-132.

其次，高校辅导员的领导力本质是一种影响力，包括权力性影响力和非权力性影响力。权力性影响力主要来源于辅导员的职位和所拥有的权力，是一种强制性的影响力，可以使学生被动地接受和服从。而非权力性影响力则来自辅导员的作风、品格、才能、知识和情感等个人素质，它更为广泛，对大学生产生深刻的影响。总的来说，大多数学者对于高校辅导员领导力的定义主要集中在说明高校辅导员领导力是大学生思想政治教育工作中的核心作用。

（二）高校辅导员领导力的构成要素

1. 政治引领力

高校辅导员的政治引领力，核心在于在党的指导下，通过多维度、深层次的思想政治教育与学生工作，有效引导学生构建正确的世界观、人生观和价值观。这种引领力不仅体现了对主导意识形态的精准灌输与深度教化，更致力于提升学生的思想政治素质与综合素养，为社会的全面进步输送高质量人才。简而言之，高校辅导员通过一系列教育实践，不仅塑造了学生的精神世界，也为社会培育了具备高度责任感和使命感的未来栋梁。

此外，提升高校辅导员的政治引领力对于充分发挥其引领示范和辐射带动作用，筑牢高校意识形态前沿阵地具有重要作用。作为具备干部与教师双重身份的高校思想政治辅导员，履行职责，坚决践行"讲政治、有信念、有信仰"的使命，为其首要职责。为实现职业化发展，辅导员需始终坚持正确的政治方向、政治立场和政治原则，具备高度政治自觉。高校辅导员的政治引领力与其发展成为高校中层干部之间关系密切，政治引领力不仅是辅导员晋升为中层干部的必备素质，也是其在未来岗位上有效履行职责的重要保障。主要体现在以下几个方面。

首先，政治引领力是晋升的必备素质。政治引领力体现了辅导员的政治觉悟和思想导向能力。对于高校中层干部而言，具备正确的政治方向和政治引领力是必不可少的。这种能力能够确保辅导员在工作中始终与党中央保持一致，引导学生树立正确的政治观念，因此，是辅导员晋升为中层干部的必备素质。

其次，政治引领力能够增强团队凝聚力和向心力。在高校环境中，一个具有强大政治引领力的辅导员能够吸引和团结师生，形成共同的政治理想和目标。这种凝聚力和向心力在辅导员晋升为中层干部后，将有助于其更好地领导和管理团队。

再次，政治引领力能够提升高校的思想政治教育水平。高校辅导员作为思想政治教育工作的中坚力量，其政治引领力的强弱直接影响到思想政治教育的效能。一个具有强大政治引领力的辅导员，能够更有效地传达党的路线、方针、政策，提升学生的思想政治素质。这种能力在辅导员的职业发展中，尤其是晋升为中层干部的过程中，将是一个重要的加分项。

最后，政治引领力符合高校干部选拔的政治标准。在选拔高校中层干部时，政治标准是首要考虑的因素之一。辅导员通过展现强大的政治引领力，可以证明自己符合这一标准，从而增加晋升为中层干部的机会。同时，这种能力也有助于辅导员在未来中层干部岗位上更好地履行职责和使命。

2. 思想引导力

在高校辅导员的工作中，思想引导力占据着举足轻重的地位。

一方面，他们肩负着帮助学生树立正确世界观、人生观和价值观的重要使命。高校辅导员应通过深入浅出的方式，引导学生深入理解中国特色社会主义道路，进而激发学生对实现中华民族伟大复兴的共同理想和坚定信念的追求。这一过程不仅仅是知识的传授，更是对学生精神面貌的精心塑造，为学生的成长提供了坚实的思想支撑，也为社会的未来发展注入了强大的正能量。另一方面，通过不断提升思想引导力，辅导员可以在学生群体中树立起积极的形象，增强自己的领导力和影响力，为自身职业发展奠定坚实的基础。

高校中层干部需要具备战略眼光、组织协调能力以及解决疑难问题的能力。这些能力与辅导员的思想引导具有很强的关联性。通过思想引导，辅导员不仅能够解决学生的思想问题，还能在更大范围内影响和带动团队，这是中层干部所必备的关键素质。高校辅导员的思想引导力与其职业发展存在着密切的联系。

首先，高校辅导员的思想引导力是其领导能力的核心组成部分。一个辅导员如果能够有效地对学生进行思想引导，说明他具备了较强的沟通能力和影响力，这些都是领导力的关键要素。因此，思想引导力的强弱直接关系到辅导员是否具备晋升为中层干部的潜力。

其次，高校辅导员的思想引导力是塑造积极校园文化的关键。高校辅导员通过思想引导，有助于塑造积极向上的校园文化。这种文化不仅对学生有益，也能够提升高校的整体形象。一个能够积极影响校园文化的辅导员，在高校管理层眼中，更有可能被视为具备领导才能和潜质的候选人。

再次，高校辅导员的思想引导力对学生发展产生深远的影响。

辅导员的思想引导力对学生的世界观、人生观、价值观的形成至关重要。通过有效的思想引导，辅导员可以帮助学生树立正确的观念，这也是高校教育工作的重要目标之一。能够在此方面取得显著成效的辅导员，无疑会在高校内部获得更多的认可和支持，为晋升为中层干部增加筹码。

最后，高校辅导员的思想引导力拓展职业发展的路径。辅导员通过展现强大的思想引导力，可以在高校内部获得更多的职业发展机会。这种能力使他们有可能被委以重任，参与更多的管理和决策工作，从而逐步拓展自己的职业发展路径，为晋升为中层干部铺平道路。

3. 道德感召力

高校辅导员的道德感召力主要源于他们自身的道德品质和人格魅力，这种力量能够在潜移默化中影响学生，引导他们形成良好的道德观念和行为习惯。为了促进辅导员更好地实现身份的转变，高校辅导员还应不断提升个人综合能力。他们应该保持开放的心态，不断学习和更新知识，提高自身的专业素养，为发展成为高校中层干部打下良好的基础。

首先，道德感召力是晋升的加分项。高校辅导员的道德感召力，体现在他们的言谈举止中，对学生和同事产生积极的影响。这种感召力在晋升为中层干部的过程中，往往会被视为一个重要的加分项。因为高校在选拔中层干部时，除了考虑工作能力和业绩表现外，还会注重候选人的道德品质和对团队的凝聚力。

其次，辅导员的道德感召力可以让他们成为学生和团队的榜样。在晋升为中层干部后，这种感召力将有助于他们更好地引领团队，激发团队成员的积极性和创造力，形成积极向上的团队氛围。同时，道德感召力强的辅导员更容易赢得学生和同事的信任。在晋升为中层干部后，这种信任将有助于他们更好地与团队成员合作，共同推动工作的顺利开展，也有助于他们在高校内部建立起广泛的人际关系网络，为未来的职业发展奠定基础。

最后，高校辅导员作为高校的一分子，他们的道德感召力也会影响到高校的整体形象。一个具有高尚道德的辅导员队伍，将有助于提升高校在社会上的声誉和影响力。道德感召力强的辅导员往往能够吸引和培养出更多优秀的学生干部，这些优秀的学生干部将作为优秀校友反哺学校。因此，辅导员的道德感召力不仅关乎他们自身的职业发展，还关乎高校的持续发展。通过不断提升道德感召力，辅导员可以在学生和教师群体中树立起良好的形象，增强信任与合作，为晋升为中层干部创造有利条件。

4. 业务能力

高校辅导员的业务能力与其发展成为高校中层干部之间存在着紧密的联系。通过不断提升业务能力，辅导员不仅能够在学生工作中取得更好的成果，同时，也能够为自己的职业发展铺平道路，增加晋升为中层干部的机会。

首先，业务能力是晋升的基石。高校辅导员的业务能力是其工作能力的重要体现。辅导员在日常工作中通过展现出色的业务能力，能够提升学生的整体素质和能力，这种能力不仅有助于学生的成长，也会直接反映在他们的工作绩效上，展示辅导员自身的专业素养和组织协调能力。高校在选拔中层干部时，通常会首选那些在工作中有突出表现、能够有效指导学生并取得成果的辅导员。因此，这些都是晋升为中层干部所必需的基本素质。

其次，业务能力有助于领导力的培养。业务能力不仅仅是针对学生，同时也包括了对团队的管理和引导能力。这种能力在辅导员晋升为中层干部后，将转化为更重要的领导力。辅导员通过在学生工作中不断锻炼和提升自己的领导力，为未来的晋升夯实基础。

再次，业务能力拓宽职业发展路径。具备强大业务能力的辅导员，往往能够在高校内部获得更多的职业发展机会。他们可能通过参与更多的项目、活动或管理工作，来进一步拓宽自己的职业发展路径，从而增加晋升为中层干部的可能性。

最后，业务能力促进个人影响力的建立。辅导员通过展现卓越的业务能力，能够在学生和教师群体中建立起良好的个人品牌和影响力。这种影响力在辅导员的职业发展过程中，尤其是在晋升为中层干部的过程中，将起到积极的推动作用。

（三）高校辅导员领导力的内容研究

高校辅导员领导力的内容研究主要聚焦于辅导员在履行职责过程中所展现出的各种领导能力和素质。这些领导能力和素质对于辅导员在学生工作中的影响力和效果具有决定性的作用。

1. 高校辅导员的领导力体现在其对学生的影响力上

这种影响力不仅来源于辅导员的职位和权力，更来源于其个人魅力、专业素养、教育方法和沟通技巧等。辅导员通过自身的言行、学识和人格魅力，影响学生的思想观念、行为方式和价值取向，引导学生形成正确的世界观、人生观和价值观。

2.高校辅导员的领导力体现在其组织力和协调能力上

辅导员需要有效地组织和协调学生工作，使学生工作有序进行。这包括制订计划、分配任务、监督执行等，以确保学生工作准确、高效地进行。同时，辅导员还需要与学生、家长、学校各部门以及其他利益相关者之间建立良好的沟通渠道，协调各方面的资源和关系，以完美完成学生工作。

3.高校辅导员领导力体现在创新力上

面对日益复杂和多变的学生工作环境，辅导员需要具备创新意识和创新能力，不断探索新的工作方法和途径，以适应时代的发展和学生的需求。

4.辅导员的领导力体现在其对学生个人和集体的引导能力上

辅导员需要关注学生的个体差异，为每个学生提供个性化的指导和支持，同时，还需要关注集体的整体发展，通过组织各种活动和项目，促进集体的团结协作。

5.辅导员的领导力体现在促进辅导员个人职业规划与实现上

辅导员的领导力建设需要明确自己的职业规划和目标。一个具有领导力的辅导员能够更清晰地认识自己的优势和不足，制定更合理的职业规划，并通过不断的学习和实践来实现这些规划。这有助于辅导员在职业发展中保持方向感和目标感，从而更好地实现自己的职业价值。

6.综合评述

高校辅导员领导力的内容研究是一个多维度的概念，包括影响力、组织力、协调能力、创新力、对学生个人和集体的引导能力以及对辅导员个人职业规划与实现等多个方面。这些领导能力和素质不仅共同构成了辅导员在学生工作中的核心竞争力，对于推动学生的全面发展和构建和谐校园具有重要的作用，而且通过提升领导力，辅导员可以增强自己的职业认同感和荣誉感，扩大职业影响力，提高个人素质和综合能力，并促进个人职业规划的实现。

（四）高校辅导员领导力的影响因素研究

高校辅导员领导力的影响因素涉及多个方面，包括成长背景、职业理想、个人素质和领导技能等。深入分析这些影响因素，有助于我们更好地理解辅导员领导力的形成与发展，为提高辅导员领导力提供有益启示。

1. 成长背景

成长是指一个个体在生理上、心理上和社会上逐渐发展和壮大的过程。它包括了身体的生长、心智的发展、知识的学习、技能的培养、价值观念的建立和社会角色的承担等方面。成长是一个连续的过程，随着时间的推移，个体逐渐获得更多的能力和经验，从而逐步融入社会。随着国家制度、政策、社会条件、职业制度等不断地变化，成长背景和高校辅导员的领导力水平以及职业评估评定有着极其重要的作用。党的十八大以来，以习近平同志为核心的党中央将立德树人确立为高校的根本任务，把高校思想政治工作作为一项重大政治任务和战略工程，极大地推动了辅导员队伍建设形成较为完备的制度体系，迎来了辅导员制度整体升级和辅导员队伍专业化、职业化发展的新阶段。早在 2014 年，教育部颁布《高等学校辅导员职业能力标准（暂行）》，明确提出"推动高校辅导员专业化职业化建设"，就辅导员的职业定位、功能、等级、标准做出了明确规范，为辅导员专业化建设指明了方向，高校辅导员队伍建设制度和工作制度的细节逐步完善。实践证明，辅导员制度将在专业化、职业化发展中整体升级，辅导员制度建设的新时代正在全面开启。[①]

2. 职业理想

高校辅导员的职业理想直接关系着辅导员领导力提升的主动性和积极性。本书研究的辅导员职业理想主要包括两个方面。

一方面是对未来就任职务的期望。就业是人生存和发展的基本手段，不仅指谋生，而且求发展。职业理想是一个人有抱负、有追求的生动体现，而辅导员是否愿意担任更高的职位，这体现了辅导员职业理想的长远与否，有所期，便会有所求。因此，职业理想对于高校辅导员提升领导力具有重要作用。

另一方面是对于跻身高校领导者更高行列的渴望。辅导员的工作要求决定了其职业理想，这不仅仅体现在是否"想做领导者"，更体现在"想做什么样的领导者"。作为领导者，我们有不断学习和适应变化的环境和需求的能力，除此之外，在我们努力完成职业理想的同时，我们会不断应对各种复杂的情况做出明智的决策，并能够有效地执行这些决策。这些举措会在无形中提高我们分析问题、权衡利弊和抗风险的能力，以及在困难情况下做出决策的勇气和决心。

3. 个人素养

个人素质的内涵很广，包含多个方面，包括学习能力、总结能

[①] 范曦.新中国成立70年我国高校辅导员制度变迁［EB/OL］.［2019-09-03］.https://www.cssn.cn/jyx/jyx_jyqg/202209/t20220913_5492713.shtml.

力、学识经验、进取精神、社交能力、责任心、自我控制、成就动机、灵活性、创造性潜力、管理潜力、工作态度、诚实水平等。个人素养的提高，要从以下两个方面展开。

（1）能力的培养

个人知识储备是基于某个专业方向进行的有意识的知识积累、梳理及整合，并结合个人工作实践进行验证及升华，以逐步形成专属于个人且有实战力的价值知识储备体系。个人通过参加各类专业培训，快速提升基本知识；通过实践总结、梳理及拔高，并善于通过精细化数据分析实现精准完善；通过全局视角积累横向知识，逐步形成降维视角等诸多方法，提升自己能力。

（2）身心素质的培养

身体素质和心理素质合称为身心素质。身心素质对辅导员的工作及领导力提升有着重大影响，不断提升身心素质显得尤为重要。那么，身心素质的提高要从"拥有一个健康的心理、学会自我控制和调节情绪、提高克服挫折的能力"等几个方面入手，其中，健康的心理是一个人事业取得成功的关键，它是指自我意识的健全，情绪控制的适度，人际关系的和谐和对挫折的承受能力。心理素质好的人能以旺盛的精力、积极乐观的心态处理好各种关系，主动适应环境的变化，对于高校辅导员来说，在复杂多变的校园环境里拥有一个健康的心理尤为重要。

4. 领导技能

经查阅大量资料，我们发现，国内外学者们关于领导技能的构成要素众说纷纭、见仁见智，概括起来主要包括社会责任力、决策力、执行力、权威力、组织管理力、感召力、控制力、沟通力、创新力等。[①]
下面将对这九种核心力进行简要阐释。

（1）社会责任力

高校辅导员的社会责任力是指辅导员在履行其教育、管理、服务职能时，所展现出的对社会、学校和学生的使命、责任的意识和能力。这种责任力不仅体现在对学生的思想政治教育、学业指导、心理辅导等方面，还涉及对高校发展以及辅导员个人综合能力的提高等方面。辅导员是大学生思想、教育工作的重要组织者和实行者，需要积极教导学生，帮助他们树立正确的世界观、人生观和价值观，培养他们的社会责任感和公民意识。同时，社会责任力也是辅导员职业发展的重要动力，高校辅导员需要不断学习新的知识和技能，了解学科前沿和发展趋势，增强自身的教育能力和管理能力，积极承担社会责任，为实现教育事业不断进步提供坚实的保障。

（2）决策力

决策能力，简而言之，是决策者在进行决策活动时，所展现出的选择最佳方案的技能和本领。这一能力不仅涵盖了信息的搜集与分析，还包括了风险的评估与预测，以及最终方案的制定与实施。在快速变化的环境中，决策者需要凭借这一能力，迅速而准确地作出判断，确保组织或个人的利益最大化。决策能力是一个多层面的能力体系，它主要包括三类。

第一类：基本能力。它是进行决策活动应该具备的最基础的能

---

① 李庆鹏. 大学生党员领导力培养研究 [D]. 湘潭：湖南科技大学 , 2012.

力和本领，像人的学习能力、思维能力、认识能力等就属这一类。

第二类：专业能力。它是使决策工作能达到一定的目标、取得一定成效所必需的能力和本领，比如决断能力、分析能力、判断能力、组织能力、控制能力等就包含在此类中。

第三类：特殊能力。它是让决策拥有创造性，并且能够产生极大作用所必需的不同寻常的能力和本领，像逻辑判断能力、创新能力、灵活应变能力、人际交往能力就包含于这一类。决策能力除了有类的区分外，还有量的差别。[①] 良好的决策力不仅能够使辅导员在学生中树立权威，赢得学生的尊重和信任，还帮助辅导员迅速分析问题的本质，找到解决问题的最佳方案，而且决策力也是辅导员成为高校中层干部的重要能力。一个具有良好决策力的辅导员能够迅速、准确地做出决策，为学校的稳定和发展提供有力支持。

（3）执行力

执行力就是贯彻战略意图，完成预定目标的操作能力，是把企业战略、规划转化成为效益、成果的关键。对个人而言，执行力就是办事能力；对团队而言，执行力就是战斗力；对企业而言，执行力就是经营能力。执行力也是指有效利用资源，保质保量达成目标的能力。[②] 执行力是指将策略应用于实践，并通过具体行动产生成果的能力。在现代组织中，执行力具有很大的作用。即便拥有最完美的规划、最准确的判断和最精密的方案，若缺乏执行力，最终仍属纸上谈兵。执行力是一个人成功所必需的能力，执行力度决定一切。

---

① 萧浩辉.决策科学辞典 [M].北京：人民出版社，1995.

② 中人网.中国公共招聘网 市场资讯［EB/OL］.［2021-07-29］.http://www.job.mohrss.gov.cn/rzzc1/127617.jhtml.

换言之，即便设想再卓越，也需有人将其付诸实践，而这一过程的核心便是执行力。执行力是实现职业目标和梦想的关键要素。高校辅导员在工作中需要面对各种挑战和任务，只有拥有强大的执行力，才能将目标和计划付诸实践，逐步实现自己的职业目标，迈向更高的职业阶段。

（4）权威力

权威是指在特定领域内拥有专业知识和经验的个人或组织。他们通过长期的学习、实践和研究，积累了丰富的认知和专业技能。这种专业知识和经验使他们成为权威，能够提供可靠和准确的信息、意见和指导。[①]权威力并不等同于威严或强制力。在高等教育环境中，权威力更多的是指辅导员基于其专业知识、经验、人格魅力等因素，在学生中树立的一种正面影响力。这种影响力有助于高校辅导员更好地担负责任，引导学生健康成长。同时，权威力又是辅导员职业生涯的重要推动力。一个具有权威力的辅导员能够更好地发挥领导作用，带领团队完成各项工作任务，通过展示自己的专业素养、人格魅力和领导能力，赢得团队成员的信任和支持，为职位提升创造更多机会。

（5）组织管理力

组织管理就是通过构建组织结构，设定职位，明确责任和权力之间的联系，组织成员互相协作、共同劳动，加速实现组织目标的过程。高校辅导员具备良好的组织与协调能力，能够高效管理学生，处理各种突发事件。这种能力在高校辅导员晋升为中层干部后，将

---

① 百度文库.你如何定义权威？［EB/OL］.［2023-11-03］.https://wenku.baidu.com.

有助于其管理更大规模的团队和项目。

（6）感召力

感召力是个人具有的一种人格特质，尤指那种神圣的、鼓舞人心的、能预见未来、创造奇迹的天才气质。具有此人格特质的领导者，称为魅力型领导。① 高校辅导员的感召力与其成绩的取得以及高校的思想教育水平有着较为密切的联系，感召力的培养对高校的进步、学生的成长都起着关键作用。高校辅导员必须踊跃、及时地学习国家、学校在学生管理方面的相关政策及办法，以便及时给予学生正确的指向和引导，提升高校的现代化治理能力。

（7）控制力

控制力通常指的是个体对自身心理和言谈举止的主动掌握，是一种综合能力，体现在个人见识、情感、行为等方面。它表现为个体在不受到外界监管的情况下，适时抑制和调节自己的行为，抵制诱惑，延迟满足，坚持不懈地保证目标实现的能力。控制力是一个人综合能力的体现，与高校辅导员的工作和生活具有很强的相关性。辅导员在工作中，学会控制、善于调节自己的情绪，自我激励，同时懂得节制，保持自律，有助于领导力的提升。

（8）沟通力

沟通能力包含表达能力、倾听能力和设计能力（如形象设计、动作设计、环境设计）。沟通能力看起来是外在的东西，而实际上是个人素质的重要体现，它关系着一个人的知识、能力和品德。②

---

① 百度百科.感召力（一种人格特质）［EB/OL］.https://baike.baidu.com/item/ 感召力/9897300.

② 百度百科.沟通能力［EB/OL］.https://baike.baidu.com/item.

这包括与学生、教师、校领导等各方进行有效沟通的能力，以及建立和维护人际关系的能力。良好的沟通能力使高校辅导员能够更准确地把握学生的思想动态，及时发现并妥善处理学生可能存在的问题。这不仅能够维护校园的和谐稳定，还能提高辅导员在学生管理方面的效率和效果。此外，高校辅导员具备良好的沟通力与其职位提升之间也存在着密切的关系。例如，良好的沟通力能帮助辅导员协调各方资源，找到解决问题的最佳方案，这种解决问题的能力和效率是辅导员提升领导力的重要因素。良好的沟通力还能使辅导员更好地理解和贯彻学校的政策和要求，确保工作方向的正确性和有效性，这种工作效果的提升是辅导员领导力提升的重要支撑。

（9）创新力

创新力是凭借科技以及多种实践活动，不断创造具有经济价值、社会价值、生态价值的新思想、新理论、新方法和新发明的能力。高校辅导员的创新力表现在多个方面。例如，辅导员具备创新思维，能够摆脱传统结构的束缚，提出具有前瞻性的建议。面对复杂问题时，能够迅速找出问题的本质，并创造性地提出解决方案等。这些创新力不仅能够帮助提升辅导员个人的领导力，在工作中脱颖而出，还能够为组织带来新的价值和竞争优势。

5.综合评述

高校辅导员的政治觉悟、政治立场以及运用政治理论解决实际问题的能力，是其领导力的重要组成部分。坚定的政治信仰和正确的政治方向为高校辅导员成为中层干部夯实基础；良好的沟通和人际交往能力是辅导员领导力的另一个重要体现，这些能力将有助于辅导员在中层干部岗位上更好地协调工作，处理各种复杂情况；在快速发展的教育环境中，辅导员需要具备创新意识和变革精神，这种能力将有助于辅导员在中层干部岗位上推动学校的创新与发展；辅导员的专业知识和教育技能是其领导力的基础，这能够使辅导员更好地指导学生，并在晋升为中层干部后，为学校的教育教学提供更加专业的指导；辅导员的工作业绩和成果是评价其领导力的重要依据，在辅导员岗位上取得的显著成绩，将有助于其在晋升为中层干部的过程中获得更多支持和认可。这些因素相辅相成，共同构成了辅导员领导力的综合体现。

在实际工作中，通过不断提升这些方面的能力，辅导员应不断提升自身综合素质，更好地发挥自己的领导力，以充分发挥领导力在高校教育事业中的重要作用，为晋升为中层干部打下坚实基础。

（四）本书对于高校辅导员领导力的定义

针对上文对领导力的界定，结合高校辅导员的工作特点，本书在界定辅导员领导力时主要对以下几个方面的内容进行考量。首先，高校辅导员领导力是在高校思想教育工作的情境中发挥作用。其次，高校辅导员领导力不仅能够在政治、思想、道德和才能等方面对学生施加正向影响，而且在实践中不断提升自身的领导力，为以后的发展打下坚实的基础，在其职业发展中发挥其应有的领导力，对学校发展和学生成人成才都起到重要作用，有助于实现高校立德树人的根本任务。最后，辅导员在职业发展中，需要不断提升自己，达到高校中层干部的要求。综上，本书对高校辅导员领导力做如下定义：高校辅导员领导力是一种综合性的能力，具有前瞻性和战略性思维，能够准确判断学校未来的发展方向，通过其人格魅力、沟通技巧和团队协作等能力，凝聚和激励师生朝着学校特定的教育目标奋斗的能力。这种领导力既是一种感召力，也是一种控制力。这种领导力既包括对内的判断、协调、激励和创新能力，也包括对外的合作、交流以及应对复杂环境的能力。

第二节　辅导员领导力研究的相关理论

一、国内领导力理论

（一）马克思主义关于人的全面发展理论

1. 马克思主义关于人的全面发展的内涵

每个人的自由发展是一切人自由发展的条件。每个人的自由发展，首先定义的是相对于人对人和人对物两者的依赖；其次是人对个体而言的，每个人都有一技之长，都能通过一定的平台把自身的潜能和优势发挥出来；最后就是相对一切人而言的，只有每个人都能毫无约束地自由发展，才能真正实现"一切人的"自由发展。马克思、恩格斯关于"每个人的自由发展是一切人自由发展的条件"的论述，是对理想社会性质和特征的标志性描述。在《资本论》中，马克思直接指出，共产主义是以"每一个个人的全面而自由的发展为基本原则的社会形式"。[①] 马克思主义理论关于人的全面发展的主

---

① [德] 恩格斯 ."资本论"提纲 [M]. 何锡麟，译 . 沈阳：东北新华书店，2022.

要表现有以下三点。

一是人生产物质生活本身的劳动能力的全面发展。即"个人生产力的全面的、普遍的发展"①，在原始社会，低下的生产力水平，也没有复杂的生产关系，人类的需求自然较低。而机器大生产时代，生产力水平快速发展，人的需求相较于原始社会也提升了许多，因此，人们开始追求更高的生活水平。然而，有所期便会有所成，在党和人民的不懈努力下，社会主义开始出现并快速发展起来，此时，人类的需求不再只停留在物质生活层面，开始进行复杂的社会关系体系的构建、追求精神生活的富足等，也正因如此，人类社会得到全面的发展。

二是人的才能的全面发展。"每一个人都无可争辩地有权全面发展自己的才能"②，人的能力是实现人的需求的前提条件和必要手段，而社会实践则是人全面发展的有效平台，"任何人的职责、使命、任务就是全面地发展自己的一切能力"。

三是人的自由发展。包括"所有能力的发展""个人创新的和自由的发展""个性的比较高度的发展"等。全面发展与个性发展是对立统一的辩证关系，二者既相互区别又相互促进。一方面，全面发展是每个社会成员的智力和体力都获得综合的发展。个性发展则是指个体在需要、生活方式、性格、能力、兴趣、价值观念等方面表现出较为平稳的心理素质。另一方面，全面发展是个性发展的

---

① 教育千里马安茂盛.马克思主义关于人的全面发展的含义［EB/OL］.［2021-06-10］.https://baijiahao.baidu.com/s?id=1702131010504218744#:~:tex.
② 学习时报.马克思主义关于人的全面发展的含义［EB/OL］.［2017-08-04］.https://www.jsllzg.cn/yaowen/201708/t20170804_4468279.shtml.

基石，全面发展要求学生在德、智、体、美等方面都应达到基本的标准，同时，个性发展尊重基本的道德价值规范、遵守国家法律，是建立在全面发展基础上的选择性发展。

今天，我们学习领会马克思主义关于人的全面发展的思想，要进一步坚定共产党人的理想信念，进一步坚定中国特色社会主义道路自信、理论自信、制度自信、文化自信，进一步坚持以人民为中心的发展思想，为实现人的全面发展而继续奋斗。①

2. 研究马克思主义基本原理是提高辅导员领导力的有效途径

学习马克思主义中国化的最新理论成果是高校思想教育工作的中心。高校辅导员是贯彻党的教育方针，坚持社会主义办学方向的中坚力量。他们的工作是坚持马克思主义的立场、观点、方法，不断创新工作理念，在解放思想、实事求是、与时俱进的科学思想方法引领下，把握时代脉搏，倡导积极进取、乐观向上的生活态度，从而营造和谐、文明的高校校园氛围。这是建设一个稳定的高校、推动高等教育事业健康发展的战略需要。高校辅导员必须坚持用科学的理论去指导实践，并在实践中不断创新，只有这样才能更好地完成工作，才能在分析各种思潮时做出正确判断。因此，高校辅导员应该用马克思主义中国化的最新理论成果武装自己。

（二）思想政治教育理论

思想政治教育理论为高校辅导员提供了坚实的理论基础，能够使辅导员较好地认识和掌握学生的思想动态，增强辅导员的工作能

---

① 王馨晨. 马克思关于人的全面发展学说［EB/OL］.［2023-05-04］. http://www.gaosan. com/gaokao/584125.html.

力。这些能力的提升，为辅导员日后发展成为中层领导干部打下了坚实的基础。辅导员在日常工作中运用思想政治教育理论，通过与学生交流、组织思想政治教育活动等方式，不断提升自己的组织协调能力、沟通能力和领导能力。这些能力是中层领导干部所必备的，因此，具备这些能力的辅导员更有可能被提拔到中层领导岗位。根据相关政策文件，如《关于加强高等学校辅导员班主任队伍建设的意见》，明确指出要把专职辅导员队伍作为党政后备干部培养和选拔的重要来源。这表明，辅导员的职业发展路径与中层领导干部的培养和选拔紧密相连。在实际工作中，已有不少辅导员因为工作表现突出、思想政治教育理论素养高而被提拔到中层领导岗位的案例。例如，山东某大学就有一次十几位优秀辅导员被提拔到学校中层管理岗位，这充分说明了思想政治教育理论与辅导员职业发展之间的紧密联系。

因此，思想政治教育理论不仅为高校辅导员提供了工作指导，还是其职业发展的理论支撑。通过不断学习和实践思想政治教育理论，辅导员可以提升自身的职业素养和工作能力，进而增加发展成为中层领导干部的机会。

（三）国内领导力五力模型

领导力五力模型是由中国科学院科技领导力研究课题组通过系统研究，对领导者的领导能力进行的高度抽象概括，主要包括前瞻力、感召力、影响力、决断力、控制力，[①] 如图 2.1 所示。

---

① 苗建明、霍国庆，等 . 领导力五力模型［EB/OL］.https://baike.baidu.com/item/ 领导力五力模型 /7579071，2006.

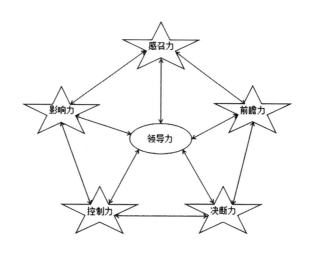

图 2.1　国内领导力五力模型

同时，在领导力实践过程中，需要这五个维度全面均衡发展。高校辅导员作为教育管理的重要角色，应具备前瞻力、决断力、控制力、感召力和影响力以更好地履行职责，为我国教育事业贡献力量。这五大领导能力，构成了辅导员迈向升职之路的坚实基础。在不断提升这些能力的过程中，辅导员将能够在职业道路上取得更为丰硕的成果。

（四）360 度领导力模型

领导人就是一个指挥家。很多人在成为领导人之前，有的是做技术的，有的是做营销的，有的是做研发的，有的是做服务的。但当他走上领导岗位后，他原来的经验和能力已经成为非核心竞争能力，过去赖以生存的核心竞争能力，现在已成为一种支持力和外围竞争能力。他已经变成一个指挥家了。

一个领导者究竟需要哪些能力呢？在现实生活中，人们经常会对领导人做出如下一些评价和期许：

领导人要有超速成长的能力，总是走在时代的前列，走在队伍的前列；

领导人应该高瞻远瞩，能够鉴常人之所不能鉴，能够为常人所不能为；

领导人应该能选贤任能，可以把优秀的人才与企业的财和物聚合在一起，创造业绩；

领导人应该能不断地复制自己，带队育人；

领导人应该有超常的绩效；

领导人应该会凝聚人心，使人们心甘情愿地跟他走，拥有大批的追随者。

国内北京大学汇丰商学院领导力研究中心提出的，构成360度领导力模型的有以下六种能力：①

一是学习力，构成的是领导人超速的成长能力；

二是决策力，是领导人高瞻远瞩的能力的表现；

三是组织力，即领导人选贤任能的能力的表现；

四是教导力，是领导人带队育人的能力；

五是执行力，表现为领导人的超常的绩效；

六是感召力，更多地表现为领导人的人心所向的能力。

360度领导力模型如图2.2所示。

---

① 聚优网.什么是管理者的360度领导力［EB/OL］.［2022-12-02］.https://www.jy135.com/guanli/71549.html.

图 2.2　360 度领导力模型

（五）历史传承：我国传统领导思想

中华传统文化源远流长，其中蕴含的领导思想博大精深，为后世提供了丰富的启示和借鉴。譬如，儒家强调领导者必须端正自己的品行和态度，以身作则，树立正面的榜样。儒家认为领导者应该具备仁爱之心，关心下属，以仁爱之心来指导和管理团队；道家的领导思想则认为进入"无我"的状态是领导者做好本职工作的前提；佛家的领导思想强调德行的重要性，自渡、渡他是领导者的主要职责。中国传统思想在一定意义和一定程度上影响着现代化领导行为的结构和维度，现代领导应吸收传统文化的领导智慧，更多地运用中国传统文化思想的影响力推动工作的展开。那么，我们究竟该如何利用传统文化思想提升现代领导力呢？笔者认为，提升领导力应该从以下几个方面入手。

1. 用儒家思想提升个人素养

儒家文化作为中国文化的主流，自古以来便深刻地影响着中华民族的思维方式、道德观念和社会秩序。儒家思想的核心在于以民为本，强调个人修养与家庭、社会、国家的和谐统一。通过修身、齐家、治国、平天下，儒家倡导的是一种由内而外的领导哲学，其领导思想的核心便是仁、义、礼、智、信。

2. 用道家思想提升管理能力

道家认为人性本于自然，即所谓"道"，其是老子思想的核心和最高境界。在社会管理思想中，道家主张顺应自然，无为而治。"无为而治"出自《道德经》，是道家的治国理念。老子认为"我无为，而民自化；我好静，而民自正；我无事，而民自富；我无欲，而民自朴"。《道德经》的思想核心是"道"，"道"是无为的，但"道"有规律，以规律去制约变化，以制度去束缚行为，而一个真正有能力的管理者最大的"道"就是顺应自然，遵循规律办事，就可以"没身不殆"，一切顺利，没有危险。[①] 道家思想告诉聪明的管理者，应以情定势、以沉着稳重的态度处事，而不应该轻率、浮躁。

3. 用法家文化提升创新能力

若你曾拜读过《论语》《孟子》，读过程朱的著作，你就会发现，无论是孔孟，还是程朱，还是儒家，反反复复，他们的思想均是围绕着"道德伦理"这一核心思想来展开论述的，虽然道德的理想是完美的，但是应用道德的理想世界却始终不是完美的，人类需要思想的浸润，但思想色彩若过于浓郁，人就会变成迂腐的书生，"两耳不闻窗外事，一心只读圣贤书"，却没有办法做好基本的事情。对于提升领导力，只参考儒家的价值观念，仍然

---

① （春秋）老子 . 道德经 [M]. 黎福安，译注 . 广州：广东人民出版社，2023.

是不够的。所以，还需要依赖法家的理念。法家的管理思想擅长创新和变革。商鞅提出的"治世不一道，便国不法古"是法家思想的核心，这代表着宏伟的变革和创新精神。一个好的领导者，应该具有别具一格的眼光，无论是做事，还是做人，这都是不可缺少的一项技能。

二、国外领导力理论

（一）国外领导力理论概念

1. 国外领导力五力模型理论

美国教育领导研究专家托马斯·萨乔万尼（Thomas J. Sergiovanni）将领导力从五个角度进行解释，有技术领导力、人际领导力、教育领导力、象征领导力、文化领导力。[①] 每个角度进一步从角色隐喻、内涵、措施和效果方面说明。技术领导力要求领导者要负责对团队所累积的知识和信息进行组织，并且在任何团队成员需要这些信息的时候，能够快速准确地找到。人际领导力需要领导者有激励团队，促进团队活动的能力的艺术。这种氛围也有助于增强团队凝聚力，一个真正的领导者十分注重教育领导力、象征领导力和文化领导力的培养，这不是仅仅靠专业知识能解决的，是要促成一个富有团队魅力的文化价值体系，促进团队形成共有的文化价值观念，带领大家实现共同梦想。

[①] 罗月伶，李欢.高质量发展背景下融合教育学校校长领导力提升路径研究——基于萨乔万尼领导力模型分析 [J].绥化学院学报，2023，43（7）:10-15.

表 2.4　国外领导五力模型

领导力	角色隐喻	内涵	措施	效果
技术领导力	管理工程师	①组织结构 ②计划于时间管理的技能 ③突发事件处理能力	①计划、组织、协调 ②把握策略和情景以保持最大的效能	教师被作为机械系统中的管理对象。他们以相同的方式对有效能的管理做出回应；对无效能的管理容忍度很低。
人际领导力	人际工程师	①动机激发 ②人际能力 ③冲突管理 ④小组团结	①提供支持 ②支持成长和创造性 ③建立并保持士气 ④运用参与决策	教师对人际需求有很高的满意度。他们喜欢领导和所处的学校，并回应以积极的人际行为。学校工作在愉快的气氛中进行。
教育领导力	临床实践者	①专业知识和风度 ②教学效能 ③教育方案设计 ④临床监督	①诊断教育问题 ②给教师建议 ③提供监督与评价 ④提供在职培训	教师对专业的领导给予积极的回应并努力工作。他们对领导的关心和支持心存感激。
象征领导力	领袖	①选择性注意 ②建立目标 ③树立榜样 ④发展、展示、加强符号系统	①巡视学校 ②观察课程 ③了解学生 ④指挥典礼和仪式	教师知道领导和学校的价值是什么，发展方向是什么，并乐意与他人分享。持续性提高动机和投入。
文化领导力	高级牧师	①氛围、文化 ②紧密的集体性价值、宽松的结构系统 ③思想意识	①宣传学校愿景 ②帮助新成员的社会化 ③讲述故事并神话 ④解释卓越的标准 ⑤界定独特性 ⑥对反思学校文化的行为给予奖赏	教师是学校思想意识的信奉者。他们是很强的学校文化的成员，而且文化对他们来说是很重要的。文化赋予他们很高的个人意义、工作意义和个人动机。

2. 领导权变理论

领导权变理论亦称"领导情境理论"，是领导理论的一种，20世纪60年代至70年代初形成。该理论认为，不存在一种绝对的最佳的领导方式。领导是领导者、被领导者及其环境因素相互作用的动态过程。领导有效性 =f（领导者，被领导者，环境）。领导的效果与领导者所处的具体情境和环境有关，要根据具体情况来确定领导方式。费德勒模式是最具有代表性的权变理论。豪斯的通路—目标理论，弗鲁姆和耶顿的领导—参与模式，卡曼的领导生命周期理论，瑞丁的三维领导理论，波渥斯和西肖尔的四维领导理论以及 R. 坦南鲍姆的领导行为连续带理论。①

3. 领导行为理论

领导行为即通过研究领导者在领导过程中的具体行为，和不同行为对下属的影响，寻找最佳领导行为。领导行为基础是领导特征和技巧，领导风格是领导者特质、技巧及和下属沟通时的行为的统一体。领导行为理论由爱荷华大学的勒温、里皮特和怀特（1939）所开创。②

4. 领导特质理论

领导特质理论也称素质理论、品质理论、性格理论，这种理论着重研究领导者的品质和特性，是整个领导领域的开端，其理论基础来源于奥尔波特人格特质理论。20 世纪早期的领导理论研究者认为，领导的特质与生俱来，只有天生具有领导特质的人才有可能成为领导者。它强调领导者自身一定数量的、独特的并且能与他人区别开来的品质与特质对领导有效性的影响。③

---

① 百度百科.领导权变理论［EB/OL］.https://baike.baidu.com/item/ 领导权变理论 /8666324.
② 百度百科.领导行为理论［EB/OL］.https://baike.baidu.com/item/ 领导行为理论 ?fromModule=lemma_search-box.
③ 百度百科.领导特质理论［EB/OL］.https://baike.baidu.com/item/ 领导特质理论 ?fromModule=lemma_search-box.

（二）理论借鉴：当代西方领导理论

现代西方领导理论的发展大体上经历了四个阶段。①

第一阶段从 19 世纪末到 20 世纪 40 年代。这一理论主要研究一个人需要具备什么样的技能素质才能够成为一个领导者，抑或者成为一个领导者以后需要具备哪些个人素质才会让自己的工作更加出色。这一时期对于领导者特质的研究被人们统称为领导特质理论。那么，这一时期就被称为"特质研究"时期。"特质理论"是对 20 世纪发展起来的"伟人论"的继承和发展，"伟人论"是对于人天生所具有的一些特质进行研究，它假设领导者是天生的，具有相应的天赋，而"特质理论"则对个人先天性和后天性两方面的特质进行了充分的研究。例如，现代管理大师彼得·德鲁克在《有效的管理者》②一书中得出这样的结论：一个优秀的领导者应该具备这五项主要习惯。（1）善于处理和利用自己的时间；（2）注重贡献，确定自己的努力方向；（3）善于发现和用人之所长；（4）能分清工作的主次；（5）能做有效的决策。一个人的才能只有通过有条理、系统的工作，才得以充分展现。

第二阶段始于 20 世纪 40 年代中期到 70 年代早期。研究的重点在领导行为，讨论什么样的领导行为、领导方式才能提高领导效能。人们把这一时期关于领导行为的研究称为领导行为理论。将这一时期称为领导行为研究时期。美国的俄亥俄州立大学和密执安大学的研究认为，有效的领导者应该具有超强的适应性，既能考虑到自己的能力，又能考虑到下属的能力和需要完成的任务，同时，能将权

---

① 豆丁网.西方领导理论［EB/OL］.https://www.docin.com/p-773527337.html.
② ［美］德鲁克.有效的管理者 [M].张晓宇，译.北京：中国工人出版社，1989.

力有效下放。领导者不应该仅在严格的"集权"或"民主"这一两极之间进行选择，而是要有足够的灵活性，不断调整自己的行为选择，应付不同的情况。

第三阶段始于 20 世纪 60 年代早期到 90 年代。这一时期主要研究影响领导效能的情况因素，如工作任务、团体类型等。人们把这一时期称为权变理论研究时期。"权变理论"的提出者菲德勒认为不管领导者的人格特性或行为怎么样，只有领导者将自己的个人特质和领导情况因素能够"匹配"起来，他才能成为一个真正的领导者。

第四阶段从 20 世纪 80 年代至今。人们多方面、多角度研究了影响领导力的多种因素，产生了多种领导理论，形成了领导理论百花齐放的繁荣景象。

（三）马斯洛需求层次理论

1. 马斯洛需求层次理论的概念

马斯洛的需求层次结构是心理学中的激励理论，包括人类需求的五级模型，通常被描绘成金字塔内的等级。从层次结构的底部向上，需求分别为生理（食物和衣服）、安全（工作保障）、社交需要（友谊）、尊重和自我实现。这种五阶段模式可分为不足需求和增长需求。前四个级别通常称为缺陷需求（D 需求），而最高级别称为增长需求（B 需求）。1943 年，马斯洛指出，人们需要动力实现某些需要，有些需求优先于其他需求。①

---

① 马斯洛 . 马斯洛需求层次理论［EB/OL］.https://baike.baidu.com/item/ 马斯洛需求层次理论 /11036498，1943.

2. 马斯洛需求层次理论应用于领导力

马斯洛需求层次理论，为辅导员提高领导力并开展相应领导工作提供了丰富的理论基础。一个优秀的领导者，会高效利用马斯洛需求层次理论，满足自身的高层次需求以促进自我实现。同时，领导者可以根据需求层次理论的内容及贡献，设置相应的激励机制，在实践的过程中实现领导力潜移默化的提高，以此来追求更高层次的发展。

第三节　理论的适用性

本节分析理论对于本书研究高校辅导员领导力的适用性，领导力理论作为研究核心贯穿全书，"习近平总书记关于提高政治能力的重要论述"理论为提高高校辅导员政治领导力作为引导学生树立正确的政治观念，更好地领导和管理团队的理论基础，高校辅导员发展理论作为辅导员不断发展的关键，为下文研究提供理论支撑。

一、国内相关理论的适用性

（一）领导力理论的适用性

高校辅导员在不断增强个人领导能力的过程中，领导力理论的适应性发挥着极其重要的作用。高校辅导员领导力的提升，不仅关乎其如何有效地引导学生、管理团队以及应对不断变化的教育环境，而且关乎高校高质量发展和高校治理能力现代化，为高校发展储备高素质人才。

高校辅导员在提升领导力时，不仅注重了解学生的需求，关注学生的个性化发展，及时调整自己的领导策略，适应学生群体的多样性、活跃性和变化性等特点，而且积极关注高校的发展和目前存在的问题，为高校的发展尽职尽责。

高校辅导员领导力的研究参考了多种领导力理论，如国外领导力五力模型理论、领导权变理论、领导行为理论、领导特质理论等。这些理论各有特点，可以为辅导员提供不同的领导策略和思路。高校辅导员在提升能力的过程中，应注重领导力理论的适应性，既要深入了解学生和高校教育的特点，也要了解高校中层干部的领导能力，借鉴多种领导力理论并根据实际情况进行调整和创新，以形成具有自己特色的领导力风格。同时，辅导员还应注重自身的成长和发展，以更好地服务学生，推动学校的高质量发展。

（二）"习近平总书记关于提高政治能力的重要论述"理论的适用性

为提高高校辅导员政治领导力，打造政治过硬、信仰坚定、高质量、高水准的高校辅导员队伍，不断提高高校辅导员学习贯彻习近平新时代中国特色社会主义思想的意识，是当前高校思想教育工作的关键。高校辅导员要学深悟透习近平关于提高政治能力的重要论述，首先要做到以下几点：一是要自觉认清政治站位，提高政治判断力，这是提高政治能力的前提和基础；二是努力提升政治品位，增强政治领悟力，这是提高政治能力的核心和关键；三是踏实坚守政治岗位，增强政治执行力，这是提高政治能力的落脚点和归宿。本书围绕提高辅导员的政治领导力，要求辅导员应以正确的思想、政治、道德理论为指导，在促进社会发展的过程中，持续提高思想、政治、道德素质，不断提高个人能力，以此来不断提升自己的领导力。

（三）高校辅导员发展理论的适用性

高校辅导员发展理论的适应性是其有效性和实用性的保障。通过加强理论研究、注重实践应用和加强培训等措施，可以不断增强高校辅导员发展理论的适应性，以更好地指导高校辅导员的实际工作。高校辅导员的工作包含学生教育、管理、服务等多个方面，高校辅导员发展理论的适应性主要体现在以下几个方面。

1. 情境适应性

高校辅导员的工作环境和对象具有多样性，包括不同年级、专业、背景的学生，以及不同的教育政策和学校文化。因此，高校辅导员发展理论能够根据不同情境进行调整和变化，以适应不同学生的需求和不同环境的要求。

2. 内容适应性

高校辅导员的工作内容包含了思想教育、学业指导、心理辅导、职业规划等多个方面。因此，高校辅导员发展理论涵盖这些方面的内容，并能够为辅导员提供有效的指导和支持，帮助他们更好地完成工作任务。

3. 方法适应性

高校辅导员在工作中需要运用多种方法和手段，如课堂讲授、个案咨询、团体辅导、社会实践等。高校辅导员发展理论为辅导员提供多样化的方法和手段，并帮助他们掌握有效的技巧和策略，以提高工作效果。

4. 个人适应性

高校辅导员的个人素质和能力对于工作效果具有重要影响。高校辅导员发展理论需要关注辅导员的个人成长和发展，帮助他们了解自己的优势和不足，为他们提供个性化的培训和支持，协助他们掌握新的教育理念和方法，提高他们的专业素养和能力水平，以促进他们的个人成长和职业发展，更好地适应工作需要。

二、国外相关理论的适用性

国外的领导力理论，从不同的方面论述了一个真正的领导者所具备的能力与技能，注重从领导者具备的特质出发，结合领导权变理论、领导特质理论等，在高校辅导员、领导者及学校各种环境因素相互作用的动态过程中通过融入"领导力五力模型"，进而促进高校辅导员领导力的提升，将领导力理论应用于高校辅导员领导力提升的论文中，这不仅为高校辅导员通过完善个人素质，提升个人能力，成为高校领导层的一员提供了理论借鉴，同时，对于实践管理中对于领导者的选拔和能力提升也具有很直观的作用，例如，领导行为理论为辅导员成为领导者在不同的情境下展现出不一样的行为方式提供了理论参考；情境理论则强调了环境适应能力，帮助领导者提升更好地适应环境的能力等。

第四节　本章小结

提升高校辅导员领导力对于辅导员职业发展具有关键作用。我国相关政策强调加强高校辅导员队伍的专业化建设，以提升其整体素质和领导力。通过针对性的培训和实践锻炼，可以有效提升高校辅导员的合作力、政治素养力、人际沟通力和决断力等，从而培养出高素质的高校中层干部。领导力提升意味着辅导员对自身角色和职责有更深入的理解，这不仅有助于辅导员明确自己的职业目标，提升工作效能，为辅导员提供更多的职业发展空间和机会，也能为高校管理团队的优化和整体工作效能的提升奠定基础。我国对于高校辅导员领导力的培养与普通高校的发展相适应，将高校辅导员发展理论作为高校辅导员领导力提升的基础和关键，将领导力理论贯穿培养的全过程，并有效借鉴当代西方领导理论的主要观念和思想对我国普通高校辅导员领导力的提升措施进行完善和发展，为高校发展培养更多具有现代化治理能力、研究型、敢担当、有作为、为师生服务的中层领导干部，从而推动高校整体的发展和进步。

第三章

提升高校辅导员领导力的重要作用及现实因素分析

高校辅导员领导力能够帮助辅导员以领导思维指导思想政治教育工作、规划自身职业发展，促进辅导员在思想政治教育工作中和职业发展中更好地扮演领导者角色。在当下复杂的国内、国际形势下，意识形态领域的挑战越发严峻，这也对高校辅导员的领导力提出了更高的要求。

第一节　提升高校辅导员领导力的重要作用

高校辅导员是高校思想政治教育的骨干力量，是大学内部治理中层领导的后备人选和坚定的执行者。高校辅导员领导力的提升不仅有利于辅导员更好地开展思想政治教育，加强学生管理，更有利于规划自我职业发展，不断提高自身的综合素质和业务能力，增强自身的职业竞争力，为辅导员提供更多的职业发展机会，从而实现自身的职业价值和人生价值，对高校干部储备水平以及高校治理能力产生积极影响。

一、有利于促进高校辅导员的自我提升，推动高校高质量发展

在高等教育快速发展的今天，高校辅导员领导力提升不仅提升了辅导员的育人能力、统筹协调能力、服务能力等，从而促进其自身人生价值的实现，对于辅导员自我发展具有深远的影响；而且能够推动高校改革创新，为高校的高质量发展提供有力的支持和保障。

（一）有利于推动高校辅导员自我素养的完善

"高校辅导员的自我素质与高校辅导员领导力是相辅相成的关

系"①，自我素质的提升会促进高校辅导员正向影响力的增强，高校辅导员领导力的提升会反作用于辅导员的自我素质提升。

第一，提升高校辅导员的领导力有助于辅导员自我认知的提升。领导力要求辅导员具备清晰的自我定位和明确的职业规划，通过不断学习和实践，辅导员能够更加深入地了解自己的优点和不足，从而有针对性地提升个人素养。一方面，这将直接影响到学生的成长和发展。通过加强与学生的沟通交流、关注学生的个性化需求、提供有效的教育引导，能够帮助学生不断完善自身，促进学生的全面发展。另一方面，将推动辅导员自身职业规划的定位和实现。随着自我职业发展定位的不断精确，辅导员对自身的素养的要求也将从对学生的管理素养提升，转换为对自身职务、职称晋升应具备的素养提升，这就要求辅导员自身要具备更多领导力相关的素养。

第二，提升高校辅导员领导力有助于辅导员专业素养的提升。一方面，促进辅导员政治素质、思想修养和道德修养的提升。高校辅导员领导力越高，其政治引领力、思想引导力、道德感召力、决策能力就越强，这些影响力的增强对辅导员政治、思想和道德具有重要的反作用，能促进辅导员意识形态层面素养的提升。首先，辅导员的政治引领力能帮助辅导员更加坚定政治立场、提升政治敏感度、提升政策执行力水平；其次，思想引导力能帮助辅导员树立远大理想，帮助其将个人理想与实现中华民族伟大复兴相结合；再次，道德感召力能帮助辅导员明确道德修养要求、以高尚的道德操守指

---

① 滕竞.人本视域下高校辅导员领导力的提升路径探索 [J].产业与科技论坛 ,2017,16(16)：246-247.

导实践、在反思中提升道德修养；最后，辅导员决策能力的提升对于提高学生问题解决效率、优化学生管理工作、提升危机应对能力、增强团队协作和沟通能力以及树立榜样和影响力等方面都有着积极的推动作用。另一方面，提升辅导员领导力能提高辅导员知识和能力水平。优秀的领导者具备科学的知识结构与良好的能力结构，具备较高领导力水平的辅导员会注重自身知识结构的科学性和构建良好的能力结构。其一，辅导员知识结构覆盖面广，包括专业知识、人文社科知识、领导学知识以及其他相关知识。具备较高领导力水平的辅导员能够建构合理的知识结构体系，促进辅导员知识素养的提升。其二，辅导员需要多元化的能力，包括组织协调能力、沟通表达能力、计划执行能力、决策能力、学习科研能力等。具备较高领导力水平的辅导员能够注重自身各方面能力的均衡发展，促进辅导员自我能力的增强。[①] 同时，也有助于其在职业生涯中取得更大的成就。辅导员可以积极提出建设性意见和建议，参与学校的决策过程，推动学校在教学、科研、管理等方面的创新实践，推动高校的高质量发展。

第三，提升高校辅导员领导力还有助于辅导员人格魅力的塑造。一个具有强大领导力的辅导员往往具备自信、果敢、坚忍等优秀品质，这些品质不仅能够赢得学生的尊重和信任，也能在教师、干部队伍中获得肯定和威信，树立良好的形象，提升高校的社会声誉，进一步提升学校的整体竞争力。首先，具备强大领导力的辅导员通常拥有更出色的组织协调能力和决策能力。他们能够迅速而准确地

---

① 宋莹. 高校辅导员领导力提升研究 [D]. 上海：华东政法大学 ,2022.

分析形势，制定出合适的策略和计划，带领团队朝着既定目标前进。这种能力不仅彰显了干部的专业素养和高效工作能力，更让他们在学生和其他教育工作者中树立起了权威和信任，从而增强了他们的人格魅力。其次，领导力强的辅导员往往也具备良好的沟通能力和人际交往能力。他们能够与不同背景、不同性格的人进行有效沟通，化解矛盾，促进合作。这种亲和力不仅有助于建立和谐的人际关系，更能让干部在团队中赢得尊重和喜爱，进一步提升他们的人格魅力。最后，领导力的提升还有助于辅导员形成更加积极、开放的心态。面对困难和挑战时，他们能够持乐观、坚忍的态度，展现出强烈的责任感和担当精神。这种心态不仅能够激励团队成员共同克服困难，更能让干部在困境中展现出非凡的勇气和智慧，从而进一步塑造和提升他们的人格魅力。

（二）有利于促进高校辅导员人生价值的实现

在领导过程中，"领导者个人价值的实现是组织愿景实现的重大推动力"[①]。同样辅导员人生价值的实现对辅导员自我提升产生了重大推动力。"人生价值的实现让人们感受到自我的升华，能极大激发人们的内生动力。"[②] 辅导员在感受自身价值实现的同时，会在内心形成强大的动力，不断提升自我，实现自我各方面能力螺旋式上升，进而在职业发展过程中实现更大的价值。

人生价值指的是人的生命和人的实践活动对社会和个人产生的作用和意义。领导力对于辅导员实现人生价值的促进作用具体体现

①[美]马克·米勒.领导力核心[M].任世杰，译.北京：金城出版社，2014：9.
② 陈清锋.习近平青年社会责任思想研究[D].漳州：闽南师范大学，2018.

在辅导员自我价值的实现和社会价值的实现两个方面。

第一，促进辅导员自我价值的实现。领导力是在领导者的实践反思中得到提升的，在辅导员领导力提升的过程中，辅导员将外在的领导角色定位转化为内在的领导角色认知，形成其自身的领导意识，进而转化为外在的领导行为，积极开展领导实践。这一过程有利于辅导员明确自我价值实现的奋斗方向，能够充分调动其参与领导实践的积极性和创造性，从而有利于其实现自我价值[1]。

第二，促进辅导员社会价值的实现。美国学者安弗莎妮·纳哈雯蒂认为领导力体现的是领导者为实现组织愿景"通过非强迫性的动员手段"[2]，促进追随者自觉形成正确的奋斗理念，体现的是领导者对追随者的示范作用和感染作用。具备较高领导力水平的辅导员能够在提升自我素养的同时注重发挥其引领带动学生成长和激励同事发展的影响力，提升自身的示范能力和人格魅力，从而更好地实现高校立德树人目标，以实现其社会价值。

（三）有利于推动高校高质量发展

提升辅导员领导力对于促进高校辅导员的自我提升和推动高校高质量发展具有深远的意义。提升辅导员领导力对于推动高校高质量发展至关重要。高校作为培养人才的摇篮，其发展水平直接关系到国家和社会的发展。而辅导员作为高校中的重要一员，他们不仅是学生成长的引路人，也是高校管理体系中的关键角色。当他们晋升至中层干部岗位时，其领导力的提升将直接影响到高校的管理效

---

[1] 宋莹. 高校辅导员领导力提升研究 [D]. 上海：华东政法大学，2022.
[2][美] 安弗莎妮·纳哈雯蒂. 领导力 [M]. 王新，译. 北京：机械工业出版社，2003：78.

能、学生工作质量以及整体发展态势。

第一，通过提升领导力，辅导员能够更好地引导学生，帮助他们树立正确的价值观和人生观，促进他们的全面发展。同时，高校辅导员将更多地参与到学生工作的决策和管理中。具备强大领导力的中层干部能够更准确地把握学生需求，制定更符合学生发展实际的政策和措施，为学生提供更加精准、有效的指导和服务。这将有助于促进学生的全面发展，提升高校的人才培养质量。

第二，提升高校辅导员领导力，有助于优化高校管理体系。中层干部在高校管理中扮演着承上启下的重要角色，他们需要协调各方资源，确保各项工作的顺利推进。具备强大领导力的中层干部能够带领团队高效协作，形成积极向上的工作氛围，从而提升整个高校的管理水平和工作效率。提升领导力还有助于推动高校创新发展。中层干部作为高校管理的中坚力量，他们的创新思维和领导能力将直接影响到高校的改革和发展。具备较高领导力的中层干部能够带领团队积极探索新的工作思路和方法，推动高校在学科建设、教学方法、科研创新等方面取得突破，为高校的长期发展奠定坚实基础。

第三，提升高校辅导员领导力还有助于形成良好的校园文化氛围。一个具有较高领导力的高校辅导员团队能够以身作则，引领和带动师生共同追求卓越、勇于创新。他们将积极倡导和践行正确的价值观和行为准则，推动形成良好的学风、教风和校风。这种积极向上的校园文化氛围将激励师生们不断进取、追求卓越，为高校的高质量发展注入源源不断的动力。

二、有利于提升高校辅导员的管理效能，促进大学治理现代化的进程

高校辅导员作为高校未来中层领导干部的储备人才，其领导力水平的高低直接影响着大学治理现代化的进程和水平。提升辅导员管理效率，不仅有利于辅导员日常管理工作的顺利开展，还对促进辅导员尽快具备中层领导的能力产生了积极影响。领导是"从属于管理的一个组成部分"[①]，辅导员领导力水平对辅导员的管理工作产生了直接影响。与此同时，《普通高等学校辅导员队伍建设规定》准确定位了辅导员的角色，明确指出辅导员具有教师和干部的双重身份，这决定了辅导员同时承担着"教和管"的双重角色，这对辅导员领导力水平提出了要求。辅导员领导力的提高对辅导员管理效能的提升主要体现在管理理念和管理方式两个方面。[②] 有利于辅导员树立大局的管理理念和提升高校辅导员的科学管理水平。这些变革将推动辅导员队伍向更高水平发展，为高校治理现代化做出积极贡献。

（一）有利于辅导员树立大局的管理理念

提升领导力对于辅导员树立大局的管理理念具有积极意义。辅导员作为高校管理工作的重要一环，其管理理念和方法对学生的成长和发展具有重要影响。而提升领导力，不仅有助于辅导员更好地履行管理职责，还能促使其在管理过程中更加注重大局，形成全面的管理理念，践行科学的管理理念，有利于指导辅导员科学开展管

① 王奎武. 系统领导力 [M]. 北京：中国文史出版社，2017：4.
② 宋莹. 高校辅导员领导力提升研究 [D]. 上海：华东政法大学，2022.

理工作，从而提升辅导员的管理效能。

第一，提升领导力有助于辅导员在学生中树立榜样和引领作用。大局管理理念不仅要求辅导员自身具备大局意识，还要求他们能够通过自身的言行影响学生，引导学生树立正确的价值观和世界观。具有较高领导力的辅导员通常具备较强的沟通能力和影响力，能够与学生建立良好的师生关系，引导学生积极参与学校的各项活动和工作。这种榜样和引领作用有助于培养学生的大局意识和集体荣誉感，推动学校文化的传承和发展。

第二，提升领导力意味着辅导员能够更好地把握学校整体的发展方向和目标。他们能够更加深入地理解学校的战略规划和决策，从而在日常工作中自觉地将个人工作与学校的整体发展相结合。这种大局意识使得辅导员在处理学生问题时，能够跳出局部和个人的视角，从学校的整体利益出发，做出更加合理和有效的决策。

第三，提升领导力有助于辅导员形成跨部门和跨领域的合作思维。大局管理理念强调不同部门和领域之间的协同合作，以实现学校的整体目标。具有较高领导力的辅导员能够主动与其他部门和领域的人员建立联系，共同解决问题，推动学校工作的顺利开展。这种合作思维有助于打破部门壁垒，促进学校内部的资源整合和共享，提升学校的整体效能。

第四，提升领导力还有助于辅导员在面对复杂问题时保持冷静和理性。大局管理理念要求辅导员在面对问题时能够保持清醒的头脑，从全局出发进行分析和判断。具有较高领导力的辅导员通常具备较强的分析能力和决策能力，能够在复杂情况下迅速找到问题的关键所在，提出有效的解决方案。这种能力有助于辅导员在维护学校稳定和谐方面发挥更大的作用。

（二）有利于提升高校辅导员的科学管理水平

领导力的提升对高校辅导员的科学管理水平具有显著的影响。领导力的增强可以使辅导员更加有效地运用管理科学的原则和方法，进而一方面提高辅导员学生管理工作的质量和效率，另一方面提高辅导员的前瞻力、决断力、规划能力等，为辅导员的职业生涯发展奠定坚实的基础。

第一，提升领导力更加能够明确职责与目标。领导力强的辅导员能够清晰地认识到自己的职责和目标，并与学校的整体发展战略相结合。这有助于高校对辅导员的工作进行更加明确和精准的管理，确保辅导员的工作方向与学校的发展目标保持一致，更好地理解和执行学校的管理政策和规定。他们将从更高的视角审视整个辅导员团队的工作，制定出更符合实际情况和科学管理的策略和计划。同时，辅导员通过有效的沟通和协调，能够更好地理解和执行学校的决策，确保各项任务得到高效执行。

第二，提升领导力能够推动高校辅导员队伍的专业化发展。随着领导力的提升，辅导员们会更加注重科学管理方法的运用，比如数据分析、目标管理、绩效考核等。这些方法不仅有助于提高工作效率，还能帮助辅导员们更加明确自己的工作目标，从而提升辅导员工作的针对性和实效性。

第三，提升领导力能够更好地协调和管理团队资源。作为中层干部，他们需要合理分配任务和资源，确保每个人都能充分发挥自己的优势，共同达成团队目标。这种科学的管理方式将促进团队之间的协同合作，提高工作效率。

第四，提升领导力能够更好地处理突发事件和问题。在高校环境中，学生工作常常面临各种挑战和变化，需要快速、准确地做出决策。领导力的提升将使辅导员能够更好地应对这些情况，保持冷静，并做出科学的决策，从而维护学生工作的稳定性和连续性。

第五，提升领导力也将对学生产生积极影响。作为辅导员，他们与学生接触密切，能够为学生提供更好的指导和支持。他们的领导风格和管理方式将直接影响到学生的成长和发展。因此，提升辅导员的领导力不仅有利于提高管理水平，还有助于培养学生的综合素质和能力。

第六，提升领导力能够推动辅导员工作创新。提升辅导员的领导力有助于推动辅导员工作创新，探索更加符合时代发展和学校需求的工作方法和手段。具有较高领导力的辅导员能够敏锐地把握社会发展和教育改革的趋势，积极引入新的教育理念和方法，推动高校辅导员团队向更高效、更科学的方向发展，为学生提供更好的服务和支持，推动学生工作的创新发展。这有助于高校在激烈的竞争中保持领先地位，提升整体办学水平。

第七，提升领导力能够引领辅导员管理理念的革新与升级。具有强大领导力的辅导员，通常能够敏锐地洞察教育发展的前沿动态，把握时代脉搏，引领管理理念的创新与升级。他们不仅关注工作日常运营，更重视长远发展和战略规划，从而推动从传统的管理模式向现代化、科学化的管理模式转变。在此过程中，辅导员通过自身的学习和实践，不断吸收新的管理理念和方法，结合实际情况，形成具有特色的管理思想。这些新的管理理念有助于激发创新活力，塑造学校品牌形象与文化特色，完善学校治理结构，优化治理流程，提升治理效率，使学校治理更加科学、规范、高效。

（三）有利于促进高校治理现代化

提升辅导员的领导力不仅为学生的全面发展和学校的长远发展提供有力保障，同时也对辅导员自身的职务晋升具有积极的推动作用，具有较高领导力的辅导员晋升到中层领导后有利于高校形成更加高效、协同、创新的治理机制，对于促进高校治理现代化具有积极的影响。

第一，辅导员作为高校管理工作的一线人员，他们深入了解学生需求，熟悉基层管理流程。他们晋升为中层干部后，能够更好地将基层的实际情况与高层的管理决策相结合，为高校治理提供有针对性的建议和方案。这种接地气的管理方式有助于高校治理更加贴近实际，更具现代化特色。

第二，领导力的提升意味着辅导员晋升到中层领导后，能够更有效地组织和协调各方资源，推动高校各项工作的顺利开展。他们能够更好地与不同部门进行沟通协作，打破部门壁垒，实现资源共享和优势互补。这将有助于高校形成更加高效、协同的治理机制，推动治理现代化的进程。

第三，具有较高领导力的辅导员晋升为中层干部后，还能够引领高校治理创新。他们敢于尝试新的管理理念和方法，推动高校治理模式的转型升级，通过引入现代信息技术、大数据分析等先进手段，提高治理的精准度和效率，使高校治理更加符合现代化的发展趋势。

第四，具有较高领导力的辅导员晋升为中层领导后，还能够更好地代表和维护学生及教职工的权益。他们将更加关注学生的成长和发展，积极为学生争取更多的资源和机会，促进高校的民主管理和科学决策，这将有助于构建和谐稳定的校园环境，为高校治理现代化提供坚实的群众基础。

三、有利于提升高校干部储备水平，优化高校人才战略

辅导员是高校干部队伍的重要来源之一，他们的领导力培养不仅关乎辅导员个人的职业发展，更关系到高校干部队伍的整体素质和水平。加强辅导员领导力的培养和提升，可以为高校干部队伍注入更多的活力和创新力，为高校的长期发展提供坚实的人才保障。在人才竞争日益激烈的今天，高校需要拥有一支具备高度领导力和影响力的辅导员队伍，优化高校人才战略，以吸引和留住更多的优秀人才。主要表现在发挥辅导员的主体作用和营造良好的干部培养氛围两个方面。

（一）有利于发挥辅导员的主体作用

辅导员在高校中扮演着重要角色，是学生思想政治教育、心理辅导和职业规划等方面的关键人员。然而，仅仅停留在辅导员的层面，可能限制了他们的作用发挥和职业发展。当辅导员的领导力得到较高的提升，他们可以更全面地参与到学校的管理和决策过程中。高校应为辅导员提供更广阔的平台，使他们能够将个人的专业知识和能力更好地应用于学生成人成才、教学科研和学校的整体发展中。

第一，辅导员作为高校基层学生工作的主要承担者，与学生日

常接触最为密切，对学生的思想动态、学习状况和生活情况有着深入的了解。他们具备丰富的学生工作经验和较强的组织协调能力，这些优势在晋升为中层干部后能够得到更好的发挥。提升辅导员的领导力，可以使其在中层干部岗位上更好地引导学生、服务学生，进一步推动学生工作的创新发展。

第二，提升辅导员领导力，有助于推动高校管理水平的提升。中层干部在高校管理中扮演着承上启下的角色，他们的领导力直接影响着高校各项工作的执行效果。具备较强领导力的辅导员晋升为中层干部后，能够更好地协调各方资源，推动工作落实，提升高校整体管理效能。

第三，提升辅导员的领导力，有利于优化高校干部队伍结构。辅导员队伍中不乏优秀的人才，通过选拔优秀的辅导员晋升为中层干部，可以为高校干部队伍注入新的活力，提升干部队伍的整体素质和能力水平。同时，这也能够激励更多的辅导员积极提升自身素质和能力，为高校干部储备工作提供更多的优秀人才。

（二）有利于营造良好的干部培养氛围

提升辅导员领导力，对于营造良好的干部培养氛围具有显著的积极影响。这种氛围的营造对于高校的整体发展和人才培养至关重要。

第一，提升了领导力的辅导员可以为整个高校干部队伍树立一个积极的榜样。辅导员作为与学生接触最为密切的群体之一，他们的行为、态度和能力都会对学生产生深远的影响。若他们通过自身的努力成功晋升为中层干部，并展现出卓越的领导力，这无疑会激发其他辅导员和干部们的工作热情和进取心，形成一个积极向上的工作氛围。

第二，提升辅导员领导力有助于形成良好的竞争机制。当辅导员们看到通过提升领导力可以获得更多的晋升机会和职业发展空间时，他们会更愿意投入时间和精力去提升自己的专业能力和管理水平。这种良性的竞争机制将推动整个辅导员队伍不断向前发展，为高校干部储备提供更多的优秀人才。

第三，提升辅导员的领导力，还有助于建立更加完善的干部培养体系。通过观察和总结这些成功晋升的辅导员的经验和教训，高校可以更加精准地把握干部培养的方向和需求，进一步完善干部选拔、培养、使用和考核机制。这将有助于形成一个更加科学、系统、高效的干部培养体系，为高校的长远发展奠定坚实的人才基础。

第四，提升辅导员领导力，也有助于营造一种开放、包容、创新的干部培养氛围。在这样的氛围中，辅导员和干部们可以更加自由地交流思想、分享经验、探讨问题，共同推动高校各项工作的创新发展。这种氛围将有助于激发干部们的创新精神和创造力，为高校的发展注入新的活力和动力。

（三）有利于优化高校人才战略

提升辅导员的领导力对于优化高校人才战略具有显著的影响。

第一，辅导员晋升为中层干部并提升其领导力，有助于高校吸引和留住人才。具有强大领导力的中层干部能够营造一个积极向上、富有吸引力的工作环境，使得高校成为优秀教育人才和学者的聚集地。这不仅能够增强高校的师资力量，还能提升高校的整体竞争力。

第二，领导力的提升有助于中层干部更好地进行人才选拔和培养。他们能够以更敏锐的洞察力和更专业的判断，发现和挖掘有潜力的人才，为高校储备优秀的后备力量。同时，他们还能够根据高校的发展需要，制订出更为精准的人才培养计划，提升整个教学团队的素质和能力。

第三，辅导员的晋升还有利于完善高校的人才激励机制。他们能够更好地理解和满足人才的需求，设计出更具吸引力的福利制度和晋升机制，从而激发人才的工作热情和创新能力。

第四，辅导员领导力的提升也有助于推动高校内部的团队合作和知识共享。通过他们的引导和协调，不同部门和教师之间能够更好地协作与交流，促进教育资源的整合和优化配置，进而提高整个高校的教学质量和科研水平，还能提升高校的整体竞争力和社会影响力。

第二节　影响高校辅导员领导力的现实因素

事物的发展是内外部因素共同作用的结果，因而，在分析高校辅导员领导力的现实影响因素时，不可避免地要对辅导员领导力形成发展的内部因素和外部环境因素进行分析。通过对文献书籍进行梳理总结可知，制约辅导员领导力的内部因素主要体现为辅导员的个人素质，而外部因素则涵盖了辅导员领导力培育及辅导员领导力应用过程中所需的保障机制两方面的要素。[1]

---

① 宋莹 . 高校辅导员领导力提升研究 [D]. 上海：华东政法大学 ,2022.

一、高校辅导员的领导力意识不足

高校辅导员在提升领导力的过程中，其意识层面的不足是一个重要的阻碍因素。这种不足主要体现在对领导角色的认知不足以及自身领导力素养水平的不完善两个方面。

（一）高校辅导员对领导角色认知不足

许多高校辅导员在日常工作中，并没有充分认识到自身作为后备领导干部所应承担的责任和使命。他们可能将自己的角色仅仅定位于学生事务的管理者和服务者，而忽视了作为领导干部在团队引领、决策制定以及战略规划等方面的重要作用。这种对领导干部角色的认知不足，导致他们在工作中缺乏主动性和创新性，难以发挥出应有的领导力。部分辅导员由于从校园到校园的职业生涯路径，缺乏社会经验和挑战，因此，对领导力的认识不够深刻。他们可能觉得，只要做好自己的本职工作即可，无须较强的领导力。而优越的生活和工作环境也会让他们缺乏进取心，形成了"中庸"的工作态度。此外，部分辅导员可能还存在着对干部领导力的误解，认为领导力是高层管理者或特定职务所独有的能力，与自己无关。这种观念上的偏差使得他们在提升自身领导力的过程中缺乏动力和目标，从而影响了领导力的提升。

（二）高校辅导员自身领导力素养水平不高

除了对领导角色的认知不足外，高校辅导员自身领导力素养水平的不完善也是影响他们提升领导力的重要因素。这主要表现在以下几个方面。

第一，缺乏系统的领导力理论知识和实践经验。领导力是一个涉及多个领域的复杂概念，需要系统的学习和实践才能掌握。然而，许多辅导员在领导力方面缺乏必要的理论知识和实践经验，导致他们在实际工作中难以有效地运用领导力。

第二，沟通能力和协调能力有待提高。作为领导干部，辅导员需要与学生、其他教职工以及校外机构进行频繁的沟通和协调。然而，部分辅导员在沟通和协调方面存在不足，难以有效地解决问题和推动工作进展。

第三，缺乏战略思维和创新能力。领导干部需要具备战略思维和创新能力，能够洞察未来趋势、制定长远规划并推动创新实践。然而，一些辅导员在这方面存在短板，难以适应快速变化的工作环境和满足学生日益增长的需求。

二、高校对辅导员领导力的培养工作有待提升

高校作为辅导员成长和发展的重要平台，其培养工作对于辅导员提升领导力具有至关重要的作用。然而，当前高校在辅导员领导力的培养方面存在一些明显的不足，主要体现在培养意识不足、培养内容不精准以及培养方式单一等方面。

（一）高校对辅导员领导力的培养意识不足

辅导员在高校中扮演着重要角色。然而，大多数高校没有充分认识到辅导员领导力的重要性，并为其提供相应的培养和发展机会。许多高校在辅导员的培养上，往往更侧重于专业技能和日常对学生管理能力的提升，而忽视了自身职务晋升需要的领导力的培养。这

种培养意识的不足,导致高校在辅导员领导力提升方面的投入不足,缺乏系统的培养计划和有效的培养措施。这种情况不仅限制了辅导员个人领导力的提升,也影响了高校整体管理水平和团队凝聚力的提升。这种培养意识的不足可能源于多种原因。

第一,忽视了辅导员在领导力方面的需求和潜力,这就造成了对辅导员领导力提升的忽视。

第二,一些高校可能将领导力简单地等同于管理职位或权威,没有深入理解领导力的真正内涵。这种理解偏差导致高校在培养领导力时,过于注重职位和权力,而忽视了领导力中的团队协作、创新思维、决策能力等核心要素。

第三,高校可能对辅导员的角色定位存在误解,认为他们只是执行者而非领导者,从而没有为他们提供足够的领导力培训。

第四,高校可能更加注重学术研究和教学质量,而忽视了辅导员队伍的建设。

(二)高校对辅导员领导力的培养内容不精准

在辅导员领导力的培养过程中,内容的精准性至关重要。然而,目前一些高校在培养辅导员领导力时,存在内容设置不精准的问题。这种不精准主要体现在培养内容过于笼统和宽泛,具体体现在以下几个方面。

第一,缺乏针对性。一些高校在设计辅导员领导力培训课程时,可能没有充分考虑到辅导员工作的特殊性和自身职务职称发展的需要。课程内容过于理论化,与实际工作场景脱节,导致辅导员难以将所学知识应用到实际工作中。

第二，忽视个体差异。辅导员队伍中，每个人的工作经验、能力水平和职业发展规划都有所不同，一刀切的培训内容可能无法满足所有辅导员的需求，导致培训效果不佳。

第三，课程设置可能不够全面，没有将领导力培养作为重要的教学内容纳入课程体系。即使有相关的课程，也可能只是作为选修课或者附加课程，没有给予足够的重视。

第四，更新缓慢。随着高等教育环境的变化和学生需求的多样化，辅导员的工作内容和挑战也在不断变化。然而，一些高校的培训内容可能还停留在几年前，没有及时更新以适应新的形势。

以上这些缺乏精准性的培养内容可能导致辅导员在领导力提升上感到迷茫，不清楚应该重点提升哪些方面的能力。同时，由于培养内容与实际工作脱节，辅导员难以将所学的领导力知识和技能运用到实际工作中去。

（三）高校对辅导员领导力的培养方式单一

有效的培养方式对于提升辅导员的领导力至关重要。然而，当前一些高校的辅导员领导力培养方式过于单一。

第一，缺乏实践性。领导力不仅仅是理论知识，更是一种综合的实践能力。单纯的课堂讲授很难让辅导员真正掌握领导技巧，也无法让他们在实际工作中灵活运用。

第二，忽视因材施教。每位辅导员的学习方式和吸收能力都不同，单一的培养方式可能无法满足所有人的学习需求。传统的讲授方式往往是单向的，缺乏师生之间的互动和交流，这不利于辅导员深入理解和掌握领导力的真谛，难以培养辅导员的学习兴趣和激发学习积极性。

第三，师资力量不足。领导力培养需要专业的师资力量，但是一些高校可能缺乏具有领导力培养经验的教师，可能无法提供有效的指导和支持，导致辅导员在领导力培养方面得不到充分的帮助。

第四，实践教学不足。领导力培养需要实践经验的积累，但是一些高校可能缺乏足够的实践教学机会。辅导员无法通过实践来锻炼和提升自己的领导力，导致他们的领导力意识得不到有效的提升。这种单一的培养方式也限制了辅导员领导力的多元化发展，无法满足其在不同场景和情境下运用领导力的需求。

三、高校针对辅导员领导力提升的机制不完善

在高校环境中，提升辅导员的领导力是一项至关重要的任务。然而，目前许多高校在提升辅导员领导力的机制方面存在明显的不足，这主要体现在培养机制不健全、激励机制不完善以及评估机制不科学等方面。

（一）高校对辅导员领导力的培养机制不健全

第一，缺乏系统化的培养规划。很多高校缺乏对于辅导员领导力的培养。目前，许多高校并没有为辅导员设立专门的领导力提升课程或培训计划，即使有也往往是零散地进行一些培训活动，缺乏长期的、系统的、有针对性和实效性的规划。这导致辅导员在提升领导力方面缺乏必要的理论指导和实践锻炼，难以在实际工作中发挥领导作用。

第二，高校与辅导员之间的沟通与反馈机制不畅通。高校在培

养辅导员领导力的过程中，往往缺乏与辅导员的深入沟通和有效反馈。这使得辅导员无法及时了解自己的领导力提升情况，也无法针对自身不足进行有针对性的改进。

（二）高校对辅导员领导力的激励机制不完善

激励机制在提升辅导员领导力方面发挥着至关重要的作用。然而，目前许多高校在激励机制方面存在不足。

第一，高校对辅导员领导力的认可和重视程度不够，缺乏明确的晋升渠道和职业发展路径。这导致辅导员在提升领导力方面缺乏足够的动力和热情。

第二，高校在物质和精神激励方面也存在不足。辅导员在提升领导力的过程中往往需要付出大量的时间和精力，但高校往往无法给予相应的物质回报或精神鼓励。这使得辅导员在提升领导力的过程中感到缺乏支持和认可。

（三）高校对辅导员领导力的评估机制不科学

从高校层面看，大部分高校对辅导员的考核机制并不成熟完善，不能公正客观地评价辅导员的业绩，评价体系存在"一刀切"的现象，这在很大程度上影响了辅导员工作的积极性，降低了辅导员提升自身领导力的热情。评估机制是检验辅导员领导力提升效果的重要手段。然而，目前许多高校在评估机制方面存在不科学、不合理的问题。

第一，评估指标不明确或单一。高校在评估辅导员领导力时，缺乏具体、明确的评估指标。这导致评估过程过于主观，难以客观公正地评价辅导员的领导力水平。评估指标过于单一，主要集中在辅导员的教学和管理能力上，而忽视了其在领导团队、解决冲突、制定战略规划等方面的能力。

第二，评估方法不科学。部分高校可能仍然采用传统的、过于主观的评估方法，如单一的上级评价或学生评价，这些方法往往不能全面反映辅导员的领导力。缺乏科学的量化评估工具和方法，使得评估结果容易受到个人情感和偏见的影响。

第三，评估体系"一刀切"。许多高校在评估辅导员工作时，采用统一的评估标准，未能充分考虑到辅导员工作的差异性和多样性。这种"一刀切"的评估方式往往无法真实反映辅导员的工作成效和领导力水平。

第四，评估周期不合理。一些高校的评估周期可能过长或过短，这都会影响评估的准确性。过长的评估周期可能导致评估者对辅导员的近期表现记忆模糊，而过短的评估周期则可能无法全面反映辅导员的领导力和工作成果。

第五，缺乏反馈和改进机制。评估结束后，高校往往缺乏及时、有效的反馈机制，使得辅导员无法了解自己的不足和需要改进的地方。同时，也缺乏针对评估结果的改进计划和措施，导致评估流于形式，无法真正提升辅导员的领导力。

第三节　本章小结

提升高校辅导员领导力在推动高校辅导员自我提升、促进高校高质量发展、提升管理效能以及促进大学治理现代化等多个方面都具有不可替代的重要作用。辅导员领导力的增强不仅能够完善其自身的素养，实现人生价值，还能树立大局的管理理念，提升科学管理水平，进一步推动高校的整体进步。同时，它也是优化高校人才战略、提升干部储备水平的关键环节。然而，在现实中，高校辅导员领导力提升面临诸多挑战。首先，辅导员自身对领导角色的认知不足，领导力素养水平有待完善。其次，高校在辅导员领导力的培养上也存在不足，包括培养意识薄弱、培养内容不精准、培养方式单一等问题。最后，相关的机制如培养机制、激励机制和评估机制等也亟待完善。综上所述，提升高校辅导员领导力是一项系统工程，需要辅导员自身的努力、高校的高度重视以及机制的全面完善。只有这样，才能充分发挥辅导员在高校中的重要作用，为高校的持续发展提供坚实的人才保障。

第四章

高校辅导员领导力指标体系的
构建模型分析

第一节　高校辅导员领导力指标体系的构建模型理论

一、因子分析法

因子分析法（Factor Analysis，简称 FA）是一种常用的多变量分析方法，其核心思想是将一组观测变量解释为潜在因子和误差项的线性组合。潜在因子代表了观测变量背后的共同变异性，而误差项则代表了无法被潜在因子解释的特殊变异性。[①] 通过因子分析技术，我们能够精简复杂交织的变量群，将其提炼为少数几个互不相关的核心因子，进而深入洞察数据的本质结构，从而实现对数据的深度解读。

因子分析法的核心目标在于解决变量间存在的多重共线性困扰，防止数据信息的冗杂重叠。该方法基于降维的理念，巧妙地在低维空间内对信息进行解构，确保在尽量少的信息损失下，将多个指标转化为数个富有代表性的综合指标，从而提高数据分析的效率和准确性。这些综合因子能够很好地替代原始数据，有助于用较少的综合指标描述存在于原始变量中的各类信息，减少指标数量，消除指标的多重共线性问题。

因子分析法的应用非常广泛，可以用于结构效度分析、浓缩信息、综合竞争力分析、分类、时空分解以及探索潜在因素等多个方面。在数据建模中，它可以帮助人们更有效地整合、分析数据，为决策提供依据。

---

① 秦天明 . 因子分析（Factor Analysis）详解 [EB/OL].[2023-8-22].https://blog.csdn.net/
　 m0_64357419/article/details/132439390.

总之，因子分析法是一种有效的数据分析工具，可以帮助我们更深入地理解数据的内在结构和变量之间的关系，为后续的研究或分析提供便利。

二、层次分析法

层次分析法（The Analytic Hierarchy Process，简称 AHP）是指将与决策总是有关的元素分解成目标、准则、方案等层次，在此基础之上进行定性和定量分析的决策方法。[①]

层次分析法是一种集定性与定量于一体的系统化决策方法，它通过层次化的结构来进行分析，为复杂决策问题提供了有效的解决途径。层次分析法深入剖析问题，将其细化为多个相互交织的因素，并根据这些因素的内在逻辑，构建一个多层次的结构化分析模型。在这个模型中，各因素间的相对重要性得到量化，为决策者提供了科学、系统的决策根据。

层次分析法主要适用于具有分层交错评价指标的目标系统，且目标值又难以定量描述的决策问题。[②]它通过将决策问题分解为不同的层次结构，并逐层进行分析和比较，最终确定各备选方案的优劣次序，为决策者提供科学依据。

层次分析法实施流程包括几个核心步骤：首要的是界定问题的目标与边界，确定核心分析因素；接着，构建一个多层次的结构模型，每一层包含相关因素；随后，进行因素间的两两对比，量化它们之

---

① 百度百科 . 层次分析法 (运筹学理论)[EB/OL].https://baike.baidu.com/item/ 层析分析法 /1672.

② 许树柏 . 实用决策方法 : 层次分析法原理 [M]. 天津：天津大学出版社 ,1988.

间的相对重要性，形成判断矩阵；然后，利用数学方法计算矩阵的特征向量与最大特征值，从而得出各因素的权重；最后，依据这些权重进行排序，为决策提供有力依据。

总体而言，层次分析法作为一种高效实用的决策工具，通过简化复杂决策流程为一系列可执行的步骤，为决策者提供明确、直观的决策依据，展现出广阔的应用潜力。

三、模糊评价法

模糊评价法，也被称为模糊综合评价法，是一种基于模糊数学的综合评价方法。它运用模糊数学原理，根据模糊数学的隶属度理论，将定性评价转化为定量评价。[①] 具体而言，模糊评价法将评价目标看成由多种因素组成的模糊集合，再设定这些因素所能选取的评审等级，组成评价的模糊集合。[②] 这种方法特别适用于处理受到多种因素制约且这些因素的边界不清晰、不易定量的对象，使其能够进行总体评价。

模糊评价法以其结果明晰、系统性突出的特点，在解决模糊、难以量化的问题上具有显著优势，尤其擅长应对各种非确定性挑战。它不仅能够妥善处理评价过程中的主观因素，还能有效应对客观存在的模糊现象，为复杂问题提供可靠的评估手段。因此，模糊评价法在许多领域都有广泛的应用，特别是在涉及多目标决策和模糊系统分析的场景中。

---

① 百度百科.模糊综合评价法 [EB/OL].https://baike.baidu.com/item/ 模糊综合评价法 /2162444.
② 豆丁网.模糊综合评判理论与应用 [EB/OL].[2011-09-17].https://www.docin.com/p-259897095. html.

总的来说，模糊评价法是一种强大而灵活的评价工具，能够综合考虑多种因素，将复杂的评价问题转化为可量化的形式，为决策提供科学依据。

第二节　高校辅导员领导力指标体系的构建原则

高校辅导员作为连接学生与上级领导的桥梁，其实践性特质显著。因此，在构建辅导员领导力指标体系时，需要遵循一系列关键原则。

一、整体性原则

高校辅导员领导力指标体系是一个由多部分构成的系统，但不只是各个要素之间简单的累加。更重要的是，各要素之间的内在联系对指标体系产生了积极的推动或潜在的制约影响。首先，在构建过程中，不仅要考虑辅导员在个体层面的领导力表现，如决策力、组织协调能力、沟通能力等，还要关注其在团队、组织乃至整个高校环境中的影响力。其次，整体性原则强调内部要素的和谐统一，要求各项指标之间不仅相互关联，更要相辅相成，共同构成一个紧密、协调的有机体系。因此，要开展对高校辅导员领导力指标体系的研究应从整体出发，从整体与各要素、各要素及之间的相互联系中探索。

二、可比性原则

在构建高校辅导员领导力指标体系时，可比性原则扮演着至关重要的指导角色。这一原则要求辅导员在领导力的发挥过程中，应注重比较、分析、借鉴和反思，以提升自身的领导力水平。首先，可比性原则要求进行横向比较，应横跨初级、中级和高级不同等级的辅导员，从而发现自身的差距和改进空间。此外，为了确保指标体系的有效性，还需对辅导员个体的发展历程进行审视，通过纵向对比，全面把握其成长轨迹。分析在不同阶段的表现和变化，明确自己的优点和不足，从而制定更为精准的领导力指标体系。

三、发展性原则

发展性原则强调辅导员领导力的发展性和成长性，要求指标体系不仅要反映辅导员当前的领导力水平，还要关注其领导力的未来发展潜力和提升空间。高校辅导员领导力指标体系的组成是持续演变和动态的，这一特性要求我们在构建和完善该体系时需保持灵活和前瞻性。这意味着在构建领导力指标体系时需要充分考虑辅导员领导力未来的发展趋势和可能面临的挑战。设计出能够引导辅导员不断发展和提升的指标体系，从而确保指标体系与时俱进，始终与高校辅导员领导力的发展保持同步。在维护前瞻视野的同时，我们还应运用量表、专业软件等先进的测评工具，以强化对辅导员内隐性领导力特征的评估，进而更全面地捕捉和展现高校辅导员领导力的发展潜力和实际水平。

四、系统性原则

辅导员具有教师和干部的双重身份。在对其评价时，因评价标准或数据挖掘呈现多元复杂特点，使得实际工作定性容易以偏概全、定量难以客观精确。[①] 在构建高校辅导员领导力指标体系时，应将其视为一个完整的系统，而不是孤立的指标集合。这意味着我们需要从全局和整体的角度出发，确保指标体系能够全面、准确地反映辅导员的领导力水平。

第三节　高校辅导员领导力指标体系构建流程与技术方法

一、高校辅导员领导力指标体系的构建流程

（一）提取指标要素

可以通过文献研究法、问卷调查法和行为事件访谈法，对不同高校的中层领导和辅导员进行调查，提取三级指标要素。

（二）词汇核检

在此基础上，咨询相关专家，对初步提取的指标要素进行了调整，以进一步完善三级指标要素。

（三）确定指标体系

根据完善的三级指标要素形成调查问卷，调查不同高校的中层领导和辅导员。通过 SPSS 软件对数据进行分析，确定二级指标，利用层次分析法对指标权重进行评价，从而完成高校辅导员领导力指标体系的构建，如图 4.1 所示。

---

① 张明志 . 基于团队角色理论的高校辅导员胜任力提升研究 [D]. 重庆：西南大学 ,2016.

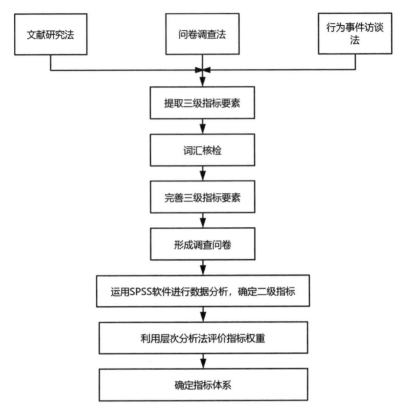

图 4.1 高校辅导员领导力指标体系的构建流程

二、高校辅导员领导力指标体系的技术方法

（一）文献研究法

文献研究法及对特定领域或问题的相关文献进行全面、系统的搜集、整理、深入分析和精准解读，旨在揭示其本质特征、内在规律和发展趋势。这种方法可灵活采用定性或定量方法，或二者结合使用。文献研究法的基本流程涵盖五个关键步骤：首先，明确界定研究主题与预期目标；其次，广泛搜集与主题紧密相关的文献资料；接着，对搜集到的文献进行有序整理与分类；再次，进行深入的分析和解读，

提取关键信息；最后，基于分析结果，得出科学、合理的结论。

（二）问卷调查法

这是一种常见的社会科学研究方法。它是通过编制问卷并向受访者发放，以收集受访者的意见、观点、态度等信息，从而达到研究目的的一种调查方法。问卷调查法的实施流程涵盖多个关键步骤，从精心的问卷设计开始，随后进行恰当的样本选择，接着进行高效的数据收集，并最终通过数据处理与分析来提取有价值的信息。

（三）行为事件访谈法

其侧重于引导受访者详尽回忆并描述其在职业生涯中经历的关键事件，特别是那些带有强烈成就感或挫折感的事件。在叙述过程中，受访者需细致讲述事件的情境背景、所采取的行为措施、个人的内心感受以及事件带来的具体结果。鉴于访谈的深入性和时间需求，访谈者通常会在受访者同意的前提下，利用录音设备记录下访谈内容，以确保信息的完整性和准确性，进而整理成结构统一、内容详尽的访谈报告。

（四）层次分析法

这是一种融合了定性与定量分析的决策工具，它强调系统化和层次化的分析思路。该方法的核心在于将复杂的决策问题拆解为多个关键因素，并根据它们之间的支配关系构建成一个有序的递阶层次结构。接着，通过逐一比较这些因素，确定它们在同一层次中的相对重要性。最终，结合决策者的专业判断，整合出各决策方案在整体中的重要程度排序，为决策者提供科学、合理的决策依据。

（五）因子分析法

其专注于从众多变量中提炼出共性因子，其基本原理在于识别变量间的相关性。该方法通过降维技术，将原始变量进行聚类，将高度相关的变量归入同一类别，进而形成互不重叠的综合因子。这些综合因子不仅彼此独立，而且能够全面、有效地反映原始数据集的整体信息和结构，使得研究者能够用更为简洁、精确的方式理解和分析数据。

第四节　本章小结

本章主要从高校辅导员领导力指标体系的构建模型理论、构建原则、构建流程和技术方法四个方面对领导力模型的构建进行了分析。因子分析法可以归纳整理指标体系中各要素，然后利用层次分析法对各要素的权重进行计算。本章以全局性原则、发展性原则、可比性原则、系统性原则为基础，通过文献研究法、问卷调查法、行为事件访谈法、层次分析法等方法，以职业发展为基础，构建高校辅导员领导力指标体系。

第五章

高校辅导员领导力的指标体系构建

前期已经对高校辅导员领导力的核心概念、理论基础、重要作用进行了详细阐述，并对辅导员领导力的指标体系构建做了理论分析。本章将着重分析高校辅导员领导力指标体系构建的过程，分析高校辅导员领导力的主要特征，为后续的实证调研和分析打下基础。

第一节　探讨高校辅导员领导力的构成要素

普通高校辅导员的领导力，既是大学生思想政治教育工作的重要组成部分，又是个体领导力提升的一个特定的阶段。作为高校未来中层领导的中坚力量，辅导员的领导力影响着高校的发展质量和管理质量，对辅导员领导力的构成要素分析，有助于精准掌握辅导员晋升职务的努力方向，为高校储备、培养领导干部找到明确、具体的方向。本节采取文献研究法、问卷调查法、行为事件访谈法等提取高校辅导员领导力的词汇，并对每种方法收集的领导力词汇进行频数统计，再经过三轮专家小组的讨论分析后对词汇进行核检，最终确定高校辅导员领导力构成要素。

一、通过文献研究法提取指标体系要素

充分运用文献研究法广泛收集文献资料，从中提取有关高校辅导员领导力特质的词汇，通过对近十几年来国内外对高校辅导员领导力的培养提升相关文献进行查阅梳理，研究发现大多数文献资料侧重于对高校辅导员对学生教育管理的领导力的研究，针对职务晋升方面的领导力研究少之又少，但是，领导力是相通的，通过对高

校辅导员学生教育管理的领导力研究分析，对研究高校辅导员领导力提升有一定的借鉴作用。通过对 80 篇文献进行梳理，对领导力词汇进行了词频统计分析，共计 60 个领导力词汇，并按照选出词汇呈现的频数进行排序，如表 5.1 所示。

表 5.1　普通高校辅导员领导力词汇文献统计

高校辅导员领导力词汇文献统计					
序号	词汇	频数	序号	词汇	频数
1	组织协调能力	52	31	信息处理能力	22
2	创新意识	50	32	自我约束力	20
3	认知能力	48	33	影响力	18
4	团队合作精神	46	34	良好的身心素质	18
5	品德与价值观	46	35	进取心	17
6	沟通表达能力	46	36	竞争意识	17
7	决策力	44	37	适应能力	16
8	人际交往能力	44	38	控制力	16
9	思想政治素养水平	42	39	压力调节能力	15
10	执行力	40	40	文字表达能力	15
11	成就力	40	41	描绘愿景的能力	14
12	服务意识	39	42	综合素质	14
13	全局观念	39	43	委派能力	14
14	应变能力	38	44	风险防范力	14
15	激励他人能力	38	45	把握机会的能力	13
16	前瞻力	36	46	理解能力	12
17	决断力	36	47	独立	12
18	分析能力	32	48	理想信念	10

序号	词汇	频数	序号	词汇	频数
19	专业素质	30	49	监督能力	10
20	热情主动	30	50	确立组织目标的能力	8
21	洞察力	30	51	制定规章制度的能力	8
22	自信	28	52	自省/自纠力	8
23	统筹规划能力	28	53	理解他人	6
24	责任感	27	54	危机处理能力	6
25	诚实守信	27	55	挫折应对能力	6
26	意志力顽强	26	56	自我认知能力	5
27	情绪控制能力	26	57	有胆识有魄力	5
28	资源整合能力	25	58	获取信息能力	4
29	人格魅力	24	59	自律能力	4
30	逻辑思维能力	24	60	公正	2

表头：高校辅导员领导力词汇文献统计

二、通过对高校中层领导的调查问卷提取指标体系要素

（一）研究目标

采用开放式问卷的方式对普通高校中层领导进行问卷调查，形成《普通高校辅导员领导力开放式问卷（中层领导）》（见附录1），进而广泛征集普通高校中层领导对辅导员领导力提升的特征词条，为构建形成普通高校辅导员领导力指标体系提供第一手资料和数据支持。

（二）研究对象

选取山东省内 20 所普通高等学校的中层领导参与问卷填写，调研期间共发放问卷 180 份，回收 180 份，回收率 100%。注：本问卷将无效问卷判断标准定为未提交任何答案或者提交的领导力词汇少于三个。

（三）研究结果

汇总《普通高校辅导员领导力开放式问卷（中层领导）》领导力词汇，经过专家小组讨论分析、归纳和进行频率统计，最终总结整理出 58 个领导力特征词汇，如表 5.2 所示。

表 5.2　普通高校辅导员领导力词汇统计（中层领导）

高校辅导员领导力词汇统计（中层领导）					
序号	词汇	频数	序号	词汇	频数
1	组织协调能力	65	30	应急处置能力	6
2	认知能力	41	31	时间观念	6
3	沟通能力	39	32	资源整合能力	6
4	责任感强	30	33	管理能力	5
5	品德高尚	28	34	有纪律性	5
6	创新精神	26	35	规划能力	5
7	语言表达能力	26	36	感召力	5
8	政治素养	25	37	观察力	5
9	人际交往能力	23	38	领悟力	5
10	前瞻力	22	39	耐心	5
11	奉献精神	18	40	爱心	5
12	执行力	17	41	细心	5

续表

高校辅导员领导力词汇统计（中层领导）					
序号	词汇	频数	序号	词汇	频数
13	成就内驱力	17	42	理论水平	5
14	团队合作精神	16	43	以身作则	5
15	服务意识	14	44	善于倾听	5
16	抗挫能力	12	45	情绪控制能力	5
17	决断力	11	46	换位思考	5
18	有担当	11	47	人格魅力	5
19	抗压能力	11	48	荣誉感强	5
20	成就内驱力	10	49	进取心	4
21	分析判断能力	10	50	丰富的知识储备	4
22	文字撰写能力	10	51	博大胸怀	4
23	应变能力	9	52	吃苦耐劳	4
24	时间规划能力	8	53	高情商	4
25	稳重踏实	8	54	自我反思意识	4
26	信息处理能力	8	55	逻辑思维能力	4
27	宣传带动能力	8	56	总结梳理能力	4
28	敏锐的洞察力	8	57	风险防范力	4
29	引领他人能力	7	58	学习研究能力	4

三、通过对高校辅导员的调查问卷提取指标体系要素

（一）研究目标

采用开放式问卷的方式对普通高等学校辅导员进行问卷调查，形成《普通高校辅导员领导力开放式问卷（辅导员）》（见附录2），

进而广泛征集普通高校辅导员自身领导力提升的特征词条，为构建形成普通高校辅导员领导力指标体系提供第一手资料和数据支持。

（二）研究对象

选取山东省内 20 所普通高校的辅导员参与问卷填写，调研期间共发放问卷 300 份，回收 300 份，回收率 100%。注：本问卷将无效问卷判断标准定为未提交任何答案或者提交的领导力词汇少于三个。

（三）研究结果

汇总《普通高校辅导员领导力开放式问卷（辅导员）》领导力词汇，经过专家小组讨论分析、归纳和进行频率统计，最终总结整理出 64 个领导力特征词汇，如表 5.3 所示。

表 5.3　普通高校辅导员领导力词汇统计（辅导员）

高校辅导员领导力词汇统计（辅导员）					
序号	词汇	频数	序号	词汇	频数
1	组织协调能力	118	33	时间观念	20
2	沟通能力	93	34	身心健康	20
3	人际交往能力	76	35	意志力顽强	20
4	创新精神	70	36	计划/规划能力	19
5	认知能力	63	37	敏锐的洞察力	19
6	决断力	60	38	领悟力	18
7	语言表达能力	59	39	抗挫能力	18

续表

高校辅导员领导力词汇统计（辅导员）					
序号	词汇	频数	序号	词汇	频数
8	责任感强	58	40	文字撰写能力	17
9	政治素养	50	41	有担当	17
10	分析判断能力	44	42	管理能力	17
11	奉献精神	40	43	应急处置能力	17
12	团队合作精神	39	44	观察力	17
13	与人和善	39	45	业务技能	16
14	前瞻力	35	46	思想觉悟高	16
15	胸怀宽广	35	47	正义公平感强	16
16	逻辑思维能力	34	48	换位思考	15
17	成就事业的渴望	34	49	思想引领能力	14
18	问题解决能力	32	50	吃苦耐劳	14
19	大局意识	32	51	细心	14
20	热情激情	30	52	高情商	13
21	执行力	29	53	激励他人能力	13
22	抗压能力	26	54	人格魅力	13
23	感召力	26	55	情绪控制能力	12
24	严谨认真	26	56	自控力	11
25	信息处理能力	25	57	博大胸怀	10
26	应变能力	24	58	果断干练	10
27	服务意识	23	59	适应能力	8
28	资源整合能力	23	60	荣誉感强	8
29	以身作则	22	61	善于倾听	7
30	沉着冷静	22	62	科研能力	5
31	稳重踏实	21	63	自我反思意识	5
32	成就力	20	64	风险防范力	5

四、通过对高校领导的行为事件访谈提取指标体系要素

（一）访谈目的

依托访谈内容来确定被访谈者所表现出来的"素质"特征，进而通过归并组合，建立该任务角色的领导力指标体系。

（二）访谈对象

访谈选取普通高校领导进行访谈，尤其是有辅导员工作经验的高校领导，他们对辅导员职务晋升有更深刻的体会。其中被调查的高校领导涉及 10 所普通高校，访谈对象均为自愿接受采访。

（三）访谈内容

准备阶段：在每次访谈前先向被采访者做自我介绍，并阐述访谈的目的以此取得被采访者的信任，从而保证访谈的真实性、准确性。

被采访者自我介绍阶段：请被采访者对其从事的工作岗位职责、内容等进行简要介绍，以此对被采访者及其工作形成初步了解。

围绕提纲进行谈话阶段：根据访谈提纲（内容见附录 3）与被采访者进行谈话让他们谈谈在日常领导岗位工作中遇到的成功或做得不完美的典型事件或案例，或者对本校辅导员晋升路径的管理实施等，详细地描述当时想法，并总结成功或做得不完美的原因。

（四）提取领导词汇

以访谈内容为样本，通过对访谈材料的梳理总结，提炼出出现频率最高的 50 个词汇。如下所示：

"理想信念力""思想作风""道德品质""政治判断力"政治领悟力""政治执行力""思想引领力""奉献精神""大局意识""领导力理论知识""高瞻远瞩""敏锐的洞察力""适应能力""统筹规划能力""守正创新能力""批判思维""分析判断能力""担当作为""责任感强""风险规避能力""果断干练""决策力""乐观自信""成就事业的渴望与决心""自我价值实现""想象力""竞争意识""进取心""抗压能力""标杆影响力""结果导向思维""人际交往能力""沟通表达能力""文字表达能力""应变能力""自省自纠力""高情商""稳重踏实""情绪控制能力""会包容""会赞美""处理好上下级关系""团队合作精神""组织协调能力""危机处理意识""学习研究能力""会激励""会授权""服务意识""良好的身心素质"。

五、词汇核检

针对以上三种方法、四种途径提取出的高校辅导员领导力特质相关词汇进行综合分析比较，发现有38个词汇是一致的，说明词汇吻合度较高，提炼出的领导力词汇具有较高的准确性。通过邀请具有学生工作或者辅导员工作经验的校领导、分管学生工作的院（系）党组织负责同志、多年从事人力资源研究工作的专家以及辅导员，对上述提炼出的领导力特质词汇进行综合分析讨论，删去不重要的词汇，合并含义相似的词汇，经过专家小组三轮删除，合并筛选出普通本科高校辅导员领导力词汇。讨论情况如下：

将"理想信念力""思想作风""道德品质"合并为"政治领悟力"；将"思想引领力""奉献精神""大局意识"合并为"政

治执行力"；将"获取信息能力""信息处理能力""逻辑思维能力"合并为"分析判断能力"；将"学习能力""学术科研能力"合并为"学习科研能力"；将"乐观开朗""意志力顽强""进取心""抗压能力"合并为"乐观自信"；将"时间观念""时间规划能力""时间掌控能力""资源整合能力""统筹规划能力"合并为"统筹规划能力"；将"应急处置能力""危机处理能力""问题解决能力"合并为"应急处突能力"；将"宣传带动能力"和"激励他人能力"合并为"会激励""会授权"；将"有爱心""与人和善""高情商""博大胸怀""应变能力""委派能力""沉着冷静"合并为"会包容""会赞美""会拒绝"；将"自省自纠意识"和"自我约束力"合并为"自律自控能力"等。

最后，综合专家意见将三种方式、四种途径提取后保留下来的 36 个领导力词汇展示如下："政治判断力""政治领悟力""政治执行力""高瞻远瞩""敏锐的洞察力""统筹规划能力""守正创新能力""分析判断能力""担当作为""责任心强""批判性思维""果断干练""风险规避能力""成就事业的渴望和决心""热情激情""竞争意识""乐观自信""标杆影响力""结果导向思维""自我价值实现""会尊重""会包容""会赞美""会拒绝""人际交往能力""沟通表达能力""自律自控能力""处理好上下级关系""会激励""会授权""稳重踏实""团队合作精神""组织协调能力""有效服务能力""应急处突能力""学习科研能力"。

第二节　高校辅导员领导力的词汇问卷调查分析
及指标体系构建

普通高校辅导员领导力指标体系构建作为本书的重要环节，对辅导员领导力的研究起到承上启下的作用，本章根据已确定的 36 个领导力词汇，编制领导力词汇调查问卷，通过问卷调查的方式获得数据并进行相关数据分析，最终通过相关因子分析构建出高校辅导员领导力指标体系，并对指标体系进行了验证性因素分析，说明该指标体系的内容、结构合理。

一、研究目标

通过对辅导员群体和高校中层领导进行领导力词汇重要程度的问卷调查，获得一手数据信息，从而为初步建立高校辅导员领导力指标体系奠定基础。

二、数据收集

本书根据选取的 36 个领导力词汇编制成《普通高校辅导员领导力词汇问卷 (领导、辅导员)》（见附录 4 ）。本词汇问卷选择李克特 5 级量表评分制，即 1 表示非常不重要、2 表示不太重要、3 表示一般、4 表示比较重要、5 表示非常重要。

调查选取德州学院、济南大学、聊城大学、临沂大学、山东航空学院、山东女子学院、山东师范大学、山东体育学院、山东艺术学院、潍坊学院(按首字母排序)等 10 余所高校的校领导、中层领导、辅导员，并邀请多年从事人力资源研究的专家，通过线下和线上发放问卷，共发放 300 份，回收 290 份，回收率约 97%。其中有效问卷 290 份，合格率约 100%（判定为无效问卷有两个条件，满足其一就判定为无效问卷：一是所有题目均选择一个题项，二是做题时间少于 30 秒）。收集数据中高校领导（包括校领导和中层领导）80 人，约占 27.6%；辅导员 210 人，约占 72.4%。回收后的有效样本使用 SPSSAU 进行数据统计分析。

三、数据统计分析

（一）信度检验

表 5.4　高校辅导员领导力特质信度分析

克隆巴赫信度分析			
名称	校正项总计相关性（CITC）	项已删除的 α 系数	Cronbach α 系数
政治判断力	0.032	0.865	
政治领悟力	−0.061	0.863	
政治执行力	0.022	0.865	
高瞻远瞩	0.000	0.862	
敏锐的洞察力	0.014	0.862	
统筹规划能力	0.109	0.860	
守正创新能力	0.123	0.860	0.859
分析判断能力	0.301	0.856	
担当作为	0.332	0.856	
责任心强	0.251	0.857	
批判性思维	0.213	0.858	
果断干练	0.286	0.857	
风险规避能力	0.308	0.856	

续表

克隆巴赫信度分析			
名称	校正项总计相关性（CITC）	项已删除的 α 系数	Cronbach α 系数
成就事业的渴望和决心	0.642	0.846	0.859
热情激情	0.668	0.845	
竞争意识	0.646	0.846	
乐观自信	0.639	0.846	
标杆影响力	0.597	0.848	
结果导向思维	0.637	0.846	
自我价值实现	0.634	0.846	
会尊重	0.637	0.850	
会包容	0.644	0.849	
会赞美	0.581	0.851	
会拒绝	0.618	0.850	
人际交往能力	0.631	0.850	
沟通表达能力	0.606	0.850	
自律自控能力	0.661	0.849	
处理好上下级关系	0.648	0.850	
会激励	0.134	0.860	
会授权	0.077	0.861	
稳重踏实	0.029	0.861	
团队合作精神	0.059	0.861	
组织协调能力	0.065	0.861	
有效服务能力	0.172	0.859	
应急处突能力	0.127	0.859	
学习科研能力	0.100	0.860	
标准化 Cronbach α 系数：0.846			

采用Cronbach ' alpha信度检测法检验本次调查问卷的信度情况。本调查问卷的信度系数值为 0.859，高于 0.8 且分析项之间具有非常良好的相关关系，充分证明数据信度质量高。因此，此研究数据信度高，可用于进一步分析研究。

（二）平均值及标准差

平均值能反映数据的一般趋势，也可以用于反映数据的集中趋势；标准差则反映研究数据的上下浮动程度，体现着研究数据的差异程度和离散程度。

表 5.5　高校辅导员领导力特征重要程度平均值及标准差

名称	平均值	标准差	名称	平均值	标准差
高瞻远瞩	4.759	0.429	自律自控能力	3.676	0.469
敏锐的洞察力	4.707	0.456	政治判断力	3.669	0.740
政治领悟力	4.69	0.463	政治执行力	3.669	0.745
守正创新能力	4.583	0.494	处理好上下级关系	3.666	0.473
统筹规划能力	4.555	0.498	沟通表达能力	3.628	0.491
担当作为	4.386	0.488	会尊重	3.593	0.492
风险规避能力	4.369	0.483	会拒绝	3.572	0.496
责任心强	4.355	0.479	人际交往能力	3.569	0.496
批判性思维	4.355	0.479	会包容	3.562	0.497
分析判断能力	4.348	0.477	会赞美	3.507	0.501
果断干练	4.317	0.466	会激励	3.41	0.546
竞争意识	4.186	0.832	会授权	3.386	0.488
自我价值实现	4.117	0.832	组织协调能力	3.272	0.446
热情激情	4.097	0.847	有效服务能力	3.255	0.445

续表

名称	平均值	标准差	名称	平均值	标准差
标杆影响力	4.093	0.845	应急处突能力	3.255	0.437
成就事业的渴望和决心	4.079	0.826	稳重踏实	3.252	0.435
乐观自信	4.069	0.821	团队合作精神	3.241	0.429
结果导向思维	4.055	0.826	学习科研能力	3.176	0.381

从表 5.5 可知，高校辅导员领导力特质词汇的平均值在 3—5 分之间，数据中没有异常值出现，各个变量的标准差均小于 1，充分说明这些辅导员领导力词汇得到了高校领导和辅导员自身的认可，但由于领导力词汇有重要程度上的差异使得各变量数值有所差别。同时可以看出"高瞻远瞩""敏锐的洞察力""政治领悟力""守正创新能力""统筹规划能力""担当作为"等平均值得分最高、标准差值最小，说明被调查者认为这六点是高校辅导员领导力特质中最重要的六个因素。

四、指标体系构建

一是指标体系构建需要进行相关因子分析。通过对数据进行 KMO 检验以及 Bartlett 球形检验，以判断其是否适合做探索性因素分析。KMO 值越大，表明变量间的共同因素越多，就越适合做因素分析。

表 5.6　高校辅导员领导力特质 KMO 检验和 Bartlett 球形检验

KMO 和 Bartlett 的检验		
KMO 值		0.880
Bartlett 球形度检验	近似卡方	6979.129
	df	630
	p 值	0.000

检验结果如表 5.7 所示，KMO 的值为 0.880，大于 0.8，且 Bartlett 球形检验（p=0.000）（$p < 0.05$），说明问卷项目之间存在共同因素，较适合进行因素分析。

二是探索性因素分析特征值。本项研究数据通过最大方差旋转方法 (Varimax–rotation Method) 找出因子和研究项之间的对应关系。

表 5.7　旋转后因子载荷系数

名称	因子载荷系数						共同度（公因子方差）
	因子 1	因子 2	因子 3	因子 4	因子 5	因子 6	
政治判断力	0.032	0.035	−0.105	0.145	−0.209	0.804	0.724
政治领悟力	−0.124	0.105	0.065	−0.232	0.190	−0.572	0.448
政治执行力	0.070	−0.008	−0.090	0.086	−0.165	0.862	0.791
高瞻远瞩	−0.051	−0.006	0.118	−0.179	0.662	−0.097	0.497
敏锐的洞察力	0.017	0.004	0.044	−0.136	0.721	−0.270	0.613
统筹规划能力	0.056	0.094	0.186	−0.294	0.696	−0.068	0.622
守正创新能力	0.034	0.099	0.249	−0.210	0.556	−0.300	0.516
分析判断能力	0.061	0.056	0.907	−0.108	0.092	−0.029	0.851
担当作为	0.091	0.061	0.862	−0.042	0.056	−0.058	0.763
责任心强	−0.018	0.105	0.797	−0.138	0.161	−0.129	0.709
批判性思维	0.028	0.018	0.804	−0.181	0.084	−0.011	0.688
果断干练	0.054	0.038	0.837	−0.025	0.089	−0.086	0.722
风险规避能力	0.032	0.045	0.966	−0.076	0.069	−0.021	0.948
成就事业的渴望和决心	0.308	0.761	0.077	−0.033	−0.018	−0.118	0.696
热情激情	0.359	0.729	0.068	−0.015	0.075	−0.030	0.671
竞争意识	0.261	0.827	−0.011	−0.060	0.047	0.121	0.772
乐观自信	0.266	0.803	0.044	−0.073	0.031	−0.037	0.725

名称	因子载荷系数						共同度（公因子方差）
	因子1	因子2	因子3	因子4	因子5	因子6	
标杆影响力	0.264	0.741	0.064	−0.017	−0.150	−0.144	0.667
结果导向思维	0.290	0.743	0.124	−0.112	0.102	0.024	0.675
自我价值实现	0.308	0.774	0.029	−0.133	0.147	0.042	0.736
会尊重	0.809	0.216	0.078	0.028	−0.031	0.070	0.713
会包容	0.786	0.250	0.057	0.070	−0.008	0.082	0.695
会赞美	0.673	0.279	0.099	0.037	−0.136	−0.092	0.568
会拒绝	0.766	0.273	−0.040	0.092	0.019	0.051	0.674
人际交往能力	0.747	0.308	−0.005	0.099	−0.070	−0.013	0.667
沟通表达能力	0.635	0.317	0.007	0.170	0.095	0.031	0.543
自律自控能力	0.862	0.165	0.046	0.145	0.053	0.087	0.803
处理好上下级关系	0.715	0.279	0.051	0.184	0.072	0.091	0.640
会激励	0.167	0.002	−0.138	0.576	−0.152	0.043	0.404
会授权	0.075	−0.043	−0.089	0.638	−0.103	0.209	0.477
稳重踏实	0.040	−0.045	−0.070	0.572	−0.352	0.055	0.462
团队合作精神	0.066	−0.107	−0.095	0.807	−0.053	0.061	0.683
组织协调能力	0.141	−0.124	−0.074	0.543	−0.163	0.155	0.486
有效服务能力	0.084	0.021	−0.061	0.812	0.030	0.100	0.681
应急处突能力	0.000	−0.008	−0.031	0.902	−0.073	0.039	0.821
学习科研能力	0.090	−0.041	−0.044	0.687	−0.155	−0.047	0.510

如表5.7所示，可以分析出因子和研究项之间存在对应关系，所有研究项对应的公因子方差都高于0.5，说明研究项和因子之间存在着较强的关联性，从因子中可以有效提取出相关信息。通过系统判断，36个领导力特征词汇共提取出六个因子，形成六个不同的维

度，作为建立高校辅导员领导力指标体系的根本直接依据。再经过专家小组讨论，通过对个别指标进行调整后，将普通高校辅导员领导力36个词汇根据因子与共同度的关联进行分类，整理得出高校辅导员领导力指标体系的六个维度，将指标体系组织整理为如下内容。

维度一包括三个指标：政治判断力、政治领悟力、政治执行力，命名为"政治素养力"。

维度二包括四个指标：高瞻远瞩、敏锐的洞察力、统筹规划能力、守正创新能力，命名为"前瞻力"。

维度三包括六个指标：分析判断能力、担当作为、责任心强、批判性思维、果断干练、风险规避能力，命名为"决断力"。

维度四包括七个指标：成绩事业的渴望和决心、热情激情、竞争意识、乐观自信、标杆影响力、结果导向思维、自我价值实现，命名为"成就驱动力"。

维度五包括八个指标：会尊重、会包容、会赞美、会拒绝、人际交往能力、沟通表达能力、自律自控能力、处理好上下级关系，命名为"交际沟通力"。

维度六包括八个指标：会激励、会授权、稳重踏实、团队合作精神、组织协调能力、有效服务能力、应急处突能力、学习科研能力，命名为"合作力"。

五、指标体系验证

采用验证性因素分析（CFA）对探索性因素分析（EFA）中抽取的六个因素结构进行验证。

表 5.8　高校辅导员领导力指标体系 AVE 和 CR 指标结果

因素	平均方差萃取 AVE 值	组合信度 CR 值
政治素养力	0.543	0.773
前瞻力	0.516	0.738
决断力	0.735	0.943
成就驱动力	0.637	0.925
交际沟通力	0.6	0.923
合作力	0.57	0.873

从表 5.8 可知，六个因子对应的 AVE 值全部大于 0.5 且 CR 值全部高于 0.7，说明本次分析数据具有良好的聚合效度，研究所建立的指标体系结构是比较科学合理的。

六、形成指标体系

表 5.9　高校辅导员领导力指标体系

一级指标	二级指标	三级指标
辅导员领导力	政治素养力	政治判断力
		政治领悟力
		政治执行力
	前瞻力	高瞻远瞩
		敏锐的洞察力
		统筹规划能力
		守正创新能力
	决断力	分析判断能力
		担当作为
		责任心强

一级指标	二级指标	三级指标
辅导员领导力	决断力	批判性思维
		果断干练
		风险规避能力
	成就驱动力	成就事业的渴望和决心
		热情激情
		竞争意识
		乐观自信
		标杆影响力
		结果导向思维
		自我价值实现
	交际沟通力	会尊重
		会包容
		会赞美
		会拒绝
		人际交往能力
		沟通表达能力
		自律自控能力
		处理好上下级关系
	合作力	会激励
		会授权
		稳重踏实
		团队合作精神
		组织协调能力
		有效服务能力
		应急处突能力
		学习科研能力

第三节 普通高校辅导员领导力指标体系的指标权重

本书选择层次分析法分析评价指标权重，通过问卷调查 20 份［5名具有学生工作或者辅导员工作经验的校领导、5 名分管学生工作的院（系）党组织中层领导、5 名多年从事人力资源研究工作的专家以及 5 名辅导员］，对数据进行统计分析，得出高校辅导员绩效考核指标的权重。

一、建立递阶层次结构指标体系

通过建立递阶层次结构指标体系进行分析，如图 5.1 所示。

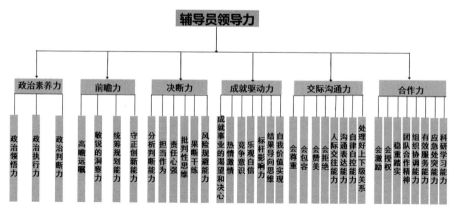

图 5.1 高校辅导员领导力的递阶层次结构图

二、构造判断矩阵

设目标层为 A，准则层为 B，子准则层为 C。根据标度理论，每个层次中的元素两两比较，得到判断矩阵，汇总得到权重，如表 5.10– 表 5.16 所示。

表 5.10　判断矩阵 A-B

A	B1	B2	B3	B4	B5	B6	Wi
B1	1	0.5	0.5	0.5	1	1	0.1111
B2	2	1	1	1	2	2	0.2222
B3	2	1	1	1	2	2	0.2222
B4	2	1	1	1	2	2	0.2222
B5	1	0.5	0.5	0.5	1	1	0.1111
B6	1	0.5	0.5	0.5	1	1	0.1111
CR=0.000；$\wedge_{max}$=6							

表 5.11　判断矩阵 B1-C

B1	C1	C2	C3	Wi
C1	1	1	1	0.3333
C2	1	1	1	0.3333
C3	1	1	1	0.3333
CR=0.000；$\wedge_{max}$=3				

表 5.12　判断矩阵 B2-C

B2	C4	C5	C6	C7	Wi
C4	1	1	2	2	0.3333
C5	1	1	2	2	0.3333
C6	0.5	0.5	1	1	0.1667
C7	0.5	0.5	1	1	0.1667
CR=0.000；$\wedge_{max}$=4					

表 5.13　判断矩阵 B3-C

B3	C8	C9	C10	C11	C12	C13	Wi
C8	1	1	2	2	1	2	0.2222
C9	1	1	2	2	1	2	0.2222

续表

B3	C8	C9	C10	C11	C12	C13	Wi
C10	0.5	0.5	1	1	0.5	1	0.1111
C11	0.5	0.5	1	1	0.5	1	0.1111
C12	1	1	2	2	1	2	0.2222
C13	0.5	0.5	1	1	0.5	1	0.1111
CR=0.000；λ_{max}=6							

表 5.14 判断矩阵 B4-C

B4	C14	C15	C16	C17	C18	C19	C20	Wi
C14	1	2	2	2	1	1	1	0.1818
C15	0.5	1	1	1	0.5	0.5	0.5	0.0909
C16	0.5	1	1	1	0.5	0.5	0.5	0.0909
C17	0.5	1	1	1	0.5	0.5	0.5	0.0909
C18	1	2	2	2	1	1	1	0.1818
C19	1	2	2	2	1	1	1	0.1818
C20	1	2	2	2	1	1	1	0.1818
CR=0.000；λ_{max}=7								

表 5.15 判断矩阵 B5-C

B5	C21	C22	C23	C24	C25	C26	C27	C28	Wi
C21	1	2	1	2	2	1	2	1	0.1667
C22	0.5	1	0.5	1	1	0.5	1	0.5	0.0833
C23	1	2	1	2	2	1	2	1	0.1667
C24	0.5	1	0.5	1	1	0.5	1	0.5	0.0833
C25	0.5	1	0.5	1	1	0.5	1	0.5	0.0833
C26	1	2	1	2	2	1	2	1	0.1667
C27	0.5	1	0.5	1	1	0.5	1	0.5	0.0833
C28	1	2	1	2	2	1	2	1	0.1667
CR=0.000；λ_{max}=8									

表 5.16 判断矩阵 B6-C

B6	C29	C30	C31	C32	C33	C34	C35	C36	Wi
C29	1	1	2	2	1	2	2	1	0.1667
C30	1	1	2	2	1	2	2	1	0.1667
C31	0.5	0.5	1	1	0.5	1	1	0.5	0.0833
C32	0.5	0.5	1	1	0.5	1	1	0.5	0.0833
C33	1	1	2	2	1	2	2	1	0.1667
C34	0.5	0.5	1	1	0.5	1	1	0.5	0.0833
C35	0.5	0.5	1	1	0.5	1	1	0.5	0.0833
C36	1	1	2	2	1	2	2	1	0.1667
CR=0.000；$\wedge_{max}$=8									

以上判断矩阵都通过了一致性检验，即 CR<0.01。

三、指标权重确定

根据上述计算结果，统计汇总后得到表 5.17 所示的高校辅导员领导力指标权重汇总表，得到了各层次指标的权重，包括 1 个一级指标、6 个二级指标和 36 个三级指标。

表 5.17 高校辅导员领导力指标权重汇总表

一级指标	二级指标	权重	三级指标	权重
辅导员领导力	政治素养力	0.11	政治判断力	0.04
			政治领悟力	0.04
			政治执行力	0.03
	前瞻力	0.22	高瞻远瞩	0.07
			敏锐的洞察力	0.07
			统筹规划能力	0.04
			守正创新能力	0.04

续表

一级指标	二级指标	权重	三级指标	权重
辅导员领导力	决断力	0.22	分析判断能力	0.05
			担当作为	0.05
			责任心强	0.02
			批判性思维	0.02
			果断干练	0.05
			风险规避能力	0.03
	成就驱动力	0.22	成就事业的渴望和决心	0.04
			热情激情	0.02
			竞争意识	0.02
			乐观自信	0.02
			标杆影响力	0.04
			结果导向思维	0.04
			自我价值实现	0.04
	交际沟通力	0.12	会尊重	0.02
			会包容	0.01
			会赞美	0.02
			会拒绝	0.01
			人际交往能力	0.01
			沟通表达能力	0.02
			自律自控能力	0.01
			处理好上下级关系	0.02
	合作力	0.11	会激励	0.02
			会授权	0.02
			稳重踏实	0.01
			团队合作精神	0.01
			组织协调能力	0.02

一级指标	二级指标	权重	三级指标	权重
辅导员领导力	合作力	0.11	有效服务能力	0.01
			应急处突能力	0.01
			学习科研能力	0.01

第四节　高校辅导员领导力指标体系的基本内容

本书以问卷调查法为基础，融合其他研究方法，通过实证分析得出的相关数据和指标以指标体系的方式将其展示出来，得到本书所构建的高校辅导员领导力指标体系，如图 5.2 所示。

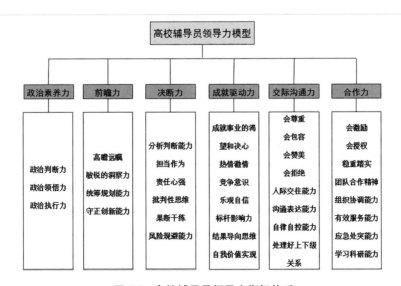

图 5.2　高校辅导员领导力指标体系

如图 5.3 所示，普通高校辅导员指标体系构成要素之间相辅相成，而非完全独立，每个要素提高都会对高校辅导员领导力的整体提升产生重要影响。

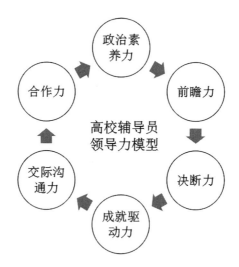

图 5.3 高校辅导员领导力指标体系

一、政治素养力维度指标体系结构

政治素养力维度由政治判断力、政治领悟力、政治执行力三个指标构成。其中，各指标内涵及行为描述构成如表 5.18 所示。

表 5.18 政治素养力指标

指标	指标内涵	行为描述
政治判断力	高校领导的政治判断力是其领导能力和政治素养的重要体现，要求高校领导运用政治原则作为思量标准，对政治现象、政治形势、政治关系等进行鉴别、分析与谋断，把握政治是非与政治本质的能力。	首先，高校领导应具备深厚的政治理论素养，能够准确理解党的教育方针和政策，把握国家教育发展的方向。他们应该具备敏锐的政治嗅觉，能够及时发现并应对教育领域中的政治风险和挑战。 其次，高校领导需要具备全局观念和战略眼光，能够从宏观上把握学校的发展方向和目标。他们应该能够结合学校的实际情况，制定出符合学校发展需要的战略规划，并有效地组织实施。 再次，高校领导还应注重提高政治敏锐性和政治鉴别力，能够清醒明辨各种政治现象和行为的是非曲直。他们应该能够准确判断各种教育现象的本质和影响，及时采取措施加以应对。 最后，高校领导在提升政治判断力的过程中，还应注重实践经验的积累和总结。通过参与各类决策、处理各种复杂问题，不断积累政治经验，提高自己的政治判断力。

指标	指标内涵	行为描述
政治领悟力	高校领导的政治领悟力是其领导能力和政治素养的重要组成部分，是指其对党和国家政策、政治理论、政治规范、政治内涵和政治价值等的深刻理解和领会能力。	具体来说，高校领导需要准确把握党和国家的教育方针、政策走向，深刻领会其中的精神实质和核心要求。同时，他们还需要结合学校的实际情况，将政策要求与学校的发展目标、办学特色相结合，制定出符合学校实际的发展规划和实施方案。 在提升政治领悟力的过程中，高校领导需要不断加强政治理论学习，提高政治素养。他们可以通过参加各种政治培训、研讨会等活动，学习党的最新理论和政策，了解国内外教育发展趋势，开阔视野，增强政治敏锐性和鉴别力。 此外，高校领导还需要注重实践经验的积累和总结。通过参与学校各项工作的决策和实施过程，不断加深对政策的理解和把握，提高运用政策指导实践的能力。
政治执行力	政治执行力是高校在办学过程中不可或缺的重要能力，需要高校领导干部具备高度的政治敏锐性和责任感，能够迅速把握政策精神，科学谋划工作举措，确保政策执行不走样、不变形。	首先，高校作为培养社会主义建设者和接班人的重要阵地，其政治执行力直接关系到党的教育方针的贯彻落实和社会主义核心价值观的培养。高校领导干部和教职工需要深刻理解和坚决执行党的教育政策，确保教育教学工作始终沿着正确的政治方向前进。 其次，政治执行力体现在高校对党和国家重大决策部署的快速响应和有效落实上。高校需要紧密结合自身实际，制定切实可行的实施方案，确保各项政策在高校得到精准落地。这要求高校领导干部具备高度的政治敏锐性和责任感，能够迅速把握政策精神，科学谋划工作举措，确保政策执行不走样、不变形。 最后，政治执行力还体现在高校对内部治理体系和治理能力现代化的推动上。高校需要不断完善内部管理机制，优化工作流程，提高工作效率，确保各项政治任务得到高效执行。同时，高校还需要加强教职工的政治培训和思想教育，提高教职工的政治素质和执行力水平。

二、前瞻力维度指标体系结构

前瞻力维度由高瞻远瞩、敏锐的洞察力、统筹规划能力、守正创新能力四个指标构成。其中，各指标内涵及行为描述构成如表 5.19 所示。

表 5.19 前瞻力指标

指标	指标内涵	行为描述
高瞻远瞩	高校领导的高瞻远瞩是其领导特质的重要组成部分，领导能够洞察时代发展趋势，具备前瞻性的战略眼光，为学校的发展制定出切实可行的长远规划。	首先，高校领导的高瞻远瞩体现在对教育事业发展趋势的深刻洞察上。他们紧跟时代步伐，关注国内外教育动态，了解新兴教育理念和技术，以便及时调整学校的发展战略。这种前瞻性的思维有助于学校抓住发展机遇，应对挑战，保持领先地位。 其次，高校领导的高瞻远瞩还体现在对学校定位的准确把握上。他们清楚学校的优势和不足，明确学校的办学特色和发展目标，从而制定出符合学校实际情况的发展规划。这种定位不仅有助于学校发挥自身优势，还能提升学校的核心竞争力，使其在激烈的竞争中脱颖而出。 再次，高校领导的高瞻远瞩还体现在对人才培养的高度重视上。他们深知人才是学校发展的根本，因此注重优化人才培养模式，提升人才培养质量。通过引进优秀教师、改善教学设施、加强实践教学等措施，领导们努力为学生创造一个良好的学习环境，帮助他们成长为具有创新精神和实践能力的高素质人才。 最后，高校领导的高瞻远瞩还体现在对学校文化建设的积极推动上。他们注重培育学校的核心价值观和精神风貌，营造积极向上的校园文化氛围。通过举办各类文化活动、加强师生交流等方式，领导们努力增强学校的凝聚力和向心力，为学校的长远发展奠定坚实的基础。
敏锐的洞察力	高校领导敏锐的洞察力是其领导特质中的核心要素，通过对教学、科研、管理等方面的细致观察和分析，迅速识别问题的本质和关键所在，采取有效措施加以应对，确保学校的稳定和发展。	首先，敏锐的洞察力使高校领导能够精准把握时代脉搏，紧跟社会发展趋势。高校领导需要敏锐地洞察国内外教育政策、科技发展和市场需求的变化，以便及时调整学校的办学策略和方向，确保学校能够与时俱进，适应社会发展的需求。 其次，敏锐的洞察力有助于高校领导深入了解学校内部的运行机制和存在的问题。通过对教学、科研、管理等方面的细致观察和分析，领导能够发现潜在的问题和隐患，及时采取措施加以解决。同时，他们还能够洞察师生的需求和期望，为他们提供更加贴心、有效的服务，增强学校的凝聚力和向心力。 最后，敏锐的洞察力还使高校领导能够准确判断和处理各种复杂局面。高校领导需要具备敏锐的洞察力和果断的决策能力，迅速识别问题的本质和关键所在，采取有效措施加以应对，确保学校的稳定和发展。

指标	指标内涵	行为描述
统筹规划能力	高校领导的统筹规划能力是指在学校管理和发展过程中，能够全面考虑学校的内外部环境、资源条件和发展目标，通过科学的方法和手段，对各项工作进行整体布局和安排，以实现学校整体发展的最优化。	具体来说，高校领导的统筹规划能力体现在以下几个方面： 整体布局：基于学校的发展战略和长远目标，对学校的教学、科研、管理、服务等工作进行整体规划，确保各项工作能够相互协调、相互促进。 资源配置：根据学校的发展需要和实际情况，合理调配和整合人力、物力、财力等资源，确保资源的高效利用和可持续发展。 风险预控：能够预见和识别学校在发展过程中可能遇到的风险和挑战，制定相应的预防措施和应对策略，确保学校的稳定发展。 决策能力：在复杂多变的环境中，能够迅速、准确地做出决策，为学校的发展指明方向。 团队协调：善于调动和激发团队成员的积极性和创造力，形成合力，共同推动学校的发展。 提升高校领导的统筹规划能力需要不断学习和实践。通过参加培训、交流学习等方式，不断提高自己的理论水平和实践能力；同时，在实际工作中不断积累经验，总结教训，不断完善和优化自己的统筹规划能力。这样，才能更好地引领学校发展，实现学校的长远目标。
守正创新能力	高校领导的守正创新能力是指在坚守教育初心和办学宗旨的基础上，具备持续推动学校创新发展的能力，能够以新颖、独特的方法解决问题，不墨守成规，持续推动学校创新发展。	守正即坚守正道、坚守真理，创新即开辟事业发展新境界、探索人类文明新形态。守正是根本、是底色、是前提，是党和国家生存发展的根本基石，创新则是民族进步的灵魂，是一个国家兴旺发达的不竭源泉。以守正保证创新的正确方向，以创新赋予守正时代新内涵。 高校领导要始终坚守教育初心，以立德树人为根本任务，确保学校的办学方向正确、教育目标清晰。高校领导需要具备敏锐的洞察力和前瞻性思维，能够准确把握社会发展和教育改革的趋势，引领学校在教育理念、教学模式、科研机制等方面进行创新。

三、决断力维度指标体系结构

决断力维度由分析判断力、担当作为、责任心强、批判性思维、果断干练、风险规避能力六个指标构成。其中，各指标内涵及行为描述构成如表 5.20 所示。

表 5.20　决断力指标

指标	指标内涵	行为描述
分析判断能力	高校领导的分析判断能力是其管理能力和决策能力的重要组成部分。高校领导需要具备对复杂教育现象和问题进行深入分析的能力，能够识别风险和机遇，基于分析结果做出合理的判断和决策。	首先，高校领导需要具备对复杂教育现象和问题进行深入分析的能力。这包括对教育政策、教育发展趋势、教育资源配置等方面的综合考量，能够准确把握问题的本质和根源。 其次，高校领导需要能够基于分析结果做出合理的判断和决策。这要求领导具备丰富的经验和深厚的专业知识，能够从多个角度和层面思考问题，权衡利弊，选择最佳的解决方案。 最后，高校领导的分析判断能力还体现在对风险和机遇的识别上。在快速发展的高等教育领域，高校领导需要敏锐地捕捉到潜在的风险和机遇，及时调整战略和措施，确保学校的发展始终处于正确的轨道上。
担当作为	高校领导的担当作为体现为对学校发展的责任感和使命感，勇于面对挑战和解决问题的态度。高校领导需要敢于直面问题，不畏艰难，不惧风险，敢于担当、敢于创新，积极寻求解决方案，为学校的发展扫清障碍、铺平道路。	首先，高校领导的担当作为体现在对学校发展的责任感和使命感上。始终以高度的责任感和使命感来对待工作。积极谋划学校发展大局，制定科学合理的战略规划，确保学校发展方向正确、目标明确。 其次，高校领导的担当作为体现在勇于面对挑战和解决问题的态度上。在学校发展过程中，难免会遇到各种困难和挑战。高校领导需要敢于直面问题，勇于承担责任，积极寻求解决方案。不畏艰难，不惧风险，敢于担当、敢于创新，为学校的发展扫清障碍、铺平道路。 再次，高校领导的担当作为还体现在对师生的关心和服务上。高校领导要始终把师生的利益放在首位，积极为他们创造更好的学习、工作和生活环境，深入了解师生的需求和期望，积极为他们提供帮助和支持，努力解决他们的实际困难，增强学校的凝聚力和向心力。 最后，高校领导在担当作为的过程中，还需要注重团队合作和集体智慧的发挥。善于调动全校师生的积极性和创造力，形成推动学校发展的强大合力。注重与团队成员的沟通和协作，共同分析问题、解决问题，推动学校各项工作的顺利开展。

续表

指标	指标内涵	行为描述
责任心强	高校领导责任心强，是推动学校发展、保障师生权益、提升教育质量的关键因素。高校领导的责任心是他们在履行职责时所持有的对工作的认真态度，体现在对高校的长远规划和发展、对师生的关心和服务和对社会责任的担当上。责任心强的高校领导，能够以身作则，引领全校师生共同为学校的发展贡献力量。	首先，高校领导责任心强体现在对学校的长远规划和发展上。高校领导会制定科学合理的战略规划，并付诸实施。高校领导注重高校的内涵建设，提升教育质量和科研水平，努力将学校打造成为具有特色、高水平的学府。 其次，高校领导责任心强体现在对师生的关心和服务上。高校领导会时刻关注师生的需求和困难，积极为他们提供支持和帮助。无论是教学资源的配置、福利待遇的改善，还是校园文化的建设，高校领导都会尽心尽力地推动和落实。 最后，高校领导责任心强还体现在对社会责任的担当上。高校领导会积极履行社会责任，推动学校与社会的深度融合，为社会发展和进步做出贡献。高校领导注重培养学生的社会责任感和公民意识，鼓励学生参与社会实践和志愿服务等活动。
批判性思维	高校领导的批判性思维是其领导素质中的重要组成部分，是指对他人或自己的观点、做法或思维过程进行评价、质疑、矫正，并通过分析、比较、综合，进而达到对事物本质更为准确和全面认识的一种思维活动。	首先，批判性思维有助于高校领导对问题进行深入剖析和全面评估。在面对各种问题和挑战时，高校领导需要运用批判性思维，对问题进行客观、理性的分析，挖掘问题的根源和实质，从而制定出更加精准有效的解决方案。 其次，批判性思维能够帮助高校领导避免盲从和偏见。在信息爆炸的时代，各种观点和信息层出不穷，高校领导需要具备批判性思维，对各种信息进行筛选、鉴别和评估，避免被错误或片面的信息误导，从而做出更加明智的决策。 最后，批判性思维还有助于高校领导培养创新精神和探索精神。通过批判性思维的训练和实践，高校领导能够打破常规思维的束缚，勇于尝试新的思路和方法，推动高校工作的不断创新和发展。

续表

指标	指标内涵	行为描述
果断干练	高校领导果断干练是一项非常重要的领导特质，是在面临选择和决策时能够迅速、准确地做出判断，并且以高效、利落的方式执行决策。	首先，果断干练的高校领导能够在面临重大抉择时迅速做出决策。具备敏锐的洞察力和判断力，能够准确分析问题的本质和关键因素，从而迅速做出正确的决策。这种能力有助于避免拖延和纠结，确保学校能够及时应对各种挑战和机遇。 其次，果断干练的高校领导能够高效地推动工作进展。他们注重实效，善于调动团队的积极性和创造力，确保各项任务能够按时、保质完成。具备强大的执行力和推动力，能够将学校的战略规划和目标转化为具体的行动计划和实施方案。 最后，果断干练的高校领导还能够在处理复杂问题时展现出高超的应变能力和协调能力，能够灵活应对各种突发情况，妥善处理各种矛盾和冲突，确保学校的稳定和谐发展。 当然，果断干练并不意味着盲目决策或独断专行。高校领导在展现这一特质的同时，也需要注重听取各方意见，充分考虑各种因素，确保决策的科学性和合理性。
风险规避能力	风险规避能力是指个人或组织在面对潜在风险时，能够识别、评估并采取有效措施来减少或避免风险发生的能力。高校领导的风险规避能力是一项综合性的素质，需要领导们具备预见和识别风险的能力、制定科学应对策略的能力、建立长效机制的能力以及应对突发事件的能力。	首先，高校领导的风险规避能力体现在对风险的预见和识别上。他们需要对教育领域的发展趋势和潜在风险保持敏锐的洞察力，通过收集和分析相关信息，及时发现可能对学校发展产生不利影响的因素。这要求领导们具备深厚的教育背景和广泛的知识储备，以便从多个角度审视问题，准确判断风险性质。 其次，高校领导需要制定科学的风险应对策略。在识别出潜在风险后，领导们需要组织团队进行深入分析，评估风险的严重性和可能性，并制定相应的防范措施和应急预案。这些策略可能包括调整学校的发展方向、优化资源配置、加强内部管理、提升师生风险意识等。通过科学应对，领导们可以有效地降低风险发生的概率和影响程度。 再次，高校领导还需要注重风险管理的长效机制建设。风险管理不是一次性的任务，而是需要持续关注和不断改进的过程。领导们需要建立完善的风险管理制度和流程，明确各级人员的职责和权限，确保风险管理工作得到有效执行。同时，他们还需要加强风险教育和培训，提高全校师生的风险意识和防范能力。 最后，高校领导在风险规避过程中还需要保持冷静和理性。面对突发事件或危机情况，领导们需要迅速作出决策，采取有效措施进行应对。这需要他们具备强大的心理素质和应变能力，能够在压力下保持冷静和理智，确保学校的稳定和师生的安全。

四、成就驱动力维度指标体系结构

成就驱动力维度由成就事业的渴望和决心、热情激情、竞争意识、乐观自信、标杆影响力、结果导向思维、自我价值实现七个指标构成。其中，各指标内涵及行为描述构成如表 5.21 所示。

表 5.21　成就驱动力指标

指标	指标内涵	行为描述
成就事业的渴望和决心	渴望和决心不仅源于个人对成功的向往，更体现在对自我价值实现的追求上。渴望是内心深处对卓越成就的向往和追求，决心意味着在面对困难和挫折时，个人能够坚定信念、勇往直前。高校领导成就事业的渴望和决心相互促进，共同推动学校不断发展。	首先，成就事业的渴望是内心深处对卓越成就的向往和追求。拥有这种渴望的人，总是怀揣着对未来的憧憬和梦想，不断为自己设定更高的目标。他们清楚地知道自己想要什么，并愿意为之付出努力和汗水。这种渴望激发了他们的潜能，使他们能够在困难和挑战面前保持坚定的信念和昂扬的斗志。 其次，决心是成就事业的关键因素。决心意味着在面对困难和挫折时，个人能够坚定信念、勇往直前。一个拥有决心的人，不会轻易被困难吓倒，而是会积极寻找解决问题的方法，并坚持到底。他们明白成功不是一蹴而就的，需要付出时间和努力。因此，他们会持之以恒地追求自己的目标，直至最终实现。 最后，成就事业的渴望和决心相互促进，共同推动个人不断前进。渴望激发了个人的内在动力，而决心则确保了这种动力能够持续转化为实际行动。拥有这种渴望和决心的人，往往能够在事业上取得显著的成就，不仅实现了自我价值，也为社会作出了积极的贡献。

指标	指标内涵	行为描述
热情激情	高校领导的热情与激情是推动学校发展的重要动力。热情是高校领导工作态度的体现，热爱自己的职业，对教育工作充满热情，始终保持着对新知识、新理念的追求和探索。激情是高校领导工作动力的源泉，对学校的发展充满信心和期待，对实现教育目标有着强烈的渴望和追求。	首先，热情是高校领导工作态度的体现。他们热爱自己的职业，对教育工作充满热情，始终保持着对新知识、新理念的追求和探索。这种热情驱使他们不断学习，提升自己的专业素养和管理能力，以便更好地引领学校的发展。 其次，激情是高校领导工作动力的源泉。他们对学校的发展充满信心和期待，对实现教育目标有着强烈的渴望和追求。这种激情让他们在面对困难和挑战时，能够保持坚定的信念和昂扬的斗志，带领团队攻坚克难，不断取得新的成绩。 再次，高校领导的热情与激情还体现在对师生的关爱和激励上。他们深知教育的本质是培养人，因此，始终将师生的成长和发展放在首位。他们关心师生的学习和生活，积极为师生创造良好的学习和工作环境；他们鼓励师生追求梦想，勇于创新，为师生提供广阔的发展空间和平台。 最后，高校领导的热情与激情也能够感染和影响身边的人。他们的积极态度和乐观精神能够激发团队成员的工作热情和创造力，形成良好的工作氛围和团队文化。这种文化氛围有助于提升学校的凝聚力和向心力，推动学校不断向前发展。
竞争意识	高校领导的竞争意识是在日益激烈的竞争中，具备强烈的争先创优意识，以敏锐洞察外部环境的变化，优化内部管理，追求人才培养质量来应对各种挑战，推动学校不断前进。	首先，高校领导的竞争意识体现在对外部环境的敏锐洞察和积极应对上。在高等教育领域，竞争日益激烈，各种挑战层出不穷。高校领导需要时刻关注外部环境的变化，了解国内外高校的发展趋势和竞争态势，以便及时调整学校的发展战略和方向，确保学校能够在竞争中保持优势地位。 其次，高校领导的竞争意识还体现在对内部管理的优化和提升上。学校内部的管理和运行机制直接影响到学校的竞争力和发展水平。高校领导需要不断优化内部管理，提高工作效率，激发学生、员工的工作热情和创造力。通过建立健全的激励机制和考核体系，促进学校各项工作的顺利开展，提升学校的整体竞争力。 再次，高校领导的竞争意识还体现在对人才培养质量的追求上。高校的核心任务是培养人才，而人才培养质量直接关系到学校的声誉和竞争力。高校领导需要注重提升教学质量，加强师资队伍建设，优化课程设置和教学方法，以培养出更多具有创新精神和实践能力的高素质人才。 最后，高校领导在培养竞争意识的过程中，也要注重公平、公正和合作的原则。竞争并不意味着不择手段地追求利益，而是要在遵守规则、尊重他人的基础上进行良性竞争。高校领导应该引导师生树立正确的竞争观念，注重团队协作和集体荣誉，共同推动学校的发展。

续表

指标	指标内涵	行为描述
乐观自信	高校领导的乐观自信是一种重要的品质,积极面对困难和挑战,激发团队成员的积极性和创造力,营造积极向上的文化氛围。	首先,乐观自信的高校领导能够积极面对困难和挑战。在高等教育领域,各种复杂的问题和突发事件时常出现,需要领导者具备坚定的信念和积极的心态来应对。乐观自信的领导能够从中看到机遇,以积极的心态去解决问题,从而带领团队攻克难关,实现学校的发展目标。 其次,乐观自信的高校领导能够激发团队成员的积极性和创造力。领导的乐观自信会传递给团队成员,让他们感受到学校的希望和潜力。这种积极的情绪能够激发团队成员的工作热情和创造力,使他们更加投入地工作,为学校的发展贡献自己的力量。 最后,乐观自信的高校领导还能够为学校营造积极向上的文化氛围。他们的积极态度和乐观精神会影响整个学校的氛围,使师生都感受到学校的活力和希望。这种文化氛围有助于提升学校的凝聚力和向心力,使师生更加团结一心,共同推动学校的发展。 然而,乐观自信并不意味着盲目乐观或忽视问题。高校领导在保持乐观自信的同时,也要清醒地认识到学校面临的挑战和问题,并采取切实有效的措施加以解决。只有这样,才能真正实现学校的长远发展。
标杆影响力	标杆影响力主要体现在其示范和激励作用上,标杆影响力是一种强大的推动力量,能够激发人们的积极性和创造力,推动整个群体或组织的进步和发展。高校领导的标杆影响力是指领导通过自身的行为、品质、能力和成就,成为师生心中的楷模和榜样,进而对学校的发展产生积极的影响。	首先,标杆的设立和选择对于其影响力的发挥至关重要。标杆应该是经过精心挑选和评估的,具有代表性、先进性和可学习性。这样的标杆才能真正起到引领和示范的作用,激发人们向其看齐的动力。 其次,标杆的影响力还体现在其能够激发人们的积极性和创造力。当人们看到标杆的优秀表现和成果时,往往会受到启发和鼓舞,进而产生追赶和超越的愿望。这种竞争和追赶的氛围有助于推动整个群体或组织的进步和发展。 最后,标杆的影响力还可以通过广泛宣传和推广来增强。通过媒体、网络等渠道对标杆进行宣传报道,可以让更多的人了解和认识标杆,从而扩大其影响力。同时,组织相关的学习和交流活动,让更多的人有机会亲身接触和了解标杆,也能进一步增强其影响力。 需要注意的是,标杆影响力的发挥并不是一蹴而就的,需要长期的坚持和努力。同时,也要避免过度依赖标杆或将其神化,应该根据实际情况和具体需求来合理选择和运用标杆。

指标	指标内涵	行为描述
结果导向思维	结果导向思维是一种强调以最终结果为核心，通过明确目标、制订计划、优化流程等手段，推动任务完成和问题解决的工作思维方式。高校领导的结果导向思维有助于个人或团队提高工作效率，推动学校高质量发展。	在没有结果之前都是浮云，一切努力都应以结果力为核心展开。具备结果导向思维的人通常具备以下特点。 目标清晰：他们非常明确自己想要达成的结果，并将其作为行动的指南。在设定目标时，他们会考虑目标的具体性、可衡量性和可实现性，以确保目标具有指导意义。 计划周密：为实现目标，他们会制订详细的计划，包括任务分解、时间管理、资源调配等方面。他们懂得如何根据目标调整计划，以确保每一步都朝着预期结果迈进。 关注过程：虽然结果导向思维强调结果，但并不意味着忽视过程。相反，他们深知过程中的每一个环节都可能影响最终结果。因此，他们会密切关注过程，及时发现问题并寻求解决方案。 持续改进：他们相信没有最好，只有更好。在达成目标后，他们会总结经验教训，思考如何进一步优化流程、提高效率，以便在未来的工作中取得更好的结果。 灵活应变：面对变化和挑战，他们具备很强的适应能力。当计划与实际情况出现偏差时，他们会迅速调整策略，寻找新的路径以达成目标。 结果导向思维有助于个人或团队提高工作效率、提升工作质量，并在竞争激烈的市场环境中脱颖而出。然而，这种思维方式也要求个人或团队具备高度的自律性和责任感，因为只有当每个人都明确自己的职责和目标，并为之付出努力时，才能实现预期的结果。

续表

指标	指标内涵	行为描述
自我价值实现	自我价值实现是指个体通过不断努力和自我发展，实现自身潜能和价值的最大化，达到自我认同和满足感的状态。高校领导通过自我认知、目标设定、努力行动和成就感等多个方面的努力，可以逐渐实现自身的潜能和价值，达到自我认同和满足感的状态。	首先，自我认知是实现自我价值的基础。个体需要深入了解自己的兴趣、能力、价值观等，明确自己的优势和不足。通过自我反思和他人反馈，我们可以更加全面地认识自己，为接下来的目标设定和行动规划提供指导。 其次，设定明确的目标是实现自我价值的关键。这些目标应该是具体、可衡量和可实现的，能够引导我们朝着正确的方向努力。同时，这些目标也应该与我们的兴趣和价值观相符，使我们在追求的过程中感受到满足和成就感。在努力行动的过程中，我们需要不断克服困难和挑战，提升自己的能力和技能。通过不断学习和实践，我们可以逐渐实现自己的目标，并在这个过程中体验到成长和进步的快乐。 最后，实现自我价值的关键在于获得成就感。当我们通过努力达成目标时，会感受到一种内在的满足和喜悦。这种成就感不仅是对我们付出的肯定，也是对我们能力的认可，有助于我们建立积极的自我形象，增强自信心。

五、交际沟通力维度指标体系结构

交际沟通力维度由会尊重、会包容、会赞美、会拒绝、人际交往能力、沟通表达能力、自律自控能力、处理好上下级关系八个指标构成。其中，各指标内涵及行为描述构成如表 5.22 所示。

表 5.22　交际沟通力指标

指标	指标内涵	行为描述
会尊重	任何人都不可能尽善尽美，重视他人的感受、观点和需求，并愿意给予理解和支持。高校领导会尊重能够促进个人的成长和进步建立良好的人际关系。具体体现在善于欣赏和接纳他人的优点和长处，对人礼貌并保持真诚、友善和善意的态度，学会倾听并尊重他人的劳动和付出，以及提高对他人的重视程度。	会尊重是能让对方感受到被尊重，而不是自己觉得已经做到了尊重。只有学会尊重别人，才能赢得别人的尊重。其实尊重别人就是尊重自己。 尊重意味着重视他人的感受、观点和需求，并愿意给予理解和支持。当我们尊重他人时，我们会更加关注他们的意见，倾听他们的想法，并尊重他们的选择和决定。这种尊重不仅能够建立良好的人际关系，还能够促进个人的成长和进步。 在日常生活中，我们可以通过多种方式表达尊重。例如，善于欣赏和接纳他人的优点和长处，不做有损他人人格的事情，对人礼貌并保持真诚、友善和善意的态度，学会倾听并尊重他人的劳动和付出，以及提高对他人的重视程度。这些行为都能够体现出我们对他人的尊重，并有助于建立良好的人际关系。
会包容	会包容是一种积极、开放和宽容的态度，表现为对他人的不同观点、行为和生活方式的接纳和理解。高校领导会包容是一种重要的领导素质，它体现了领导者在处理人际关系、推动团队合作以及促进学校发展方面的智慧和胸怀。	了解自己和别人，尊重公平的态度，对差异性的开放态度，建立广泛的联合；包容是一种态度，意味着宽容和接纳。其具体解释如下：包容体现了一种修养和风度，它不是懦弱或忍让，而是体谅别人的难处，原谅别人的错误，给他人改过的机会，为别人留一条退路。 会包容是一种积极、开放和宽容的态度，它表现为对他人的不同观点、行为和生活方式的接纳和理解。包容不仅是一种个人品质，也是促进社会和谐与进步的重要因素。 高校领导应时刻保持开放、宽容的心态，积极营造包容的校园文化氛围，为学校的发展贡献更多的智慧和力量。

续表

指标	指标内涵	行为描述
会赞美	高校领导会赞美是一种重要的领导艺术，它不仅能够激发师生的积极性和创造力，还能够增强团队的凝聚力和向心力。高校领导应该真诚、具体、适时、适度地表达赞美，并根据不同个体的实际情况进行个性化的赞美。同时，领导者还需要注意避免虚伪和夸张、关注过程与结果以及平衡赞美与批评等方面的问题。	赞美是一种艺术，需要掌握适当的时机和方式。在正确的场合下，适度的赞美可以拉近人与人之间的距离，增强彼此的信任感。会赞美是一种人际交往中的积极技巧，它不仅能够增强人际关系，提升沟通效果，还能给予他人正面的激励和肯定。掌握赞美的艺术，对于个人成长和团队发展都具有重要意义。 　　首先，赞美需要真诚和具体。赞美他人时，要具体指出对方的优点、成就或行为，让对方感受到你的认可和尊重。例如，你可以说："你在这个项目中的表现非常出色，尤其是那个创新点，让我印象深刻。"这样的赞美既具体又真诚，能够给对方带来很大的鼓舞。 　　其次，赞美要适时、适度。赞美并非越多越好，而是要在合适的时机和场合给予。例如，在团队会议上，当某人提出了一个有创意的想法时，及时给予赞美，能够激发其积极性和创造力。同时，赞美也要适度，过度的赞美可能会让对方感到不自在或产生怀疑。 　　再次，赞美还需要考虑到对方的文化和价值观。不同的文化背景下，人们对于赞美的接受程度和理解方式可能存在差异。因此，在赞美他人时，要尊重对方的文化背景和价值观，避免使用可能引起误解或冲突的言辞。 　　最后，赞美不仅仅是口头上的表达，还可以通过行动来体现。例如，对他人的努力和成果给予实质性的奖励或支持，这种行动上的赞美往往更具说服力。

续表

指标	指标内涵	行为描述
会拒绝	会拒绝是一种重要的社交技巧，需要我们明确自己的立场和界限，以尊重和理解的态度进行沟通，并提供合理的解释和替代方案。通过有效拒绝，我们能够保护自己的权益和边界，同时维护健康的人际关系。高校领导会拒绝是一种重要的领导技能，它有助于领导在面对不合理请求、超出能力范围的任务或不符合学校发展目标的建议时，能够坚定而恰当地表达自己的立场。	会拒绝是一种重要的社交技巧，它涉及在适当的时候坚决而尊重地表达自己的不同意见或无法满足他人要求的情况。有效地拒绝不仅能保护自己的权益和边界，还能维护健康的人际关系。以下是一些关于如何有效拒绝的建议。 首先，明确自己的立场和界限是关键。在面临需要拒绝的情况时，清楚地了解自己的价值观、目标和底线是至关重要的。这样，才能准确地判断哪些请求或要求是你可以接受的，哪些是你需要拒绝的。 其次，拒绝时要保持尊重和理解。尽管你要表达拒绝，但并不意味着你要对他人表现出冷漠或敌意。相反，以友善、诚恳和理解的态度进行沟通是至关重要的。你可以通过倾听对方的需求和感受，表达同情和理解，然后解释你拒绝的原因。 再次，提供合理的解释和替代方案也是很有帮助的。当你拒绝他人时，给出合理的解释可以增加对方的理解。你可以解释你的时间安排、能力限制或其他实际原因。此外，如果可能的话，提供一些替代方案或建议，以帮助对方解决问题或满足需求。 又次，注意拒绝的方式和语气也是非常重要的。尽量以积极、肯定的方式表达拒绝，避免使用消极或攻击性的言辞。你可以强调你的拒绝并不是针对对方个人，而是基于你的实际情况和需求。 最后，保持开放和沟通的心态是关键。即使你拒绝了对方的请求或要求，也要保持与对方的良好关系。你可以表达愿意在未来有机会时提供帮助或支持，并鼓励对方继续与你保持联系。

续表

指标	指标内涵	行为描述
人际交往能力	人际交往能力是指个体在与他人交往过程中，能够有效地理解、沟通、合作和处理人际关系的能力。高校领导的人际交往能力对于其在学校管理和领导工作中具有至关重要的作用。良好的人际交往能力有助于领导与师生建立和谐的关系，推动学校各项工作的顺利进行。	人际交往能力不仅关乎个人的情感满足和幸福感，还直接影响个人的职业发展和社会地位。 在人际交往中，有效的沟通能力是基础。这包括清晰地表达自己的观点、情感和需求，以及倾听他人的想法和感受。通过良好的沟通技巧，我们能够减少误解和冲突，增进彼此的理解和信任。 此外，人际交往能力还涉及对他人的理解和尊重。我们需要学会站在他人的角度思考问题，关注他人的需求和感受，以建立和谐的人际关系。同时，也需要尊重他人的差异和多样性，包容不同的观点和行为方式。 合作与协作也是人际交往能力的重要组成部分。在团队或组织中，我们需要与他人共同完成任务，解决问题和应对挑战。通过有效的合作，我们可以充分发挥各自的优势，实现资源共享和互利共赢。处理人际关系的能力同样不可或缺。 在人际交往中，难免会遇到各种问题和矛盾。此时需要冷静、理智地分析问题，采取合适的策略和方法来处理问题，以维护良好的人际关系。
沟通表达能力	沟通表达能力是个体在人际交往中能够有效地传递信息、表达思想并理解他人意图的能力。高校领导的沟通表达能力是其领导素质中的关键一环，对于学校的日常运营、团队协作以及师生关系的维护都具有至关重要的作用。其体现为具备优秀的口头表达能力、出色的书面表达能力、注重倾听和反馈。	首先，良好的沟通能力体现在语言的准确性和清晰性上。有较强的沟通能力者能够用简洁明了的语言表达自己的观点，避免使用模糊或含糊不清的表达方式。他们能够准确选择词汇和语法结构，确保信息能够准确无误地传达给听众或读者。 其次，良好的表达能力还体现在情感和态度的传达上。沟通不仅仅是传递信息，更是传递情感和态度。一个优秀的沟通者能够恰当地表达自己的情感，让听众感受到自己的真诚和热情。同时，他们也能够理解并尊重他人的情感，以建立更好的互动关系。 最后，有效的沟通还需要具备良好的倾听能力。一个优秀的沟通者不仅仅要善于表达，更要善于倾听。他们能够耐心倾听他人的观点和意见，理解他人的需求和感受，从而更好地回应和满足他人的期望。

指标	指标内涵	行为描述
自律自控能力	自律自控能力是指个体能够自我约束、管理和控制自己的行为、情绪和思想的能力。高校领导的自律自控能力是其领导素质中不可或缺的一部分，对于维护学校秩序、推动学校发展以及树立良好的领导形象具有至关重要的作用。	高校领导能控制自己的情绪，不陷入情绪里做情绪化的领导或决策。高校领导能控制自己的念头和思想，能管理自己的思想，不被自己的恶念头带偏。自律自控能力是指个体能够自我约束、管理和控制自己的行为、情绪和思想的能力。这种能力对于个人的成长、成功和幸福感都至关重要。以下是一些关于自律自控能力的关键要素和提升方法。 目标设定：自律自控能力的基础是明确的目标设定。一个清晰、具体的目标能够为个体提供明确的方向和动力，使其能够有针对性地进行自我管理和控制。 情绪管理：情绪管理是自律自控能力的重要组成部分。个体需要学会识别、理解和处理自己的情绪，避免被负面情绪主导，从而保持冷静、理智地应对各种挑战。 行为控制：行为控制是自律自控能力的直接体现。个体需要能够抵制诱惑、克服惰性，坚持执行自己的计划和决策，确保行为与目标保持一致。
处理好上下级关系	高校领导处理好上下级关系需要建立在信任、尊重、明确职责、倾听关心、公平公正和鼓励参与的基础上。了解上级的期望和要求，及时、清晰地向上级汇报工作进展、问题和需求。遇见意见冲突，保持冷静、理性沟通，尊重对方观点和意见，并寻求共同的解决方案。调动下级的积极性，营造出和谐稳定的工作氛围，保质保量完成领导交办的任务。	首先，建立信任和尊重的基础是关键。领导应真诚对待每一位下属，尊重他们的意见和贡献，同时展现出自己的专业素养和领导能力，以赢得下属的信任和尊重；通过积极的沟通和互动，建立起基于信任和尊重的良好关系。 其次，明确职责和权限是保障工作顺利进行的前提。领导应明确每个岗位的职责和权限，确保上下级之间的工作职责清晰、分工明确。这样不仅可以避免工作重叠和遗漏，还能减少因职责不清而引发的矛盾和冲突。 再次，倾听和关心下属的需求和想法是增进上下级关系的重要途径。领导应主动了解下属的工作状况、生活状况和思想动态，关心他们的成长和发展；通过倾听和反馈，及时解决下属遇到的问题和困难，增强他们的归属感和忠诚度。 又次，公平公正地处理事务是维护上下级关系的重要原则。领导在处理工作时，应坚持公平公正的原则，不偏袒任何一方；对于下属的奖惩、晋升等敏感问题，应公开透明地进行，确保每个人的权益得到保障。 最后，鼓励下属参与决策和提出建议是提升团队凝聚力的有效方法。领导应鼓励下属积极参与学校决策和管理工作，充分发挥他们的智慧和创造力。通过集思广益，不仅可以提高决策的科学性和有效性，还能增强团队的凝聚力和向心力。

六、合作力维度指标体系结构

合作力维度由会激励、会授权、稳重踏实、团队合作精神、组织协调能力、有效服务能力、应急处突能力、学习科研能力八个指标构成。其中，各指标内涵及行为描述构成如表 5.23 所示。

表 5.23　合作力指标

指标	指标内涵	行为描述
会激励	会激励是一种重要的管理和领导技能，它涉及通过适当的方式和手段来激发个体或团队的积极性和创造力，以达到更好的工作效果和目标实现。高校领导在激励方面扮演着至关重要的角色。他们需要懂得从榜样激励、情感激励、物质精神奖励、考核评价机制以及职业发展机会等多个方面入手，激励师生，激发他们的积极性和创造力，以推动学校的整体发展。	高校领导，有责任去劝说和激励下属，使他们的工作提质增效。因此，高校领导应该懂得如何去促进工作，了解激励下属的方式，并确认自己在激励下属过程中所扮演的角色。一个有效的管理者，应能创造促使下属达成各自目标的条件，最重要的是，针对不同的人应采取不同的激励方式，对激励问题提供一个通用答案是不可能的。因此，就必须了解和影响下属的动机，不断激励。管理者只有坚持不断地对部属进行激励，才能使其保持长久的干劲。其基本方法是目标激励、任务激励、宣扬激励和褒奖激励。 　　在激励过程中，了解被激励者的需求和动机是至关重要的。只有深入了解他们的价值观、期望和目标，才能找到最能触动他们的激励点。因此，会激励的人往往具备良好的沟通能力和同理心，能够与被激励者建立良好的关系，了解他们的真实想法和需求。 　　同时，会激励的人还善于运用各种激励手段，如物质奖励、晋升机会、培训发展等，以满足不同人的不同需求。他们明白，单一的激励方式往往难以产生持久的效果，因此，需要综合运用多种手段，形成多样化的激励体系。

155

指标	指标内涵	行为描述
会授权	授权是指领导者将部分职权委托给下属，以发挥其领导作用的过程。高校领导通过授权可以更好地发挥下属的潜力，提高团队的整体效能，推动学校的发展。授权通常包括授权、指导、监督和评估等环节。	高校领导授权时，通常会考虑以下几个因素。 权责关系：授权必须明确权力和责任的关系，确保下属在行使权力的同时，能够承担相应的责任。 工作内容：领导会根据下属的岗位目标和能力，合理分配工作任务，确保授权的内容与下属的职责和能力相匹配。 信任与尊重：授权是领导者对下属的信任和尊重的体现，有助于增强团队的凝聚力和工作效率。通过授权，领导者可以激发下属的主动性和创造性，使其更好地为学校的发展贡献力量。 在实际操作中，领导授权通常包括授权、指导、监督和评估等环节。领导在授权后，还需要对下属的工作进行必要的指导和监督，确保下属能够正确行使权力，达成组织目标。同时，领导还需要对下属的工作进行评估和反馈，以便及时调整授权策略，优化工作流程。
稳重踏实	稳重踏实是一种极其重要的个人品质，它表现为在面对各种情境时能够保持冷静、沉着，不轻易被外界所动摇，同时做事脚踏实地，注重实效，不浮躁，不浮夸。	稳重的人，通常能够深思熟虑，不轻易做出决定。他们在面对问题时，会先进行深入的分析和思考，权衡利弊，确保自己的决策是基于充分的考虑和理性的判断。这种品质使得他们在处理复杂问题时能够保持清醒的头脑，避免因冲动而做出错误的决策。 踏实的人，则注重实际行动和效果。他们不会仅仅停留在口头承诺或空泛的计划上，而是会付诸实践，一步一个脚印地去实现目标。他们明白，只有通过不断的努力和积累，才能够取得真正的进步和成就。这种品质使得他们在工作和生活中能够保持高度的责任感和敬业精神，赢得他人的信任和尊重。 稳重踏实的人，在人际交往中也往往能够展现出良好的素质。他们不会轻易发脾气或冲动行事，而是能够保持平和的心态，理性地处理人际关系中的各种问题。他们对待朋友和同事真诚可靠，不轻易背信弃义，能够建立起长久而稳固的人际关系。

指标	指标内涵	行为描述
团队合作精神	高校领导的团队合作精神是推动学校发展的重要力量。团队合作是团队成员之间相互信任、相互支持，并协同工作，以达成共同的目标。	首先，高校领导能够明确共同的目标和价值观。他们深知团队合作的重要性，因此，会积极与团队成员沟通，明确学校的发展目标和愿景，确保每个成员都朝着同一个方向努力。同时，他们也会强调团队的共同价值观，增强团队的凝聚力和向心力。 其次，高校领导能够建立良好的沟通机制。他们注重与团队成员之间的沟通和交流，定期召开会议，分享信息，讨论问题，确保团队成员之间的信息传递畅通无阻。通过有效的沟通，领导能够了解团队成员的想法和需求，及时解决矛盾和问题，促进团队之间的和谐与协作。 再次，高校领导能够合理分工，充分发挥每个成员的优势。他们了解每个团队成员的能力和特长，因此，会根据工作需要，合理分配任务，确保每个成员都能够在自己的岗位上发挥最大的作用。通过合理的分工，领导能够激发团队成员的积极性和创造力，提高团队的整体效能。 最后，高校领导能够以身作则，树立榜样。他们具备高度的责任感和使命感，对待工作认真负责，对待团队成员关心体贴。他们的言谈举止能够影响和感染团队成员，使团队成员更加愿意为团队的目标而努力奋斗。
组织协调能力	高校领导的组织协调能力是领导者为实现组织目标，运用各种措施和方法，使组织中的各个部分和成员能够协同一致、相互配合，以便高效率地实现领导目标的行为。	规划和设计组织能力：高校领导需要制定合理的发展规划，明确学校的发展目标和方向，同时，设计有效的组织结构和管理体系，确保学校各项工作有序进行。 人员调配和资源整合能力：高校领导需要根据学校的实际情况和发展目标，合理分配人力资源和物力资源，确保各项工作的顺利进行。同时，还需要协调内外部资源，为学校的发展提供有力支持。 团队建设和协作能力：高校领导需要注重团队建设，打造一支高效、协作、创新的团队。通过有效的沟通和协调，激发团队成员的积极性和创造力，共同推动学校的发展。 危机处理和应变能力：在面临突发事件或危机时，高校领导需要迅速作出反应，采取有效措施，协调各方力量，保障学校的稳定和安全。

续表

指标	指标内涵	行为描述
有效服务能力	高校领导的有效服务能力主要体现在他们如何高效、准确、及时地满足师生的需求，以推动学校的整体发展。	首先，高校领导需要关注并深入了解学生、员工的需求。这包括但不限于教学质量、学习资源、科研支持、福利待遇等方面。通过定期的调研和沟通，领导们可以及时发现并解决存在的问题，从而提升师生的满意度和归属感。 其次，高校领导应致力于优化学校的服务流程和管理体系。例如，建立科学的组织管理体系，将服务流程全面化、标准化、规范化、信息化。利用现代化信息技术手段，如建立网络平台和智能服务机器人，实现自主预约、线上咨询、在线处理、自助打印等服务，从而提升服务效能。 再次，高校领导应关注学校的长远发展。他们需要制定并实施切实可行的发展战略，以推动学校在教学、科研、社会服务等方面取得卓越成就。同时，他们还应积极争取外部资源，为学校的发展提供有力支持。 最后，高校领导的有效服务力还体现在他们对待师生的态度上。他们需要展现出尊重、理解和包容的态度，积极倾听师生的意见和建议，努力为他们创造一个和谐、积极的工作环境。
应急处突能力	高校领导的应急处突能力，是指面对突发事件或危机时，能够迅速、有效地作出反应和决策，以保障师生安全、维护校园稳定、保障学校正常运转的能力。	具体而言，高校领导的应急处突能力包括以下几个方面。 快速决策能力：在突发事件发生时，领导需要迅速分析形势，明确问题所在，并果断地作出决策。这要求领导具备敏锐的洞察力和判断力，能够在短时间内收集信息、评估风险，并作出有利于维护学校利益和师生安全的决策。 危机处理能力：面对危机，领导需要保持冷静，迅速启动应急预案，调动各方资源，协调各方力量，进行有效的危机应对。同时，还需要关注危机的发展态势，及时调整应对策略，确保危机得到妥善解决。 组织协调能力：在应急处突过程中，领导需要协调学校内部各部门以及外部相关部门的工作，形成合力共同应对突发事件。这要求领导具备良好的沟通协调能力，能够迅速建立有效的沟通机制，确保信息畅通、指挥有力。 信息公开与舆论引导能力：突发事件发生后，公众和媒体的关注度往往很高。领导需要及时、准确地发布信息，回应社会关切，引导舆论走向。同时，还需要加强与媒体的沟通合作，确保信息的真实性和权威性。

续表

指标	指标内涵	行为描述
学习科研能力	侧重于在学术或管理领域中进行科学探索和问题解决的能力。能够针对某些方面的制度、观点、环节和机制等实际问题和理论问题进行探究，并寻求规律与方法，提出切实可行的新观点和新措施。	学习科研能力更侧重于在学术或专业领域中进行科学探索和问题解决的能力。这包括发现问题、分析问题、解决问题，以及在分析问题时有所发明和创造的能力。科研能力是个体专业知识深度和广度的综合体现，它要求个体能够独立确定科研课题，设计实验方案，并按方案组织实施实验研究。同时，还需要具备及时收集整理实验资料，进行科学分析，并得出正确结论的能力。

第五节　高校辅导员领导力的主要特征

本书研究的高校辅导员领导力是基于职业发展方面的，不仅是在思想政治教育情境中的能力展现，更是在为人处世、参与学校管理方面的能力体现，其构成维度包含知识、能力以及价值观三个方面，属于软实力的范畴，具备以下显著特征。

一、政治性

高校辅导员作为大学生思想政治教育工作者，首先要具备坚定的政治立场和过硬的思想政治素质。尤其是晋升为学校中层领导者，更需要坚持党的路线、方针和政策，具有坚定的政治判断力、政治领悟力和政治执行力，引导师生树立正确的世界观、人生观和价值观，这是其领导力的基础，也是职务晋升的重要考量因素。正如习近平总书记所言"政治问题，任何时候都是根本性的大问题"①。毛泽东同志曾说"没有正确的政治观点，就没有灵魂"②，这体现了政治观对人的影响重大。通过梳理辅导员制度的发展历程可知，不管是在哪一时期，政治性都是辅导员素质的首要特征和对辅导员考核的首要内容，政治性贯穿于辅导员工作的全过程。对辅导员政治素质的重视在国家发布的辅导员相关政策文件中都有体现，诸如"要深刻认识加强学生思想政治工作队伍建设的重要性和紧迫性，采取切实可行的措施，努力建设一支具有马克思主义理论修养，政治坚定的高素质的队伍"③等，都对辅导员素质的政治性提出了明确要求。辅导员的岗位要求及辅导员本身的招聘条件就具有极强的政治性，因此，辅导员作为高校领导的储备干部，政治性是辅导员领导力的首要特征。

二、塑造性

塑造性体现的是高校辅导员领导力水平程度并不是一成不变的，而是一个不断动态变化的运动过程，它会随辅导员自身综合素质的变化而增强或减弱。"相关研究表明，通过实践和其他干预措施，任何人都有可能成为一名优秀的领导者，并提高其成功实施正式或非正式领导者角色的概率。"④就高校辅导员来说，他

---

① 习近平. 在第十八届中央纪律检查委员会第六次全体会议上的讲话 [N]. 人民日报，2016-5-3（2）.

② 毛泽东. 毛泽东选集（第5卷）[M]. 北京：人民出版社，1977：385.

③ 中华人民共和国教育部. 关于进一步加强和改进大学生思想政治教育的意见 [EB/OL]. [2004-10-15]. http://www.moe.gov.cn/jyb_xwfb/gzdt_gzdt/moe_1485/tnull_3939. html?eqid=a03801b3001b365700000004643a9d5e.

④ [美] 大卫·V. 戴，约翰·安东纳基斯. 领导力的本质 [M]. 林嵩，等，译. 北京：北京大学出版社，2015：119.

们在日常的学生思想政治教育工作中，通过相关培训和工作经验积累，会不断提升自身的统筹规划能力、分析判断能力、交际沟通能力、组织协调能力、团队协作能力、应急处突能力等。当辅导员意识到某项领导力有利于推动他的工作完成并可以通过后天培养得到提升后，他就会努力在工作实践中不断学习和总结，提升自我各方面素质，不断提升自己的领导力，那么他所具备的领导力就会不断增强，对学生的影响和自身的晋升也会随之不断增大；反之，如果他觉得领导力水平是静态过程且难以通过努力提升时，就容易忽视自我综合能力的提升，这会直接导致他们的领导力停滞不前甚至落后于时代，从而产生影响工作开展的不良后果。因此，高校需要明确辅导员领导力的塑造性特征，不断加强辅导员领导力的培养，建立培养、选拔、任用机制，探索辅导员领导力的提升路径。

三、感染性

感染性指的是高校辅导员领导力对学生产生的影响并非特意，而是通过其自身的独特气质春风化雨、潜移默化地对学生施加影响。辅导员是做"塑造灵魂、塑造生命、塑造人的工作"，高校辅导员领导力对学生的影响主要是通过在与学生联系的过程中运用其自身良好的示范得以实现的，具体表现在辅导员运用自身在思想、道德、言行等方面的良好素质对学生施加的正向影响力。这种感染力同样适用于辅导员日后成为学校中层领导。中层领导在工作中的担当作为、激情热情、乐观自信等都会感染着周围的同事，尤其要在工作中学会尊重、包容、赞美、激励、授权等，对人礼貌并保持真诚、友善和善意的态度，不断激发师生的积极性和创造力，这是一种领导艺术，也是一种出色的人格魅力。一个具有高尚品德、良好气质、亲和力强的辅导员更容易获得师生的信任和支持，这种人格魅力不仅有助于辅导员在职务晋升中脱颖而出，也有助于其在新的工作岗位上更好地发挥作用，感染着周围同事。

第六节　本章小结

本章对高校辅导员领导力指标体系进行构建，主要从领导力构成要素、词汇问卷调查分析及指标体系构建、领导力指标体系的权重、领导力指标体系的基本内容、领导力的主要特征内容五部分进行阐述。首先，通过文献研究法、行为事件访谈法、开放式问卷提取高校辅导员领导力词汇，并将提取出的词汇进行合并整理，经过三轮德尔菲专家小组讨论进行词汇核检，最终确定 36 个词汇，并据此编制出高校辅导员领导力词汇调查问卷。其次，通过 SPSSAU 对收集的领导力词汇问卷数据样本进行分析，包括信度分析和项目分析等，最终依托相关因子分析等量化研究，构建出由政治素养力、前瞻力、决断力、成就驱动力、交际沟通力、合作力六个维度构成的高校辅导员领导力指标体系。再次，通过层次分析法分析评价指标权重。又次，完善高校辅导员领导力指标体系后对指标体系内容做了进一步的阐释。最后，总结分析普通本科高校辅导员领导力的主要特征。本章为下文利用指标体系对辅导员领导力进行实证分析与评价奠定了关键基础。

第六章

普通高校辅导员领导力的实证分析与评价（以普通本科高校为例）

>>>

我国多数高校都将主要精力和资源放在教育教学工作上，对辅导员的领导力培养提升有所欠缺，但是高校较多的中层领导甚至部分校领导都有过辅导员工作经历，都是从最基层不断历练脱颖而出的。通过对辅导员领导力进行实证分析与评价，得出的测评结果不仅能描述当前辅导员领导力水平，而且在一定程度上也能发掘当前水平下的本质根源，从而为高校培养、选拔、任用储备干部提供数据支撑和指导，同时也能发挥促进辅导员群体的自我服务、自我管理、自我教育、自我监督、自我提升的作用。

第一节　普通本科高校辅导员领导力实证分析问卷的设计

实证分析问卷设计一方面根植于构建出的高校辅导员领导力的指标体系，另一方面参考了国内外学者关于高校辅导员领导力方面的理论研究，并在一部分群体中实现预测试，切实保障问卷的有效性，准确测评出当前高校辅导员领导力的水平。

一、设计目的

评估高校辅导员领导力水平对于提高高校辅导员领导能力具有非常重要的实践意义。一方面，实证分析能为辅导员领导力的培养提供客观而重要的信息反馈；另一方面，实证分析能帮助高校辅导员正确、深入地了解自己的长处及不足，从而明确自身在职业发展中所需要提升的相关能力，明确个人发展的目标和方向。

二、设计原则

高校辅导员领导力实证分析问卷的设计原则如下。一是便于统计分析原则。问卷采用李克特五级量表的方式，被测评者只需要在完全不符合、基本不符合、不确定、基本符合和完全符合五个选项之间进行勾选，数据资料便于校验、整理和统计分析，从而得到本次调查想要得到的结果。二是测评量表内容通俗易懂。量表问卷将领导力词汇指标进行内涵和行为描述，符合应答者的理解能力和认识能力，使测试者能明确每道题表达的意思，并愿意如实回答。三是进行预先测试。调查活动开始前，事先选取一所高校进行小规模测试。通过模拟测试确定调查问卷中存在歧义或解释不明确的地方，进而对调查问卷进行适当修改完善，以确保问卷调查活动的顺利实现。

三、设计步骤

第一，研究编制《普通高校辅导员领导力测评量表》（以普通本科高校为例）问卷（见附录5）。根据构建的高校辅导员领导力指标体系，采用李克特五级量表的方式，将36个领导力词汇以行为描述的方式转化为36个题项，在此基础上进行问卷编制。而后邀请具有学生工作或者辅导员工作经验的校领导、分管学生工作的院（系）党组织负责同志、多年从事人力资源研究工作的专家以及辅导员代表来评价测评题项表述的精准性和清晰性，并根据其提出的修改意见完善题项表述，最终编成《普通本科高校辅导员领导力测评量表》问卷。

第二，实施《普通本科高校辅导员领导力测评量表》预测试。

问卷调研对象为某普通本科高校的辅导员，通过小范围预测试，收集数据进行分析，发现问卷中的问题并及时修正。

第三，实施《普通本科高校辅导员领导力测评量表》正式测评，同时通过测评数据验证出高校辅导员领导力指标体系的准确性。在录入测试数据后进行项目分析，并在项目分析基础上进行验证性因子分析，进而验证高校辅导员领导力指标体系。

第四，分析《普通本科高校辅导员领导力测评量表》测评数据，对回收的数据结果进行处理，通过分析信度效度等测量学属性来考察指标体系的效能，并进行高校辅导员领导力的总体水平分析和差异性分析。

第二节　普通本科高校辅导员领导力的测评实施

本节以山东省高校为例，通过对省内 20 余所普通本科高校 210 名辅导员实施测评，利用 SPSSAU 对回收的测评量表数据进行分析，包括信度分析、项目分析及验证性因子分析，再次验证指标体系的有效性，并通过相关性分析和描述性分析对结果进行下一步分析。

一、测评对象

正式测评问卷的测评对象，包括滨州医学院、德州学院、菏泽学院、济南大学、济宁学院、聊城大学、临沂大学、鲁东大学、齐鲁工业大学、曲阜师范大学、山东财经大学、山东第一医科大学、山东工商学院、山东管理学院、山东航空航天学院、山东农业工程学院、山东女子学院、山东青年政治学院、山东师范大学、山东体育学院、山东艺术学院、潍坊学院、烟台大学、枣庄学院（按首字母排序）等24所普通本科高校的210名辅导员。选择被试的标准为院级副书记、学生科长、院团委书记、正科级辅导员、副科级辅导员、普通辅导员，这些辅导员中包括教授、副教授、讲师、助教。测评问卷从发放到收回为期3天，有效样本为205名，有效回收率为97.6%。

注：判定为无效问卷有两个条件，满足其一就判定为无效问卷。一是所有题目均选择一个题项，二是作题时间少于30秒。

二、测评工具

测评工具为自编《普通本科高校辅导员领导力测评量表》，本次测评项目采用李克特五级量表，计分规则：1代表"完全不符合"、2代表"基本不符合"、3代表"不确定"、4代表"基本符合"、5代表"完全符合"。

表6.1　高校辅导员领导力维度指标和题项

维度	指标	题项
P1：政治素养力	A1：政治判断力	以政治原则作为思量标准，对政治现象、政治形势、政治关系等进行鉴别、分析与谋断，能够把握政治是非与政治本质。
	A2：政治领悟力	对党和国家政策、政治理论、政治规范、政治内涵和政治价值等的深刻理解和领会。并能够将这些政策精神转化为推动学校发展的实际行动。
	A3：政治执行力	具备高度的政治敏锐性和责任感，能够迅速把握政策精神，科学谋划工作举措，确保政策执行不走样、不变形。
P2：前瞻力	A4：高瞻远瞩	能够洞察时代发展趋势，具备前瞻性的战略眼光，为学校的发展制定出切实可行的长远规划。
	A5：敏锐的洞察力	善于细致观察和分析，迅速识别问题的本质和关键所在，采取有效措施加以应对，确保学校的稳定和发展。

续表

维度	指标	题项
P2：前瞻力	A6：统筹规划能力	能够全面考虑学校的内外部环境、资源条件和发展目标，通过科学的方法和手段，对各项工作进行整体布局和安排，以实现学校整体发展的最优化。
	A7：守正创新能力	在坚守教育初心和办学宗旨的基础上，能够以新颖、独特的方法解决问题，不墨守成规，持续推动学校创新发展。
P3：决断力	A8：分析判断能力	具备对复杂教育现象和问题进行独立深入分析的能力，能够识别风险和机遇，基于分析结果作出合理的判断和决策。
	A9：担当作为	对学校发展有责任感和使命感，敢于直面问题，不畏艰难，不惧风险，敢于担当、敢于创新，积极寻求解决方案，为学校的发展扫清障碍、铺平道路。
	A10：责任心强	履行职责时所持有的对工作的认真态度，把完成组织的任务当作自己的事情，以身作则，愿意承担相关的责任，愿意自动、自发地出色完成工作，勇于承担事情的后果。
	A11：批判性思维	对他人或自己的观点、做法或思维过程进行评价、质疑、矫正，并通过分析、比较、综合，进而达到对事物本质更为准确和全面的认识。
	A12：果断干练	面临选择和决策时能够迅速、准确地做出判断，不畏首畏尾，以高效、利落的方式执行决策。
	A13：风险规避能力	在面对潜在风险时，具备预见、识别、评估并采取有效措施来减少或避免风险发生的能力。领导还需具备制定科学应对策略、建立长效机制和应对突发事件的能力。
P4：成就驱动力	A14：成就事业的渴望和决心	渴望是内心深处对卓越成就的向往和追求，决心意味着在面对困难和挫折时，能够坚定信念、勇往直前。两者相互促进，共同推动学校不断发展。
	A15：热情激情	热爱自己的职业，对教育工作充满热情，始终保持着对新知识、新理念的追求和探索。对学校的发展充满信心和期待，对实现教育目标有着强烈的渴望和追求。
	A16：竞争意识	具备强烈的争先创优意识，敏锐洞察外部环境的变化，优化内部管理，追求人才培养质量来应对各种挑战，推动学校不断前进。

续表

维度	指标	题项
P4：成就驱动力	A17：乐观自信	对自己的实力有正确的评估和积极的肯定，积极面对困难和挑战，激发团队成员的积极性和创造力，营造积极向上的氛围。
	A18：标杆影响力	标杆影响力主要体现在示范和激励作用上，通过自身的行为、品质、能力和成就，成为师生心中的楷模和榜样，激发师生的积极性和创造力，推动学校的进步和发展。
	A19：结果导向思维	结果导向思维是一种强调以最终结果为核心，通过明确目标、制订计划、优化流程等手段，提高个人或团队工作效率，推动任务完成和问题解决的工作思维方式。
	A20：自我价值实现	通过自我认知、目标设定、努力行动和成就感等多个方面的努力，逐渐实现自身的潜能和价值，达到自我认同和满足的状态。
P5：交际沟通力	A21：会尊重	善于欣赏和接纳他人的优点和长处，对人礼貌并保持真诚、友善的态度，学会倾听并尊重他人的劳动和付出，以及提高对他人的重视程度。
	A22：会包容	包容是一种积极、开放和宽容的态度，它表现为对他人的不同观点、行为和生活方式的接纳和理解。保持开放、宽容的心态，积极营造包容的校园文化氛围，为学校的发展贡献更多的智慧和力量。
	A23：会赞美	赞美是一种艺术，需要真诚、具体、适时、适度地表达对他人的认可和尊重，并根据不同个体的实际情况进行个性化的赞美。注意避免虚伪和夸张、关注过程与结果以及平衡赞美与批评等方面的问题。
	A24：会拒绝	明确自己的立场和界限，以尊重和理解的态度进行沟通，提供合理的解释和替代方案，尽量以积极、肯定的方式表达拒绝，强调你的拒绝并不是针对个人，而是基于自己的实际情况和需求，并鼓励对方继续与你保持联系。
	A25：人际交往能力	知礼节，善于待人接物、处理各类复杂的人际关系，能够有效感知、理解他人的思想、感情和行为，能够设身处地为他人着想的能力。
	A26：沟通表达能力	在人际交往中能够有效地传递信息、具备较强的口头和书面表达能力，并善于倾听他人观点和意见，理解他人意图的能力。
	A27：自律自控能力	能够自我约束、管理和控制自己的行为、情绪和思想的能力，为人处世坚持原则。

维度	指标	题项
P5：交际沟通力	A28：处理好上下级关系	建立在信任、尊重、明确职责、倾听关心、公平公正和鼓励参与的基础上。了解上级的期望和要求，及时、清晰地向上级汇报工作进展、问题和需求。遇见意见冲突，保持冷静、理性沟通，尊重对方观点和意见，并寻求共同的解决方案。调动下级的积极性，营造出和谐稳定的工作氛围，保质保量完成领导交办的任务。
P6：合作力	A29：会激励	会激励是一种重要的管理和领导技能，通过适当的方式和手段来激发个体或团队的积极性和创造力，使个体或团队保持高昂的斗志和持续的动力，以达到更好的工作效果和目标实现，推动学校的整体发展。
	A30：会授权	能够将部分职权委托给下属，明确权利与责任的关系，以激发下属的主动性和创造性，通过授权、指导、监督和评估等环节使其更好地为学校的发展贡献力量。
	A31：稳重踏实	稳重踏实是一种极其重要的个人品质，遇事保持冷静、沉着，不轻易被外界动摇，同时，做事脚踏实地，注重实效，不浮躁、不浮夸。
	A32：团队合作精神	团队合作是团队成员之间相互信任、相互支持，并协同工作，以达成共同的目标。
	A33：组织协调能力	为实现组织目标，能够统筹利用各项资源，运用各种措施和方法，使组织中的各个部分和成员能够协同一致、相互配合，高效率地实现目标。
	A34：有效服务能力	能够发自内心为集体、他人提供热情的服务，高效、准确、及时地满足师生的需求，以推动学校的整体发展。
	A35：应急处突能力	面对突发事件或危机时，能够迅速、有效地作出反应和决策，以保障师生安全、维护校园稳定、保障学校正常运转的能力。
	A36：学习科研能力	侧重于在学术或管理领域中进行科学探索和问题解决的能力。能够针对某些方面的制度、观点、环节和机制等实际问题和理论问题进行探究，并寻求规律与方法，提出切实可行的新观点和新措施。

三、数据处理

通过利用 SPSSAU 对回收的测评数据进行信度分析、相关性分析，验证指标体系的有效性，并利用相关性分析和描述性分析对结果进行下一步研究分析。（注：通过预测评未发现问题）下面对正式测评的数据进行分析。

（一）信度分析

表 6.2　普通本科高校辅导员领导力特质信度分析

Cronbach 信度分析			
名称	校正项总计相关性（CITC）	项已删除的 α 系数	Cronbach α 系数
政治素养力	0.808	0.914	
前瞻力	0.856	0.909	
决断力	0.850	0.907	
成就驱动力	0.695	0.926	0.928
交际沟通力	0.847	0.910	
合作力	0.771	0.918	
标准化 Cronbach α 系数：0.934			

从表 6.2 可知，信度系数值为 0.928，大于 0.9，说明研究数据信度质量很高。针对"项已删除的 α 系数"，任意题项被删除后，信度系数并不会有明显的上升，因此说明题项不应该被删除处理。针对"CITC 值"，分析项的 CITC 值均大于 0.4，说明分析项之间具有良好的相关关系，同时，也说明研究数据信度质量高，题项间的相关性好，可用于进一步分析。

（二）相关性分析

表 6.3　皮尔逊相关检验 - 标准格式

皮尔逊相关检验 - 标准格式								
	平均值	标准差	政治素养力	前瞻力	决断力	成就驱动力	交际沟通力	合作力
政治素养力	3.773	0.726	1					
前瞻力	3.550	0.792	0.832**	1				
决断力	3.927	0.601	0.817**	0.821**	1			
成就驱动力	3.913	0.514	0.523**	0.597**	0.566**	1		
交际沟通力	3.968	0.508	0.712**	0.737**	0.780**	0.674**	1	
合作力	3.898	0.542	0.575**	0.667**	0.637**	0.794**	0.783**	1
* p < 0.05 ** p < 0.01								

由表 6.3 可知，利用相关分析去研究政治素养力和前瞻力、决断力、成就驱动力、交际沟通力、合作力 5 项之间的相关关系，使用 Pearson 相关系数表示相关关系的强弱情况。具体分析可知：政治素养力与前瞻力、决断力、成就驱动力、交际沟通力、合作力 5 项之间全部都呈现出显著性，相关系数值分别是 0.832、0.817、0.523、0.712、0.575，并且相关系数值均大于 0，意味着政治素养力与前瞻力、决断力、成就驱动力、交际沟通力、合作力 5 项之间有着正相关关系。

高校辅导员政治素养力、前瞻力、决断力、成绩驱动力、交际沟通力、合作力六力之间呈显著相关关系。这说明辅导员领导力的六个维度是相互关联、相互促进的，故高校辅导员领导力的发展需要从六个维度全面提升，不可偏废。

第三节　普通本科高校辅导员领导力的测评结果分析

在质性调研基础上，本书实施了量化研究，通过对辅导员领导力现状进行问卷调查和实证调研分析，了解高校辅导员的现有领导力水平，得出辅导员领导力整体水平较高，但各维度发展水平不均衡的结论，并对具体发展差异进行原因分析。

一、普通本科高校辅导员领导力总体现状分析

表 6.4　描述性分析

维度	名称	最小值	最大值	平均值		标准差
P1：政治素养力	A1：政治判断力	1.000	5.000	3.873	3.772	0.794
	A2：政治领悟力	2.000	5.000	3.561		0.941
	A3：政治执行力	2.000	5.000	3.883		0.738
P2：前瞻力	A4：高瞻远瞩	2.000	5.000	3.346	3.55	0.951
	A5：敏锐的洞察力	2.000	5.000	3.576		0.980
	A6：统筹规划能力	2.000	5.000	3.551		0.931
	A7：守正创新能力	2.000	5.000	3.727		0.807
P3：决断力	A8：分析判断能力	2.000	5.000	3.776	3.927	0.785
	A9：担当作为	2.000	5.000	4.244		0.692
	A10：责任心强	2.000	5.000	4.327		0.631
	A11：批判性思维	2.000	5.000	3.707		0.898
	A12：果断干练	2.000	5.000	3.785		0.762
	A13：风险规避能力	2.000	5.000	3.722		0.878

维度	名称	最小值	最大值	平均值		标准差
P4：成就驱动力	A14：成就事业的渴望和决心	2.000	5.000	4.156	3.914	0.668
	A15：热情激情	2.000	5.000	4.312		0.626
	A16：竞争意识	2.000	5.000	3.888		0.749
	A17：乐观自信	2.000	5.000	3.693		0.670
	A18：标杆影响力	2.000	5.000	3.780		0.745
	A19：结果导向思维	2.000	5.000	3.756		0.804
	A20：自我价值实现	2.000	5.000	3.810		0.827
P5：交际沟通力	A21：会尊重	2.000	5.000	4.049	3.966	0.772
	A22：会包容	2.000	5.000	4.029		0.760
	A23：会赞美	2.000	5.000	3.966		0.776
	A24：会拒绝	2.000	5.000	3.380		1.001
	A25：人际交往能力	2.000	5.000	4.141		0.819
	A26：沟通表达能力	2.000	5.000	4.176		0.766
	A27：自律自控能力	2.000	5.000	4.293		0.604
	A28：处理好上下级关系	2.000	5.000	3.693		0.779
P6：合作力	A29：会激励	2.000	5.000	3.673	3.896	0.814
	A30：会授权	2.000	5.000	3.561		0.935
	A31：稳重踏实	2.000	5.000	3.678		0.703
	A32：团队合作精神	2.000	5.000	4.312		0.626
	A33：组织协调能力	2.000	5.000	4.259		0.631
	A34：有效服务能力	2.000	5.000	4.220		0.690
	A35：应急处突能力	2.000	5.000	3.746		0.801
	A36：学习科研能力	1.000	5.000	3.722		0.808

从表 6.4 可以看出，当前数据中并没有异常值出现，因而 SPSSAU 建议可直接针对平均值进行描述分析。通过对测评问卷数据进行描述性分析，结果显示所有维度的平均值都在 3.5 以上，处于中等偏高水平，说明高校辅导员领导力整体水平较高，但各维度水平不均衡。其中 P5 交际沟通力维度的平均值是 3.966、P3 决断力维度的平均值是 3.927，居前两位；P4 成就驱动力维度的平均值为 3.914、P6 合作力维度的平均值为 3.896，处于中等偏高水平；P1 政治素养力维度的平均值是 3.772、P2 前瞻力维度的平均值是 3.55，在这六大维度中处于均值较低的水平。综上所述，高校辅导员领导力总体水平较高，但存在各维度不均衡的情况。通过对高校领导干部、辅导员等的访谈，综合研究发现高校辅导员的领导力培养依旧存在很多不足。

二、普通本科高校辅导员领导力不足及原因分析

描述性分析数据显示，高校辅导员领导力存在四点不足。一是前瞻力不足。前瞻力是指在当前这个充满不确定因素的大环境中，领导者是否能够看清楚组织的发展方向和发展路径，有远见的规划，有团队长远策略，正确预测未来，从而实现团队的目标。其中前瞻力的组成指标中，高瞻远瞩、统筹规划能力、敏锐的洞察力平均值在整个指标体系中相对较低。也就是辅导员还不能够洞察时代发展趋势，很少具备前瞻性的战略眼光，还不能为学校的发展制定出切实可行的长远规划；不能够全面考虑学校的内外部环境、资源条件和发展目标，并通过科学的方法和手段，对各项工作进行整体布局和安排，以实现学校整体发展的最优化；不善于细致观察和分析，迅速识别问题的本质和关键所在，采取有效措施加以应对，确保学

校的稳定和发展。二是政治素养力有待提升。在政治素养力维度中，政治领悟力指标的平均值相对较低，也就是高校辅导员对党和国家政策、政治理论、政治规范、政治内涵和政治价值等的深刻理解和领会还有待提高，将这些政策精神转化为推动学校发展的实际行动的效果还不明显。三是交际沟通力还有待完善。交际沟通力维度的整体平均值属于这六大维度中最高的，但是该维度中"会拒绝"这一指标却在所有指标中排倒数第二位，也就是辅导员还很难明确自己的立场和界限，在工作中大多数会以尊重和理解的态度进行沟通，但是遇到很难完成的事情时却不能提供合理的解释和替代方案，很难以积极、肯定的方式表达拒绝，这一方面的沟通艺术还欠缺。四是合作力维度中的"会授权"指标相对较低，现在的辅导员对大多数事情都是亲力亲为，尤其是对于正科级辅导员来说，不好意思将部分职权委托给下属，以激发下属的主动性和创造性，通过授权、指导、监督和评估等环节使其更好地为学校的发展贡献力量。

之所以存在上述不足，通过进一步研究分析主要有两大方面的原因。一方面，体现在辅导员自身领导力特质不足，由于辅导员的本职工作是大学生思想政治教育及日常管理，是学校各部门下达的具体事情的执行者，很少有精力或者机会去站在学校中层领导甚至校领导的角度去思考学校的发展问题，也很少思考自身的职务晋升问题，多数工作经验是对于大学生的领导，缺乏自身职业发展所需要的相关领导力。另一方面，则是缺乏科学、系统的培养体系。主要体现在：一是选拔流程不够科学规范，缺乏量化的标准；二是培养理念和培养体系不完善，存在"重使用、轻培养"的现象，忽视思想引领和工作方法等综合素质培养，缺少系统化、科学化的培养体系；三是考核奖惩机制不够完善，缺乏较为全面系统的考核评价体系，考核指标多为主观判断，客观量化指标少，未能起到激励作用。辅导员作为学校中层力量的储备干部，学校在提拔干部时没有一个系统的指标，不了解辅导员适合晋升岗位所需要的相关能力，忽视了对辅导员领导素质能力的培养。一般就是在工作中培养锻炼辅导员，而缺乏系统科学的培养体制、机制，最终容易导致人岗不匹配现象。

三、普通本科高校辅导员领导力的差异性分析

（一）对不同性别的辅导员领导力水平差异分析

表 6.5　方差分析结果

维度	名称	性别（平均值 ± 标准差）		F	p
		1.0(n=83) 男性	2.0(n=122) 女性		
P1：政治素养力	A1：政治判断力	3.84 ± 0.74	3.89 ± 0.83	0.196	0.659
	A2：政治领悟力	3.48 ± 0.90	3.61 ± 0.97	0.985	0.322
	A3：政治执行力	3.86 ± 0.70	3.90 ± 0.77	0.193	0.661
P2：前瞻力	A4：高瞻远瞩	3.40 ± 0.91	3.31 ± 0.98	0.404	0.526
	A5：敏锐的洞察力	3.57 ± 0.95	3.58 ± 1.00	0.013	0.911
	A6：统筹规划能力	3.52 ± 0.97	3.57 ± 0.91	0.176	0.675
	A7：守正创新能力	3.72 ± 0.79	3.73 ± 0.82	0.003	0.954
P3：决断力	A8：分析判断能力	3.82 ± 0.73	3.75 ± 0.82	0.430	0.513
	A9：担当作为	4.30 ± 0.66	4.20 ± 0.72	0.955	0.330
	A10：责任心强	4.36 ± 0.60	4.30 ± 0.65	0.419	0.518
	A11：批判性思维	3.77 ± 0.79	3.66 ± 0.97	0.703	0.403
	A12：果断干练	3.78 ± 0.72	3.79 ± 0.79	0.001	0.973
	A13：风险规避能力	3.76 ± 0.88	3.70 ± 0.88	0.248	0.619

续表

维度	名称	性别（平均值 ± 标准差）		F	p
		1.0(*n*=83) 男性	2.0(*n*=122) 女性		
P4：成就驱动力	A14：成就事业的渴望和决心	4.20 ± 0.62	4.12 ± 0.70	0.741	0.390
	A15：热情激情	4.36 ± 0.55	4.28 ± 0.67	0.862	0.354
	A16：竞争意识	3.94 ± 0.65	3.85 ± 0.81	0.670	0.414
	A17：乐观自信	3.65 ± 0.67	3.72 ± 0.67	0.549	0.460
	A18：标杆影响力	3.77 ± 0.74	3.79 ± 0.75	0.022	0.882
	A19：结果导向思维	3.71 ± 0.82	3.79 ± 0.79	0.441	0.507
	A20：自我价值实现	3.78 ± 0.83	3.83 ± 0.83	0.144	0.705
P5：交际沟通力	A21：会尊重	3.99 ± 0.72	4.09 ± 0.80	0.866	0.353
	A22：会包容	3.98 ± 0.75	4.07 ± 0.77	0.687	0.408
	A23：会赞美	4.00 ± 0.73	3.94 ± 0.81	0.269	0.604
	A24：会拒绝	3.33 ± 0.98	3.42 ± 1.02	0.423	0.516
	A25：人际交往能力	4.18 ± 0.77	4.11 ± 0.85	0.319	0.573
	A26：沟通表达能力	4.18 ± 0.81	4.17 ± 0.74	0.006	0.937
	A27：自律自控能力	4.33 ± 0.52	4.27 ± 0.66	0.405	0.525
	A28：处理好上下级关系	3.64 ± 0.71	3.73 ± 0.82	0.673	0.413
P6：合作力	A29：会激励	3.65 ± 0.79	3.69 ± 0.83	0.107	0.744
	A30：会授权	3.53 ± 0.95	3.58 ± 0.93	0.151	0.698
	A31：稳重踏实	3.63 ± 0.66	3.71 ± 0.73	0.749	0.388
	A32：团队合作精神	4.31 ± 0.58	4.31 ± 0.66	0.000	0.984
	A33：组织协调能力	4.35 ± 0.55	4.20 ± 0.68	2.916	0.089
	A34：有效服务能力	4.24 ± 0.64	4.20 ± 0.73	0.134	0.714
	A35：应急处突能力	3.73 ± 0.78	3.75 ± 0.82	0.028	0.867
	A36：学习科研能力	3.69 ± 0.81	3.75 ± 0.81	0.264	0.608
* $p < 0.05 < $ ** $p < 0.01$					

从表6.5可知，利用方差分析（全称为单因素方差分析）去研究

性别对于以上36项指标的差异性，不同性别样本对于以上36项指标均未表现出显著性 (p > 0.05)，意味着不同性别样本对于这36项指标均表现出一致性，并没有差异性。也就是说，以上六大维度36项指标，男女辅导员都适用。

（二）对不同职务的辅导员领导力水平差异分析

表6.6　方差分析结果

维度	名称	职务（平均值 ± 标准差）				F	p
		1.0(n=24) 科员	2.0(n=72) 副科	3.0(n=90) 正科	4.0(n=19) 副处		
P1： 政治素 养力	A1：政治判断力	2.79 ± 1.10	3.88 ± 0.44	3.97 ± 0.64	4.79 ± 0.54	35.789	0.000**
	A2：政治领悟力	2.67 ± 0.76	3.39 ± 0.62	3.70 ± 1.00	4.68 ± 0.48	23.616	0.000**
	A3：政治执行力	3.04 ± 0.86	3.78 ± 0.48	4.00 ± 0.67	4.79 ± 0.42	30.305	0.000**
P2： 前瞻力	A4：高瞻远瞩	2.25 ± 0.68	3.24 ± 0.70	3.46 ± 0.89	4.63 ± 0.60	34.084	0.000**
	A5：敏锐的洞察力	2.67 ± 0.92	3.47 ± 0.80	3.66 ± 0.94	4.74 ± 0.56	21.001	0.000**
	A6：统筹规划能力	2.92 ± 0.88	3.43 ± 0.77	3.61 ± 0.96	4.53 ± 0.61	13.208	0.000**
	A7：守正创新能力	2.75 ± 0.85	3.69 ± 0.62	3.81 ± 0.70	4.68 ± 0.48	29.988	0.000**
P3： 决断力	A8：分析判断能力	2.75 ± 0.94	3.72 ± 0.54	3.91 ± 0.66	4.63 ± 0.50	32.468	0.000**
	A9：担当作为	3.25 ± 0.79	4.36 ± 0.61	4.31 ± 0.51	4.74 ± 0.45	29.247	0.000**
	A10：责任心强	3.42 ± 0.78	4.31 ± 0.46	4.47 ± 0.50	4.89 ± 0.32	34.948	0.000**
	A11：批判性思维	2.63 ± 0.77	3.67 ± 0.67	3.80 ± 0.85	4.79 ± 0.42	30.342	0.000**
	A12：果断干练	2.79 ± 0.66	3.67 ± 0.56	3.97 ± 0.68	4.63 ± 0.50	35.786	0.000**
	A13：风险规避能力	3.00 ± 0.72	3.78 ± 0.75	3.67 ± 0.89	4.68 ± 0.48	16.202	0.000**
P4： 成就驱 动力	A14：成就事业的渴 望和决心	3.25 ± 0.53	4.06 ± 0.60	4.37 ± 0.53	4.68 ± 0.48	32.495	0.000**
	A15：热情激情	3.83 ± 0.82	4.18 ± 0.56	4.43 ± 0.54	4.84 ± 0.37	13.485	0.000**
	A16：竞争意识	3.67 ± 0.87	3.88 ± 0.58	3.82 ± 0.82	4.53 ± 0.51	5.941	0.001**

续表

维度	名称	职务（平均值 ± 标准差）				F	p
		1.0(n=24) 科员	2.0(n=72) 副科	3.0(n=90) 正科	4.0(n=19) 副处		
P4： 成就驱动力	A17：乐观自信	3.67 ± 0.76	3.49 ± 0.56	3.67 ± 0.60	4.63 ± 0.50	18.584	0.000**
	A18：标杆影响力	3.71 ± 0.75	3.50 ± 0.69	3.84 ± 0.69	4.63 ± 0.50	14.320	0.000**
	A19：结果导向思维	3.21 ± 1.10	3.46 ± 0.69	3.97 ± 0.63	4.58 ± 0.51	20.120	0.000**
	A20：自我价值实现	3.29 ± 1.12	3.58 ± 0.73	3.94 ± 0.69	4.68 ± 0.48	15.551	0.000**
P5： 交际沟通力	A21：会尊重	3.50 ± 0.93	4.03 ± 0.67	4.06 ± 0.74	4.79 ± 0.42	11.414	0.000**
	A22：会包容	3.33 ± 1.01	4.06 ± 0.60	4.06 ± 0.71	4.68 ± 0.48	13.604	0.000**
	A23：会赞美	3.29 ± 1.08	4.01 ± 0.64	3.97 ± 0.69	4.63 ± 0.50	12.649	0.000**
	A24：会拒绝	2.96 ± 0.91	3.15 ± 1.06	3.48 ± 0.90	4.32 ± 0.67	9.547	0.000**
	A25：人际交往能力	3.25 ± 0.90	4.28 ± 0.77	4.20 ± 0.74	4.47 ± 0.51	13.400	0.000**
	A26：沟通表达能力	3.75 ± 0.85	4.22 ± 0.79	4.18 ± 0.73	4.53 ± 0.51	4.062	0.008**
	A27：自律自控能力	4.00 ± 0.98	4.17 ± 0.50	4.41 ± 0.52	4.58 ± 0.51	5.894	0.001**
	A28：处理好上下级关系	2.96 ± 0.81	3.49 ± 0.69	3.89 ± 0.66	4.47 ± 0.51	22.487	0.000**
P6： 合作力	A29：会激励	2.88 ± 0.85	3.49 ± 0.71	3.86 ± 0.70	4.53 ± 0.51	23.095	0.000**
	A30：会授权	2.92 ± 0.93	3.39 ± 0.74	3.64 ± 0.95	4.63 ± 0.50	16.053	0.000**
	A31：稳重踏实	3.42 ± 0.65	3.50 ± 0.65	3.72 ± 0.67	4.47 ± 0.51	12.767	0.000**
	A32：团队合作精神	3.67 ± 0.87	4.22 ± 0.54	4.48 ± 0.50	4.68 ± 0.48	16.330	0.000**
	A33：组织协调能力	3.46 ± 0.83	4.25 ± 0.47	4.42 ± 0.54	4.53 ± 0.51	20.641	0.000**
	A34：有效服务能力	3.38 ± 1.06	4.13 ± 0.50	4.44 ± 0.52	4.58 ± 0.51	22.935	0.000**
	A35：应急处突能力	2.92 ± 0.88	3.58 ± 0.69	3.96 ± 0.70	4.42 ± 0.51	20.829	0.000**
	A36：学习科研能力	2.92 ± 0.93	3.76 ± 0.59	3.76 ± 0.80	4.42 ± 0.61	15.547	0.000**
* p < 0.05 < ** p < 0.01							

从表 6.6 可知，利用方差分析去研究职务对于以上 36 项指标的差异性，不同职务样本对于以上 36 项指标全部都呈现出显著性（p < 0.05），意味着不同职务样本对于以上 36 项指标均有着差异性。整体上来看，通过职务和所有项分析对比，由科员到副科级到正科级再到副处级四种职务，随着职务的升级，对应着各种能力也呈上升趋势，也就是职务与这六大维度 36 项指标呈正相关。

（三）对不同职称的辅导员领导力水平差异分析

表 6.7　方差分析结果

		职称（平均值 ± 标准差）			F	p
		1.0(*n*=29) 助教	2.0(*n*=119) 讲师	3.0(*n*=57) 副教授		
P1：政治素养力	A1：政治判断力	3.38 ± 1.01	3.89 ± 0.73	4.09 ± 0.69	8.263	0.000**
	A2：政治领悟力	3.10 ± 0.86	3.46 ± 0.93	4.00 ± 0.85	11.339	0.000**
	A3：政治执行力	3.48 ± 0.83	3.88 ± 0.70	4.09 ± 0.69	6.821	0.001**
P2：前瞻力	A4：高瞻远瞩	2.76 ± 0.91	3.27 ± 0.95	3.81 ± 0.77	14.269	0.000**
	A5：敏锐的洞察力	3.17 ± 0.89	3.41 ± 1.00	4.12 ± 0.76	14.743	0.000**
	A6：统筹规划能力	3.34 ± 0.94	3.37 ± 0.90	4.04 ± 0.82	11.810	0.000**
	A7：守正创新能力	3.34 ± 0.90	3.67 ± 0.77	4.04 ± 0.73	8.233	0.000**
P3：决断力	A8：分析判断能力	3.07 ± 0.84	3.82 ± 0.73	4.04 ± 0.65	17.535	0.000**
	A9：担当作为	3.69 ± 0.85	4.29 ± 0.66	4.42 ± 0.53	12.795	0.000**
	A10：责任心强	3.79 ± 0.86	4.37 ± 0.55	4.51 ± 0.50	14.803	0.000**
	A11：批判性思维	3.07 ± 0.96	3.69 ± 0.89	4.07 ± 0.68	13.479	0.000**
	A12：果断干练	3.17 ± 0.71	3.82 ± 0.75	4.04 ± 0.65	14.136	0.000**
	A13：风险规避能力	3.48 ± 0.83	3.62 ± 0.95	4.05 ± 0.64	6.197	0.002**

续表

		职称（平均值 ± 标准差）			F	p
		1.0(*n*=29) 助教	2.0(*n*=119) 讲师	3.0(*n*=57) 副教授		
P4：成就驱动力	A14：成就事业的渴望和决心	3.52 ± 0.63	4.18 ± 0.65	4.44 ± 0.50	22.259	0.000**
	A15：热情激情	4.03 ± 0.63	4.31 ± 0.66	4.46 ± 0.50	4.506	0.012*
	A16：竞争意识	3.93 ± 0.75	3.78 ± 0.80	4.09 ± 0.58	3.353	0.037*
	A17：乐观自信	3.72 ± 0.70	3.57 ± 0.56	3.93 ± 0.80	5.809	0.004**
	A18：标杆影响力	3.38 ± 0.68	3.85 ± 0.73	3.84 ± 0.75	5.101	0.007**
	A19：结果导向思维	3.69 ± 0.89	3.64 ± 0.84	4.04 ± 0.60	4.991	0.008**
	A20：自我价值实现	3.45 ± 0.78	3.84 ± 0.86	3.93 ± 0.73	3.537	0.031*
P5：交际沟通力	A21：会尊重	3.48 ± 0.78	4.18 ± 0.73	4.07 ± 0.73	10.312	0.000**
	A22：会包容	3.55 ± 0.95	4.13 ± 0.71	4.05 ± 0.67	7.319	0.001**
	A23：会赞美	3.52 ± 0.83	4.05 ± 0.79	4.02 ± 0.64	5.959	0.003**
	A24：会拒绝	3.41 ± 0.95	3.21 ± 1.07	3.72 ± 0.77	5.214	0.006**
	A25：人际交往能力	3.55 ± 0.83	4.25 ± 0.78	4.21 ± 0.77	9.540	0.000**
	A26：沟通表达能力	3.62 ± 0.78	4.29 ± 0.69	4.21 ± 0.80	9.887	0.000**
	A27：自律自控能力	3.97 ± 0.68	4.31 ± 0.61	4.42 ± 0.50	5.861	0.003**
	A28：处理好上下级关系	3.24 ± 0.74	3.74 ± 0.79	3.82 ± 0.71	6.207	0.002**
P6：合作力	A29：会激励	3.21 ± 0.90	3.71 ± 0.80	3.82 ± 0.71	6.199	0.002**
	A30：会授权	3.24 ± 0.95	3.43 ± 0.97	4.00 ± 0.68	9.969	0.000**
	A31：稳重踏实	3.48 ± 0.63	3.66 ± 0.67	3.82 ± 0.78	2.454	0.088
	A32：团队合作精神	3.97 ± 0.78	4.32 ± 0.61	4.47 ± 0.50	6.700	0.002**
	A33：组织协调能力	3.86 ± 0.79	4.29 ± 0.60	4.39 ± 0.53	7.521	0.001**
	A34：有效服务能力	3.86 ± 0.83	4.21 ± 0.70	4.42 ± 0.50	6.687	0.002**
	A35：应急处突能力	3.28 ± 0.96	3.78 ± 0.77	3.91 ± 0.69	6.698	0.002**
	A36：学习科研能力	3.41 ± 0.78	3.71 ± 0.86	3.89 ± 0.65	3.502	0.032*
	*p < 0.05 < **p < 0.01					

从表 6.7 可知，利用方差分析去研究职称对于以上 36 项指标的差异性，不同职称样本对于 A31 稳重踏实共 1 项不会表现出显著性（p > 0.05），也就是不同职称样本对于 A31 稳重踏实全部都表现出一致性，并没有差异性。另外，职称样本对于其他 35 项指标呈现出显著性（p < 0.05），意味着不同职称样本对于除去稳重踏实这项指标之外的其他 35 项指标有着差异性。从数据分析中可以得知，通过职称和所有项分析对比，由助教到讲师再到副教授，随着职称的逐级升高，对应着各种能力整体呈上升趋势，也就是职务与这六大维度、36 项指标基本呈正相关。

第四节　本章小结

本章基于高校辅导员领导力指标体系对当前普通本科高校辅导员领导力进行测评实证和分析，研究编制《普通本科高校辅导员领导力测评量表》，采用李克特五级量表对全省 20 余所普通本科高校 210 名辅导员进行问卷调查。在调研基础上实施量化研究，研究数据能直观反映出高校辅导员领导力总体现状水平，也能够发现当前辅导员在职业发展中存在的不足，并根据不足分析了两大方面的原因，从而便于下一步提出提升策略。同时，为了解辅导员领导力的影响因素，还针对不同性别、不同职务、不同职称等进行相关差异性分析，通过研究分析得知，本书研究的辅导员领导力指标体系适用于男女所有辅导员，而且随着职务、职称的晋升，其相应的领导力整体呈正相关关系，以上数据分析结果将作为下文对高校辅导员领导力提升提出可行性建议的方向指引。

第七章

高校辅导员领导力提升策略研究

高校辅导员作为高校治理体制的中坚力量，不仅承担着大学生日常思想政治教育和管理工作的重要任务，而且是高校未来中层领导干部的储备人才，其领导力水平的高低直接影响着高校高质量发展的进程。结合上文制约高校辅导员领导力提升因素的分析，本章将从国家、高校、辅导员和六力指标体系等四个层面探讨高校辅导员领导力提升策略。

第一节　国家层面提升高校辅导员领导力的策略

国家政策是国家管理社会的手段，是导向，是指引。为提升高校辅导员领导力，让全社会关注辅导员的领导力发展，国家要出台一系列政策文件指导实施，加强领导力教育的宣传、组织和领导。为高校思想政治教育工作和学生全面发展提供有力保障，同时，这些策略也将全面提升高校辅导员领导力水平，推动全社会对辅导员领导力发展的关注和重视，促进辅导员队伍的整体素质提升和自身职业发展。

一、出台关于提升高校辅导员领导力的政策文件

对高校辅导员的培养目标不应仅限于培养出专业技术人才，更应注重培养具有组织和领导能力的复合型人才。高校辅导员不仅是指挥若定、运筹帷幄的领导者，更应是能够激发团队潜力、带领团队共同成长的引领者。只有这样，高校辅导员才能更好地管理教育学生，促进自身职业发展，应对各种复杂挑战。然而，我国高校辅导员领导力的提升尚处在起步阶段，且存在高校辅导员的领导力意识不足、领导力的培养工作有待提升、领导力提升的机制不完善等

需要改进之处，只有进一步完善和推广，才能把高校辅导员锻炼、打磨成高校高质量发展的高素质人才。同时，国家政策是国家管理社会的手段，是导向，是指引。因此，需要国家从顶层设计上推进高校辅导员领导力的培养，教育部门应出台明确针对高校辅导员领导力的政策文件，大力号召培养高校辅导员领导力，从而给社会、高校、相关机构、辅导员以指引，如此才能加快对高校辅导员领导力的培养。① 在国家政策的顶层设计与推进方面，国家应从顶层设计上制定专项政策，出台针对高校辅导员领导力的培养政策，明确培养目标和实施路径。国家应强调政策导向，政策文件中应突出辅导员领导力的重要性，将其作为高校辅导员队伍建设的核心内容。在教育部门的明确指导与支持发布政策文件方面，教育部门应发布专门针对高校辅导员领导力的政策文件，为高校和相关机构提供明确的指导。通过高层领导的讲话，传达国家对辅导员领导力培养的重视和期望，激励广大辅导员积极提升自身领导力。相信一系列政策的出台会加快高校辅导员领导力的培养步伐，从而提升高校辅导员领导力水平，为实现中华民族伟大复兴提供人才智力支持。

二、加强高校辅导员领导力培养的宣传、组织和领导

通过考察国外高校辅导员领导力提升常用的方式、方法，我们可以发现，实施领导力教育所需的教育资源在我国高校均可找到，如培训、社会实践活动等，之所以我国高校辅导员领导力教育开展得并不理想，缺乏的并不是现成的资源，而是必要的组织和领

① 李昱燕.高校学生干部领导力模型构建及测评研究[D].天津.河北工业大学,2022.

导。因此，如何加强高校辅导员教育的宣传、组织和领导是亟待解决的问题。[①] 一是宣传方面，扬尊师重教风尚。强调辅导员在高校教育中的重要作用，提升辅导员职业的社会认可度，让辅导员感受到强烈的职业荣誉感和自豪感；明确辅导员角色定位，宣传辅导员是学生思想政治教育、心理健康、职业规划等方面的重要指导者，是连接学校与学生、家长的重要桥梁，更是高校中层干部的后备和中坚力量；宣传成功案例，通过媒体、网络等渠道，宣传辅导员领导力培养的成功案例，展示辅导员在学生教育、管理、服务和职务晋升等方面的优秀成绩。二是组织方面，制订培养计划。根据高校辅导员队伍的现状和需求，制订科学合理的领导力培养计划，明确培养目标、内容、方式和时间安排；建立培训体系，建立包括专题学习、实践锻炼、经验交流等多种形式的培训体系，为辅导员提供全面、系统的领导力培养；搭建平台，为辅导员搭建展示和交流的平台，如举办辅导员论坛、研讨会等，促进辅导员之间的交流与合作。三是领导方面，加强政策引导。国家应出台相关政策，明确辅导员领导力培养的重要性和要求，为高校开展辅导员领导力培养提供政策支持；强化责任落实，督促高校领导落实辅导员领导力培养工作，将其纳入考核学校的重要标准之中，确保各项任务得到有效落实。

第二节　高校层面提升辅导员领导力的策略

加强对高校辅导员领导力的培育对于当前高校辅导员队伍建

[①] 房欲飞.美国大学生领导力教育兴起的背景、现状及成效[J].世界教育信息,2012,25(Z1):53-57.

设,增强高校学生工作的实效性,加强对中层干部的培育,意义重大。高校应全面、系统地支持辅导员领导力的提升,为辅导员的职业生涯发展和高校教育工作的顺利进行提供有力保障。

一、建立高校辅导员领导力专门研究和培训机构

成立专门针对辅导员领导力的研究和培训机构是高校提升辅导员领导力至关重要的一环。不仅能够为辅导员提供系统的领导力理论和技能培训,还能推动辅导员领导力研究的深入发展,也能做好本土化的辅导员领导力教育项目实践标准的开发工作,使之成为高校辅导员领导力发展的资源信息中心,为辅导员的专业成长和职业发展提供强有力的支持。高校应成立辅导员领导力专门研究和培训机构。结合高校辅导员的工作实际,机构应设定清晰的领导力发展目标,如提升决策能力、增强团队协作能力等,并针对不同辅导员的特点和需求,制定个性化的领导力培育方案。下设决策机构、执行机构和学术团队,通过融合现有相关资源,依托组织部、宣传部、人事部门等机关单位和二级学院等部门,为机构的建立提供支撑。

二、构建高校辅导员领导力培育机制

建立新形势下我国高校辅导员领导力培育的内在机制,对于保证高校学生工作的顺利进行以及辅导员自身的长远发展具有重要意义。探讨和完善辅导员领导力培育的策略,我们可从以下几个方面入手。

一是完善评估、选拔和考核机制。提升辅导员领导力,完善评估、选拔和考核机制是至关重要的。这些机制的完善能够确保选拔

出真正具备领导才能和潜力的辅导员，促进他们的职业发展，并为学校或组织培养优秀的中层管理团队。完善评估机制是提升辅导员领导力的基础。要设定明确的评估标准，制定具体的领导力评估指标，如决策能力、组织协调能力、团队管理能力等。通过定期的绩效评估、360度反馈评价以及学生满意度调查等方式，全面了解辅导员的工作表现和领导能力，为选拔和晋升提供科学依据。优化选拔机制是确保辅导员具备足够领导力的关键。在选拔过程中，应注重考查辅导员的综合素质和领导潜质，而非仅仅依据工作年限或学历等单一指标。可以通过面试、笔试、实操考核等多种方式，全面评估辅导员的能力水平和发展潜力。同时，选拔过程应公开透明，确保公平公正。改进考核机制是激发辅导员提升领导力的重要动力。应建立科学合理的考核指标体系，明确考核标准和要求。考核指标包括团队管理能力、决策能力、沟通协调能力等领导力相关的方面。通过定期的绩效考核和反馈，帮助辅导员了解自己的优势和不足，明确改进方向，激发他们提升领导力的积极性。

二是加强专业培训与辅导。定期组织专业培训，邀请领导力领域的专家或资深辅导员进行授课，通过系统的培训课程，提升辅导员的领导理论知识和实践技能；实施导师制，为新入职或需要进一步提升的辅导员安排经验丰富的导师，进行一对一的指导和帮助。

三是强化实践锻炼与经验分享。参与实际项目，鼓励辅导员积极参与学生活动的组织、策划和实施，通过实际操作提升其领导力和组织协调能力；定期组织经验交流会，为辅导员提供一个分享经验、交流心得的平台，通过案例分析、经验分享等方式，促进辅导员之间互相学习和进步。

四是完善发展机制、激励机制与创新实践机制。全面提升高校辅导员的领导力水平，不仅有助于辅导员个人的职业成长，也将为高校培养更多优秀人才提供有力支持。首先是完善发展机制。为了促进辅导员的职业成长和领导力提升，高校需要为辅导员提供明确且畅通的职业发展路径。这包括：设立清晰的晋升通道，使辅导员能够看到自己在职业上的成长方向；提供针对性的职业培训，帮助辅导员不断提升专业技能和领导能力；鼓励辅导员参与学术研究和项目，拓宽其视野和知识面。其次是优化激励机制。有效的激励机制能够激发辅导员提升领导力的积极性和动力。高校可从以下几个方面入手：设立公平的薪酬体系，根据辅导员的工作表现和领导力水平给予相应的薪酬奖励；实施绩效考核，对表现优秀的辅导员给予额外的奖励和认可；提供丰富的非物质激励，如提供学习机会、职业发展指导等，以满足辅导员的个人成长需求。最后是创新实践机制。领导力的提升离不开实践锻炼。高校应为辅导员提供多样化的实践机会，包括：让其担任学生组织指导老师或参与学校决策过程，以提升辅导员的组织协调能力和决策能力；开展团队建设项目，让辅导员在团队协作中锻炼领导技能；定期组织案例分析、模拟演练等活动，帮助辅导员在实际操作中提升解决问题的能力。

五是营造良好的工作环境与氛围。加强团队建设，营造团队协作、互相支持的工作氛围，提升团队的凝聚力和战斗力；提供必要的支持与资源，为辅导员提供领导力相关的书籍、资料、在线课程等学习资源，以便其随时进行自我提升。

六是完善学生工作评价体系。一个科学合理的学生工作评价体系不仅有助于客观、全面地评估辅导员的工作表现，还能激发他们的工作积极性和创新精神，从而提高领导力。第一要明确评价标准。制定明确、具体的评价标准，包括工作绩效、团队协作能力、创新能力、解决问题的能力等方面。评价标准应具有可操作性和量化性，便于对辅导员的工作进行客观评价。第二采用多元化评价方式。结合定性和定量评价，既考虑工作成果，也关注工作过程和方法。第三注重领导力的培养与评估。在评价体系中明确领导力的要求和标准，如决策能力、团队协作能力、解决冲突的能力等，并设立领导力培训项目，为辅导员提供必要的培训和支持，帮助他们提升领导力。定期对辅导员的领导力进行评估，及时发现问题并给予指导。第四建立激励机制。将评价结果与晋升、薪酬等挂钩，激励辅导员努力提升自己的工作表现和领导力。设立优秀辅导员奖项，表彰在工作中表现突出的辅导员，树立榜样。第五确保评价体系的公平性和透明度。确保评价过程公开、公平、公正，避免出现主观臆断和偏见。及时向辅导员反馈评价结果，帮助他们了解自己的优势和不足，以便制订改进计划。

三、构建高校辅导员领导力发展和激励机制

建构基于辅导员领导力提升的发展和激励机制，将辅导员领导力纳入辅导员发展和激励机制考核内容体系之中，有利于提升各方对辅导员领导力的关注度，促进高校辅导员领导力的提升。[①]

一是高校辅导员领导力发展机制。首先是定期培训与研讨。每月至少组织一次领导力专题培训，涵盖领导技巧、团队管理等内容；

---

① 宋莹. 高校辅导员领导力提升研究 [D]. 上海：华东政法大学 ,2022.

每季度举办辅导员领导力研讨会，分享成功案例与经验教训。其次是实践机会与挑战。鼓励辅导员参与或主导学生活动，每年至少组织一次大型活动，以锻炼其实践能力；设立"辅导员创新项目"，提供资金支持，鼓励辅导员发挥创意，解决实际问题。最后是经验传承。实施"新老辅导员结对子"计划，让经验丰富者指导新辅导员，进行为期一学年的指导；设立"辅导员经验分享会"，让资深辅导员定期分享工作经验。

二是高校辅导员激励机制。首先是目标设定与达成奖励。与辅导员共同设定明确的领导力发展目标，如学生满意度提升、团队凝聚力增强等；年终根据目标达成情况，给予优秀辅导员物质奖励（如奖金、旅游机会）和精神奖励（如荣誉证书、公开表彰）。其次是信任与放权。赋予辅导员更多自主权，在明确职责范围内允许其自主决策；定期对辅导员进行信任投票，高信任度者将获得更多资源和支持。再次是晋升机制与职业发展。明确晋升通道，如晋升为院系副书记、学生工作部部长等；提供职业发展规划指导，帮助辅导员了解自身职业发展路径。再次是设立绩效考核与反馈机制。设立360度绩效考核体系，包括学生评价、同事评价和自我评价；定期对辅导员进行绩效反馈，指出其优点和不足，帮助其提升。最后是情感激励与团队建设。组织定期的团队建设活动，增强团队凝聚力；关注辅导员的个人生活和情感需求，提供必要的支持和帮助。

四、构建高校辅导员领导力评估机制

辅导员领导力评估机制是高校用于衡量和提升辅导员领导力的一系列方法和流程。建立以领导力提升为指引的辅导员评估机制，

关键在于构建以辅导员领导力素养为内容的辅导员评估机制，对构成辅导员领导力的各要素进行评估。完善评估内容，要构建集知识、能力、价值观于一体的辅导员评估内容体系。辅导员领导力涵盖了知识、能力和价值观三个维度的内容，对辅导员进行评估时，不仅要对辅导员的才能素质进行评估，也要注重对辅导员领导力中价值观层面的内容进行测评。[①] 常见的领导力评估机制有以下几种。一是360度反馈。这是一种多维度的评估方式，通过收集来自不同层面（如上级、同级、下级等）的匿名反馈来全面评估辅导员的表现。这种方法可以提供多方面的意见，帮助辅导员全面了解自己在不同角色和层面上的表现。二是绩效评估。定期对辅导员的绩效进行评估，评估内容通常包括目标达成情况、满意度、团队建设等方面。绩效评估不仅关注辅导员的业绩，还关注其在领导过程中的表现。面试与演讲评估。对于准备晋升领导岗位或紧要职位的辅导员，进行面试和演讲评估，以评估其在压力下的表现、沟通本领和逻辑思维等方面的素养。三是心理测评。通过心理测评工具，如 MBTI（Myers-Briggs Type Indicator）或 DISC 模型，来评估辅导员的人格特质和行为风格。这些工具可以帮助辅导员了解自己的个性偏好，从而更好地调整自己的领导方式。四是自评与他评对比。在辅导员领导力评估中引入自评环节，并强化测评结果反馈过程中的自评与他评之间的对比分析。这有助于辅导员清晰地看到自身存在的不足，并帮助其进行正确的自我认知。五是发展计划及反馈。依据评估结果，订立个人领导力发展计划，并与被评估者进行反馈和讨论。这包括确

---

① 宋莹. 高校辅导员领导力提升研究 [D]. 上海：华东政法大学 ,2022.

定培养重点、目标和时间布置，并供应相应的培训和资源支持。在实施这些评估机制时，需要遵循一些原则，如公平公正、管理导向、综合评估、循序渐进和连续改进等，以确保评估的准确性和有效性。需要注意，要依据自己的实际情况和需求，选择适合的领导力评估机制。同时，领导力评估是一个持续的过程，应根据评估结果及时调整和改进评估机制。

五、优化高校辅导员领导力培训和辅导

加强对我国高校辅导员领导力的培育对于当前高校辅导员队伍建设，增强高校辅导员工作的实效性，意义重大。开展高校辅导员领导力培训和辅导有利于辅导员对领导力进行系统的学习，促进辅导员领导力的提升。具体而言，应从培训目标、培训模式、培训方法三个方面进行努力。

一是准确把握辅导员领导力培训的目标。我国高校辅导员领导力培训的目标应立足于高校大学生工作和辅导员自身发展的实际，科学制定高校辅导员领导力培训目标，坚持准确性、可考核性、可实现性、相关性以及时效性五个原则，培养适应现实需要的领导能力。当前，辅导员领导力的培训应构筑在提升业务能力、加强政治素质、塑造人格魅力和促进职业发展的目标之上。第一是提升业务能力。辅导员领导力培训的首要目标是提升辅导员政治素养力、前瞻力、决断力、成就驱动力、交际沟通力和合作力等。通过培训，辅导员应能更加熟练地掌握与学生工作相关的专业技能，从而在工作中更加游刃有余。第二是提升政治素质。政治素质是辅导员从事工作的基本素质。因此，领导力培训应致力于提高辅导员的政治意识，使

其在政治立场、政治方向、政治原则和政治道路上始终与党中央保持高度一致。第三是塑造人格魅力。人格魅力是辅导员领导力的重要组成部分。培训应帮助辅导员提升在知识、道德、形象气质和亲和力等方面的个人魅力，使其成为学生和下级自愿追随和敬仰的榜样，增强其吸引力和影响力。第四是促进职业发展。辅导员领导力培训还应关注辅导员的职业发展。通过提供专业的职业发展指导和规划，帮助辅导员明确职业目标，提升职业素养，为其未来的晋升和职业发展奠定坚实的基础。

二是有效选取辅导员领导力培训的模式。在选取辅导员领导力培训模式时，应综合考虑培训目标、内容、辅导员的特点以及组织的实际需求。可选取以下四种模式。第一种是课堂讲授模式。聘请专业的讲师系统讲授领导力的基本理论、技巧和方法。可以结合案例分析，让辅导员更好地理解和掌握领导力的实际应用。第二种是工作坊培训模式。以小组互动的形式进行，鼓励辅导员积极参与和分享。通过角色扮演、小组讨论等活动，提高辅导员的领导技能和团队协作能力。第三种是在线学习模式。利用网络平台，提供灵活的学习时间和地点。结合视频讲座、在线测试和讨论区，促进辅导员的自主学习和交流。第四种是模拟演练模式。设计模拟的工作场景或危机情境，让辅导员进行角色扮演和演练。通过模拟演练，辅导员可以在安全的环境中尝试不同的领导风格和决策方式。总之，应根据辅导员的具体情况和培训目标进行灵活组合。同时，定期评估培训效果，根据反馈不断调整和优化培训内容和方式，以确保培训的有效性和针对性。

三是正确采用辅导员领导力培训的方法。当前，我国高校辅导员领导力培育的方法既要突出理论学习，又要体现实践锻炼；既要有专题学习，又要做到点面结合。①

理论学习，是指高校要对辅导员进行思想政治教育、管理学、教育学、心理学和社会学等相关理论的讲授，使辅导员掌握专业化知识。习近平总书记在《第四批全国干部学习培训教材的〈序言〉》中强调"好学才能上进，好学才有本领"。因此，高校要引导辅导员树立主动学习领导力理论知识的意识，不断强化理论学习，加强和督导、提供专家做讲座、开展集体讨论和沙龙、加强作为新型领导者本质特征的价值观教育等多种途径，加强辅导员领导力的理论学习，做到真学、善学，确保自身领导力水平提升，能力素质全面发展。

实践锻炼法，要求辅导员参与领导力评估的情境体验活动中，以反馈、检测有效领导力所需的素质。高校需建立多层次、全面的实践环节，通过互动性、合作性、参与性强的实践活动帮助辅导员获取领导经验。在设置相关社会实践活动过程中，高校可以加强与属地机关、企事业单位、社区村居的沟通，协调相关部门为高校辅导员提供相关实践岗位，采用挂职或者招聘的方式，由高校辅导员承担这些工作，使辅导员群体能在这些岗位上得到锻炼，积累在学校学不到的领导力知识和技能，切实提升自身的领导力水平。②

专题学习法，是指高校要为辅导员举办关于提高辅导员领导能力的专题讲座或为辅导员提供外出参加经验学习交流会的机会。③高

---

① 徐玲．我国高校辅导员领导力培育现状、问题及相应对策 [J]．亚太教育，2016(08):6-8.

② 李昱燕．高校学生干部领导力模型构建及测评研究 [D]．天津：河北工业大学，2022.

③ 徐玲．我国高校辅导员领导力培育现状、问题及相应对策 [J]．亚太教育，2016(08):6-8.

校可以邀请在该领域有丰富经验和专业知识的专家或学者，为辅导员举办关于领导能力提升的专题讲座。这些讲座可以围绕领导力理论、实践案例、沟通技巧、团队建设等主题展开，为辅导员提供前沿的理论知识和实用的方法技巧。除了专题讲座，高校还可以组织辅导员外出参加经验学习交流会。这种交流会通常汇聚了来自不同高校、不同背景的辅导员，他们可以分享各自在领导工作中的经验和教训，交流心得和体会。这种面对面的交流有助于辅导员拓宽视野，学习借鉴他人的成功经验，同时也有助于建立广泛的人脉关系，为未来的工作发展打下基础。通过这两种形式的专题学习，辅导员可以更加系统地了解和掌握领导力的相关知识和技能，提高自己在学生工作、团队管理和沟通协调等方面的能力，这对于提升辅导员的综合素质和工作效率具有积极的意义。

柔性灵动模式，原本是在物流自动化领域，特别是在仓储物流解决方案中提出的一种以"订单到人"为核心理念的柔性拣选方案。虽然这一模式最初并非针对辅导员领导力提升而设计，但其中的一些理念和原则可以借鉴到辅导员领导力提升和晋升中层干部的过程中。柔性灵动模式强调灵活性和适应性。辅导员领导力提升也需要保持灵活性，根据辅导员的个人特点、发展需求以及学校或组织的发展目标，灵活调整培养策略和方法。柔性灵动模式中的 Automated Mobile Robot 自主移动机器人可以根据订单需求灵活工作。辅导员领导力提升也需要关注每个人的个性化和差异化需求，为每位辅导员量身定制发展计划和提升路径。在柔性灵动模式中，AMR 与拣选人员需要紧密合作以提高效率。同样，辅导员在晋升中层干部的过程中，也需要与团队成员、同事以及上级领导建立良好的合作关系，共同推动工作进展。柔性灵动模式中的 AMR 需要不断学习和优化以提高工作效率。辅导员在提升领导力的过程中，也需要保持持续学习的态度，不断提升自己的专业素养和领导能力。柔性灵动模式能够迅速适应订单波峰波谷的变化。辅导员在晋升中层干部后，也需要具备快速响应的能力，根据学校或组织的发展需求，及时调整工作策略和方法。需要注意的是，将柔性灵动模式的理念应用于辅导员领导力提升和晋升中层干部的过程中，需要结合实际情况进行具体分析和实施。同时，还需要关注辅导员的个人发展需求、职业规划以及学校或组织的战略目标等因素，确保领导力提升与晋升中层干部能够相互促进、共同发展。

导师指导模式，是指高校可以选拔培养一批素质优秀、经验丰富的学校管理者作为辅导员的校内培养导师，同时聘请社会相关专家学者、政府官员、企业精英作为辅导员的校外培养导师，兼顾校内校外、理论实践，通过个性化指导、专业培训和持续支持，帮助辅导员提升领导力水平。具体包括以下七种提升方式。一是个性化辅导。导师可以根据辅导员的个人特点和需求，提供个性化的辅导和指导。了解辅导员的领导力现状、发展需求和职业目标，制订针对性的发展计划，帮助辅导员明确提升方向。二是专业素养培训。导师可以组织针对辅导员的专业素养培训，包括领导力理论、团队管理、沟通技巧、学生指导等方面的知识和技能。通过系统的培训，提升辅导员的专业素养和领导能力。三是案例分析与实践。导师可以分享成功的领导案例和经验，帮助辅导员了解有效的领导方法和策略。同时，鼓励辅导员将所学知识应用到实际工作中，通过实践来检验和提升领导力。四是定期评估与反馈。导师应定期对辅导员进行领导力评估，了解其在领导过程中的表现和问题。通过评估结果，为辅导员提供有针对性的反馈和建议，帮助其改进不足，提升领导力。五是情感支持与鼓励。在提升辅导员领导力的过程中，导师不仅要关注辅导员的专业成长，还要关注其情感状态，给予辅导员必要的情感支持和鼓励，帮助其建立自信心和积极心态，使其更好地应对挑战和压力。六是建立良好师徒关系。导师与辅导员之间建立良好的师生关系，有助于增强双方的沟通和信任。导师可以通过与辅导员的定期交流，了解其工作进展和困惑，及时提供支持和帮助，共同推动辅导员领导力的提升。七是激发愿景与自我驱动。导师可以激发辅导员对未来的愿景和追求，帮助其树立明确的职业目标和发展规划。同时，鼓励辅导员进行自我驱动和自我管理，不断提升自己的领导力和综合素质。导师指导模式在提升辅导员领导力方面是一个长期的过程，需要导师和辅导员共同努力和持续投入。不同辅导员的领导力提升需求和路径可能存在差异，因此，导师需要根据具体情况进行个性化指导。

六、理顺高校辅导员干部选拔、考核机制

为提升高校辅导员领导力水平，学校要分别从选拔、考核入手，为高校辅导员领导力的提升开发一种新的视域，确保高校辅导员干部选拔和考核过程更加科学、公正和有效，为高校中层干部队伍建设提供有力保障。

一是辅导员干部选拔机制。在高校辅导员干部选拔过程中，存在选拔方式单一和就"近"选拔的现象。不少学校单纯使用"自荐＋竞选"的模式，往往无法准确对一个人做出全面合理的评价，甚

至存在部分辅导员干部为了达到自己的目标，私下存在拉拢、拉票等行为，部分决策层领导也会因为受人所托在选拔过程中给予优先考虑，导致辅导员干部选拔无法保证公平性，造成辅导员干部的能力素质参差不齐，部分辅导员干部难以获得学校认可支持的现象，也为今后的辅导员晋升工作带来困难和阻碍。因此，在高校辅导员干部选拔中，可将领导力纳入选拔要求中，应用高校辅导员领导力测评量表，尽量避免这些问题的产生。这样做具有如下优势。一是量表的应用可使选拔更加公正。通过高校辅导员领导力测评量表，将量表六大维度的指标纳入选拔标准中，尽量避免在辅导员干部选拔过程中易受主观感受影响或者存在人情选拔的情况。二是量表的应用可以从深层次特征把握候选人。量表不仅针对职务所需要的显性领导力特质而且针对所需要的深层次领导力特质进行界定，使用量表可以使人和职位更加匹配。

二是辅导员领导力考核机制。目前，高校辅导员领导力的考核指标中客观量化的指标相对较少，多依赖于主观评价，缺乏具体、可量化的客观指标。这导致评价结果容易受到考评人个人偏好、情感等主观因素的影响，影响评价的公正性和公平性，甚至可能导致评价结果失真，使得评价结果的客观性和准确性受到质疑。在部分高校中，辅导员干部的评价主要由二级学院根据主观判断来决定。这种做法增加了评价过程的不确定性和不公平性，也可能引发利益交换等不当行为，从而影响辅导员干部队伍的良性发展。因此，构建科学的辅导员领导力考核机制是提升辅导员领导力水平和工作效率的关键。通过明确考核原则、建立完善的考核指标体系、制定合理的考核流程以及充分运用考核结果，可以有效地激发辅导员的工作热情和创新能力，推动高等教育事业的持续发展。第一，在构建辅导员领导力考核机制时，应遵循以下原则：注重正确认识考核作用，科学的考核能够激发出辅导员干部的正能量，提高其学习的自觉性和责任心，加强对辅导员干部思想道德修养和政治觉悟的评估，同时考查其组织协调、决策执行等工作能力。第二，辅导员领导力考核指标应包括政治表现、工作能力、道德品质等，评估辅导员是否坚决拥护党的领导，是否贯彻落实党的路线、方针、政策，以及政治觉悟和政治能力的高低；考查辅导员的组织协调能力、决策能力、执行能力，以及胜任当前岗位工作和未来发展的潜力；评价辅导员是否廉洁奉公、勤勉为生，是否具备良好的职业道德和道德修养。第三，在考核流程上，初评阶段主要以辅导员的基本情况为考核依据，包括个人档案、职称、学历、工作履历等。综合评定阶段对辅导员进行全面考查，包括个人表现、工作绩效、能力素质等方面。评定方法包括个人面谈、单位考察、考核材料评审等。公示阶段对考核结果在规定范围内进行公示，接受群众的监督和评价，确保考核结果的公正、公开、透明。第四，在考核结果的运用方面，考核结果优秀的辅导员应得到相应的晋升与提拔机会，并给予奖励和激励，对表现不佳的辅导员进行约谈和调整；针对考核中发现的辅导员领导力方面的不足，制定相应的培训计划和发展策略。第五，在保障措施上，建立健全辅导员干部考核工作的组织管理机制，确保考核工作的顺利进行；通过定期的培训和引导，提升辅导员的领导力和专业素养，为其在考核中取得好成绩奠定基础；在考核过程中，应坚持公正、公平、公开的原则，避免出现主观臆断和偏见的情况。同时，应建立有效的监督机制，确保考核结果的客观性和准确性。

七、建立科学高效的学生工作管理系统也要体现高校辅导员领导力要素

在建立科学高效的学生工作管理系统中，辅导员领导力要素的体现至关重要。通过建立科学的学生工作管理系统并体现辅导员领导力要素，我们可以更好地发挥辅导员在学生工作和职业发展中的引领作用，推动高校整体工作水平的提升。

一是确立辅导员的领导角色与职责。首先，在系统设计中应明确辅导员的领导角色，包括他们在学生工作中的具体职责和权力范围。这有助于辅导员更好地理解自己的定位，从而有针对性地提升自己的领导力。

二是加强辅导员领导力培训。高校应定期组织专门针对辅导员的领导力培训课程。这些课程可以涵盖沟通技巧、决策能力、团队协作等多个方面，以帮助辅导员全面提升领导力。通过培训，辅导员可以更好地掌握领导技巧和方法，更有效地提高管理和指导的能力。

三是建立辅导员之间的交流与分享平台。为了促进辅导员之间的经验交流和知识分享，可以建立一个在线平台或定期举办线下交流活动。这将有助于辅导员之间相互学习、共同进步，从而提升整个辅导员团队的领导力水平。

四是实施辅导员领导力评估与反馈机制。在学生工作管理系统中，应建立一个科学的辅导员领导力评估体系。通过对辅导员的领导能力进行定期评估，可以及时发现他们的优点和不足，并提供具体的反馈和建议。这将有助于辅导员了解自己的领导力水平，从而

有针对性地进行改进和提升。

五是为辅导员提供实践机会与挑战。高校应为辅导员提供足够的实践机会，让他们在实际工作中锻炼和展示自己的领导力。

八、营造环境和氛围

高校应为高校辅导员营造一个良好的工作环境与氛围，以便提升他们的领导力。这不仅有助于辅导员个人的成长和发展，也能对整个团队的凝聚力和工作效率产生积极影响。

一是创建积极向上的学校文化。学校文化是工作环境的核心，它塑造着高校辅导员的行为和态度。通过明确和弘扬学校的核心价值观，倡导积极向上、团结协作的精神，可以营造一个正面的工作氛围。在这种氛围中，高校辅导员更加愿意主动承担责任，追求卓越，进而提升领导力。

二是建立有效的沟通机制。良好的沟通是营造良好工作环境的关键。建立起开放、透明的沟通机制，鼓励高校辅导员之间以及与管理层之间的交流与互动。这样可以及时传递信息，解决问题，减少误解和冲突。同时，定期的团队会议和个别交流也能帮助高校辅导员了解彼此的工作情况，增进相互理解和支持。

三是提供充足的资源和支持。为了确保高校辅导员能够顺利开展工作，应该为他们提供充足的资源和支持。这包括必要的办公设备、信息资料、技术支持等。此外，还可以为他们配备助手或实习生，以减轻工作负担，让他们有更多的时间和精力专注于领导和管理工作。

四是鼓励团队合作与分享。团队合作是提升高校辅导员领导力的重要途径。应该鼓励团队成员之间的合作与分享，共同解决问题，共同成长。可以定期组织团队建设活动，增强团队凝聚力，同时也可以通过经验分享会等形式，让高校辅导员相互学习，取长补短。

五是注重培训与职业发展。为了不断提升高校辅导员的领导力，应该注重他们的培训与职业发展。可以定期组织内部或外部的培训课程，帮助他们掌握最新的领导理念和管理技巧。同时，也可以为他们规划清晰的职业发展路径，提供更多的晋升机会，激发他们的工作动力。

六是认可与激励。认可和激励是营造良好工作环境的重要手段。应该及时对高校辅导员的工作成果给予肯定和奖励，以增强他们的工作满意度和归属感。这可以通过定期的绩效评估、优秀员工评选、奖金或晋升机会等方式实现。同时，也可以鼓励团队成员之间的互相激励，共同营造一个积极向上的工作氛围。

第三节　高校辅导员个人层面提升领导力的策略

人具有主观能动性，在提升领导力水平方面辅导员自身也发挥着重要作用。辅导员自身要树立持续提升自身领导力的意识，不断强化领导力理论学习，积极参加关于领导力的培训和讲座，积极参加需要团队合作的项目实践锻炼，在实践反思中提升领导力，并基于中国文化提升领导力水平。

一、树立持续提升自身领导力的角色认知和意识

加强领导角色认知，有利于激发辅导员领导力自我开发的积极性。要加强深化辅导员的领导角色认知，应该从辅导员自我定位和

接纳领导角色方面发力。第一，要准确定位辅导员领导角色。要培育领导力，领导者首先要"清楚自己的价值观，自愿而诚实地选择指导你行动的原则"[①]。辅导员需要加强对政策文件的学习，了解自己的角色期望。明确辅导员不仅需要引导学生形成正确的思想观念、政治观点和遵守道德规范，还需要正确认识到自身作为后备干部领导所应承担的责任和使命。第二，要推动辅导员接纳领导角色。正如学者沃伦·本尼斯等人所言，领导力提升的关键在于让领导者具备"不断学习和成长、不断提升的决心"[②]。辅导员能够在自我意识层面正确认知自己的领导角色，会对其具体的领导实践产生重要影响。内在接纳领导角色是辅导员领导力自我开发的前提。辅导员需要增强职务认同感、深入了解领导力，正视自己的领导角色、了解领导力的特点，既要接纳自己是学生事务的管理者和服务者，也要接受自己在团队引领、决策制定以及战略规划等方面的重要作用。辅导员在日常工作、生活中需要树立持续提升领导力的意识，每次活动中有意识地从政治素养力、前瞻力、决断力、成就驱动力、交际沟通力和合作力六个维度不断提升领导力特质，向实践学习，抓住学习和提升自我能力的机会。高校辅导员应持续提升培养自身积极向上的工作动力、勇于决策担当的工作魄力、应对各类情形的危机处理能力和协同合作统筹全局的工作魅力，从而能够更加科学地、艺术性地处理问题，使自己不断成长。

---

① [美]彼得·诺思豪斯. 领导学：理论与实践（第二版）[M]. 吴荣先，译. 南京：江苏教育出版社，2002：79.

② [美]沃伦·本尼斯、琼·戈德史密斯. 领导力实践 [M]. 刘清山，译. 北京：中国人民大学出版社，2008：64.

二、持续加强领导力理论学习

持续提升领导力，需要具备领导力特质，而特质则来源于扎实的理论功底和丰富的领导经验。因此，辅导员要树立主动学习领导力理论知识的意识，不断强化理论学习，只有理论知识扎实了才能勇于指导实践。学习领导力知识可以通过课程学习和自己阅读大量领导力书籍以及与他人沟通交流等多种途径，做到真学、善学、确保自身领导力水平提升，能力素质全面发展。[①]

一是制订学习计划，高校辅导员应制订一个定期的领导力理论学习计划，确保持续不断地吸收新的知识和观点。这可以包括定期阅读相关书籍、文章、研究报告或参加在线课程。

二是多元化学习资源。高校辅导员应利用多元化的学习资源，如学术文献、专业书籍、行业报告、在线课程和研讨会等。这些资源可以提供不同的观点和策略，帮助高校辅导员更全面地理解领导力。

三是参与专业培训和研讨会。高校辅导员应参加领导力相关的专业培训和研讨会，与同行交流经验和心得。这些活动不仅可以提供最新的领导力研究成果，还可以提供实践案例和解决方案。

四是反思与实践。高校辅导员应将所学的领导力理论应用到实际工作中，并通过反思来评估其效果。这种实践反馈可以帮助高校辅导员更好地理解理论，并找到最适合自己的领导方式。

五是建立学习社群。高校辅导员应与其他对领导力感兴趣的人建立学习社群，共同分享学习资源和经验。社群成员可以互相鼓励、监督和帮助，共同提高学习动力。

---

① 李昱燕. 高校学生干部领导力模型构建及测评研究 [D]. 天津：河北工业大学 ,2022.

六是关注行业动态。领导力理论是不断发展的，因此，高校辅导员需要关注行业动态，了解最新的领导力研究成果和趋势。这可以帮助高校辅导员保持与时俱进的领导思维。

七是持续自我评估。高校辅导员应定期进行自我评估，了解自己的领导优势和不足。基于评估结果，高校辅导员应调整学习计划，重点关注需要提升的领域。

八是培养批判性思维。在学习领导力理论时，高校辅导员应保持批判性思维，不盲目接受所有观点，而是思考其合理性、适用性和局限性。这有助于形成自己的领导风格和策略。

九是鼓励团队学习。辅导员或领导者应鼓励团队成员参与领导力理论学习，以共同提升领导力和团队协作能力。

十是保持耐心和毅力。领导力理论学习是一个长期的过程，需要耐心和毅力。高校辅导员应保持持续的学习热情和动力，不断追求进步和提高。通过持续加强领导力理论学习，辅导员可以更好地理解领导过程、提高领导效能，并为实现个人和组织的目标奠定坚实的基础。

三、积极参加关于领导力的培训和讲座

积极参加关于领导力的培训和讲座是辅导员提升自身领导力水平的有效途径。

一是选择高质量的培训和讲座。选择由权威机构或知名专家主办的领导力培训和讲座，以确保内容的专业性和前沿性；根据自身的发展需求和职业规划，选择与自己工作领域和领导岗位密切相关的培训和讲座。

二是充分准备并积极参与。在参加培训和讲座前，提前了解培训内容、主讲嘉宾和案例研究等，以便更好地参与讨论和交流；在培训和讲座中，积极参与讨论、提问和分享经验，与同行和专家建立联系，拓宽视野。

三是将所学知识应用于实际。将培训和讲座中学到的领导力知识和技能转化为具体的行动计划，明确实施步骤和时间表；在实际工作中，勇于尝试新的领导方法和策略，不断调整和优化自己的工作方式。

四是反思总结。在实践中不断反思和总结自己的领导行为和决策，发现问题并及时改进，以提升自己的领导力水平。

五是持续学习与提升。关注领导力领域的最新研究成果和趋势，不断更新自己的知识和技能；阅读领导力相关的书籍、文章和报告，深入了解领导力的理论和实践。

六是构建领导力网络。积极参加行业内的交流活动、研讨会和论坛等，与同行建立联系，分享经验和资源；通过社交媒体、行业协会等途径，拓展人际关系网络，与不同领域的人建立联系，获取更多信息和资源。

四、积极参加需要团队合作的项目实践锻炼

新时代辅导员必须认识到，提升自身领导力不是一蹴而就、一劳永逸的，而是一个持续的过程，需要通过各种实践的打造和磨炼。辅导员自身要把握各种实践机会，要明确实践目标即能够从政治素养力、前瞻力、决断力、成就驱动力、交际沟通力和合作力六个维度提升自身领导力特质，同时，将学习到的领导力理论用于指导、

推动领导力实践。具体包括以下步骤。

一是选择适合的项目，选择与辅导员工作密切相关、需要团队合作的项目。这样的项目能够更直接地锻炼辅导员的领导能力，使其将所学知识应用到实际工作中。

二是明确角色和职责，在项目开始前，明确每个团队成员的角色和职责，确保每个人都清楚自己的任务和目标。辅导员可以担任项目领导或协调者的角色，负责整体项目的规划和执行。

三是制订详细计划，包括时间表、任务分配、资源需求等。确保团队成员对项目进度有清晰的认识，并能够按计划执行。

四是促进团队合作，鼓励团队成员之间的合作与交流，建立良好的沟通机制。定期组织团队会议，分享进度、讨论问题，并共同寻找解决方案。

五是解决冲突与问题，在项目执行过程中，难免会遇到各种冲突和问题。要提升领导力，就需要具备解决问题的能力，及时介入并协调各方利益，确保项目顺利进行。

六是提供反馈与指导，定期向团队成员提供反馈，肯定他们的成绩，指出需要改进的地方。同时，为他们提供必要的指导和支持，帮助他们提升工作能力和领导力。

七是总结与反思，项目结束后，组织团队成员进行总结与反思。回顾项目的成功与不足，总结经验教训，为未来的项目提供借鉴。同时，也要关注自己在项目中的表现，思考如何进一步提升领导力。

八是持续学习与提升，将项目实践作为一个学习和提升的过程。通过实践锻炼，发现自己的不足和需要改进的地方，并持续学习新的领导理论和方法，不断提升自己的领导力水平。

九是寻求外部支持，如果遇到难以解决的问题或需要更专业的指导，可以寻求外部支持。例如，向其他有经验的领导或专业人士请教，或参加相关的培训和研讨会。通过参加需要团队合作的实践项目，辅导员能够锻炼自己的领导能力，提升组织协调能力、沟通能力和团队合作精神等。这些能力的提升将有助于辅导员更好地履行自己的职责，为学生提供更好的服务和支持，为自身职业发展打下坚实基础。

五、在实践反思中提升领导力

加强领导力实践锻炼的关键一环是辅导员在领导实践中进行自我反思的过程，有利于辅导员在实践中对领导力进行开发。

一是辅导员要明确实践环节在领导力提升中的重要作用。了解实践环节的重要性，有利于增强辅导员的实践意识，推动在实践中促进辅导员领导力的提升。领导力的提升过程是一个从理论到实践，再从实践到理论的循环往复的螺旋式上升过程，其中实践过程是其培养提升的关键环节。

二是辅导员在领导过程中需要不断进行反思总结。对领导活动进行反思总结，有利于辅导员结合自身领导力情况不断吸取教训提升自我，促进辅导员领导力的自我开发。辅导员在对领导活动进行总结和反思时，既要对表现得好的地方进行归纳，也要对做得不好的地方予以反思总结，用以指导之后的领导实践，促进下一次领导实践的更好开展。辅导员提升领导力的过程就是"理论学习—实践锻炼—反思内化"循环往复的过程，其中，反思内化是承接这一循环的重要一环，它是连接理论和实践的桥梁和纽带，是已有的知识经验能否在实践中实现螺旋式上升的关键性因素。因而，辅导员在自我开发领导力时，不能忽视内心反思的重要性，要时刻提醒自己对实践活动进行反思总结。如辅导员在组织活动时，要在活动后对活动前期的策划和活动过程中的组织活动的各个环节进行反思总结，有则改之，无则加勉，经过多次循环往复，促进辅导员领导力水平在不断总结经验的过程中得到提升。[①]

六、基于中国文化提升高校辅导员领导力水平

中国文化博大精深，源远流长，为提升辅导员领导力水平提供了丰富的资源和深厚的底蕴。

一是汲取传统文化智慧，塑造领导力核心。中华优秀传统文化中蕴含着丰富的教育思想和管理智慧，这些都可以为辅导员的工作提供有益的启示和指导。首先，"仁爱"精神是中国文化中的核心价值观之一。它强调以人为本，关心他人，注重人与人之间的和谐关系。辅导员应以此为核心，关注学生和下级的全面发展，积极构建和谐的师生关系和上下级关系，从而塑造出以关爱和尊重为基础的领导力。"慎独"精神也是一种重要的修养。它要求人们在独处时也能保持谨慎和自律，做到表里如一。对于辅导员来说，"慎独"精神意味着在工作中要时刻保持清醒的头脑和正确的行为准则，即使在没有人监督的情况下也要坚守职业道德和教育使命。这种精神有助于辅导员树立良好的形象，赢得他人的

---

① 宋莹. 高校辅导员领导力提升研究 [D]. 上海：华东政法大学, 2022.

信任和尊重。中庸之道强调平衡与和谐。辅导员在管理和决策时应注重各方利益的平衡，避免极端和偏颇，以和谐稳定的方式推动工作发展。诚信是中国文化的重要价值观之一。辅导员应以此作为自己的行为准则，做到言行一致、信守承诺，在建立起学生信任的同时并获得学生的尊重。

二是融入传统文化元素，提升领导力魅力。辅导员可以在日常工作中引用经典智慧来指导自己的行为和决策，如《论语》《道德经》等经典著作中的智慧箴言，以此彰显自己的文化底蕴和领导力魅力；组织并参与传统文化活动，如书法、茶艺、诗词朗诵等，不仅可以增强团队凝聚力，还能让辅导员在活动中展示自己的领导力和文化素养；在管理和教育中融入传统文化元素，如设立文化墙、悬挂名人字画等，营造具有浓郁文化氛围的学习和工作环境，让他人在潜移默化中受到传统文化的熏陶。

三是结合现代管理理念，创新领导力实践。辅导员在提升领导力水平时，应借鉴现代管理理论，如领导力模型、团队建设理论等，将传统文化智慧与现代管理理念相结合，形成具有中国特色的领导力实践；结合被领导者的特点和实际情况，创新管理方式和方法，如采用项目式管理、团队协作等模式，提高被领导者的参与度和积极性，同时锻炼辅导员的领导力；在全球化背景下，辅导员应拓宽国际视野，了解不同文化背景下的管理理念和实践经验，从而丰富自己的领导力内涵和提升跨文化管理能力。

第四节　高校辅导员政治素养力提升策略

"政治素养力"是指辅导员在从事大学生思想政治教育和日常管理工作中，所具备的政治理论水平、政治觉悟、政治立场以及运用政治知识解决实际问题的能力。这种素养力是辅导员职业素质的重要组成部分，有助于帮助学生树立正确的世界观、人生观、价值观，更有利于自身职业的发展。本节将从前期调研整理出的三级指标体系，即政治判断力、政治领悟力、政治执行力三个角度去分析高校辅导员政治素养力的提升策略。

一、高校辅导员政治判断力的提升策略

"政治判断力"是高校辅导员领导能力和政治素养的重要体现，它涉及对现实问题的研判、形势的把握以及政治立场的坚定等多个方面。高校领导要把政治原则作为首要标准，对政治现象、政治形势、政治关系等进行分析研判，把握政治是非与政治本质。高校辅导员作为学校发展的骨干力量和开展大学生思想政治教育的主导，肩负着培养社会主义合格建设者和可靠接班人的根本任务，首先应具备深厚的政治理论素养，能够准确理解党的教育方针和政策，把握国家教育发展的方向。其次，高校辅导员需要具备全局观念和战略眼光，能够从宏观上把握学校的发展方向和目标。此外，高校辅导员还应注重提高政治敏锐性和政治鉴别力，能够清醒明辨各种政治现象和行为的是非曲直。最后，高校辅导员在提升政治判断力的过程中，还应注重实践经验的积累和总结。

（一）加强理论学习，提升政治素养

高校辅导员首先要深入学习习近平新时代中国特色社会主义思想，学懂弄通其精髓要义，不断提高自身的政治理论素养。通过定期参加政治理论学习班、研讨会等，深入学习党的创新理论。鼓励辅导员研读经典文献，深入研读马克思主义经典著作、党的历史文献等，掌握扎实的马克思主义理论基础知识，从中汲取政治智慧，增强对党的理论和路线方针政策的理解与认同。

（二）强化实践锻炼，提升政治敏锐性

辅导员要关注国内外时事政治和社会热点问题，增强对社会现象的敏锐性和洞察力。通过对社会现象的分析和解读，能够准确把握国内外政治形势，识别各种政治思潮和意识形态的实质，正确认识和理解社会热点问题，避免被错误言论误导。

（三）提升信息素养，增强政治判断力

在信息化时代，高校辅导员要熟练掌握网络社交工具和网络语言，同时还要学会筛选有价值的信息，要加强对网络舆情的监测和分析，及时发现和处理涉及师生思想动态的敏感信息，通过正确引导网络舆论，维护校园意识形态安全。

（四）加强培训与交流，提升综合能力

辅导员应积极参加专业培训，包括政治理论、心理健康教育、职业规划等方面的培训。通过培训，辅导员可以提升综合能力，从而更好地履行工作职责。高校应鼓励辅导员之间加强交流学习，分

享工作经验和心得体会。通过交流学习，辅导员可以相互借鉴、取长补短，共同提升政治判断力。

总之，高校辅导员不断提升自身的政治判断力，不仅是自身提高领导力的基本要求，而且能够为更好地履行育人职责提供有力保障。

二、高校辅导员政治领悟力的提升策略

"政治领悟力"是高校辅导员领导能力和政治素养的重要组成部分，是指其对党和国家政策、政治理论、政治规范、政治内涵和政治价值等的深刻理解和领会能力。高校辅导员要想培养这种能力，就需要准确把握党和国家的教育方针、政策走向，深刻领会其中的精神实质和核心要求。同时，他们还需要结合学校的实际情况，将政策要求与学校的发展目标、办学特色相结合，制定出符合学校实际的发展规划和实施方案。

（一）重视政治理论学习，提升政治敏锐性

高校辅导员应深入学习马克思主义基本原理，特别是中国特色社会主义理论体系，掌握科学的世界观和方法论，为提升政治领悟力提供坚实的理论基础。同时，高校辅导员应时刻保持政治上的清醒和敏锐，能够准确识别和分析各种政治现象，特别是涉及意识形态领域的敏感问题。

（二）加强自身修养，提升专业能力

高校辅导员应注重自身道德品质和人格魅力的培养，成为师

生中的道德楷模，通过参加培训、学习交流等方式，不断提升自己的专业素养和业务能力。同时，高校辅导员应积极探索和创新思想政治教育方法，如利用互联网、大数据等现代信息技术手段，构建线上线下相结合的教育新模式，提升思想政治教育的专业能力。

（三）注重实践经验，提升领悟能力

高校辅导员需要注重实践经验的积累和总结，通过多种方式参与学校各项工作的决策和实施过程，不断加深对政策的理解和把握，提高运用政策指导实践的能力，从而能够准确判断各种政治现象的本质和趋势，为正确执行党的政策提供科学依据。

综上所述，提升高校辅导员政治领悟力需要多方面的努力和措施，可以有效提升高校辅导员的政治领悟力，为提升自身政治素养力提供有力保障。

三、高校辅导员政治执行力的提升策略

政治执行力是高校在办学过程中不可或缺的重要能力。高校领导干部必须具备高度的政治敏锐性和责任感，能够迅速把握政策精神，科学谋划工作举措，确保政策执行不走样、不变形。高校作为培养社会主义合格建设者和可靠接班人的重要场所，其政治执行力直接关系到党的教育方针的贯彻落实和社会主义核心价值观的培育。高校辅导员需要深刻理解和坚决执行党的教育政策，将教育教学工作始终按照正确的政治方向进行。

（一）深化政治理论学习，坚定理想信念

高校辅导员应定期参加党的理论学习，深入学习党的最新理论成果，确保自己的政治观念与党中央保持高度一致，坚定共产主义信仰，明确自己的政治立场和价值取向，为执行党的教育任务提供强大的精神动力。

（二）强化责任意识，提升执行能力

高校辅导员应清晰认识自己的工作职责和使命，将党的教育方针和学校的培养目标始终践行于自己的工作中。通过参加执行力培训、实践锻炼等方式，不断提升自己的执行能力和工作效率，确保党的政策和学校的部署能够得到有效落实。

（三）创新工作方法，提高工作实效

高校辅导员应积极探索利用新媒体技术开展思想政治工作的新方法、新途径，加强与师生的线上交流和互动，了解师生的最新思想动态。同时，辅导员之间应与学校相关部门建立紧密的协作关系，共同研究解决工作中遇到的问题和困难，增强工作的合作性和实效性。通过组织经验交流会、案例分享会等活动，辅导员之间可以相互学习、相互借鉴，共同提升政治执行力。

（四）完善考核评价机制，激励先进典型

高校应建立科学的辅导员考核体系，将政治执行力作为重要考核指标之一，确保考核结果的公正性和准确性。对于政治执行力强、工作表现突出的辅导员，学校应给予表彰和奖励，激励广大辅导员

不断提高政治执行力。

综上所述，这些策略的实施将有助于辅导员更好地提升政治素养，履行工作职责、服务学校师生，为不断推动学校高质量发展贡献力量。

第五节　高校辅导员前瞻力提升策略

"前瞻力"对于领导者来说非常重要，它要求领导者不仅关注眼前的问题，更要具备长远的眼光和全局的视野，能够帮助领导者在复杂多变的环境中做出正确的决策，引导团队朝着正确的方向前进。具备前瞻力的领导者能够预见未来的趋势，提前规划策略，从而在竞争中占据优势。此外，前瞻力还能够增强团队的凝聚力和信心，使成员对未来充满希望和信心。本节将从前期调研整理出的三级指标体系，即高瞻远瞩、敏锐的洞察力、统筹规划能力、守正创新能力四个角度去分析高校辅导员前瞻力的提升策略。

一、高校辅导员高瞻远瞩能力的提升策略

"高瞻远瞩"是高校辅导员领导特质的重要组成部分。领导应能够洞察时代发展趋势，具备前瞻性的战略眼光，为学校的发展制定出切实可行的长远规划。这种高瞻远瞩的能力体现在对教育事业发展趋势的深刻洞察上、对学校定位的准确把握上、对人才培养的高度重视上和对学校文化建设的积极推动上。

（一）加强理论学习，提升政治素养

高校辅导员应深入学习党的最新理论成果，以及党的路线方针政策，增强政治敏锐性和政治鉴别力；通过关注国内外时事政治，了解国家发展大局和国际形势变化，从而能够站在更高的角度思考问题，提升前瞻力。

（二）拓宽知识视野，提高综合素质

高校辅导员应具备多学科知识背景，通过跨学科学习，拓宽知识视野，提高综合素质，为提升前瞻力提供坚实的基础；积极参加各类专业培训，如心理学、教育学、管理学等方面的培训，提升专业素养和业务能力，从而更好地应对学生工作中的各种挑战。

（三）培养创新思维，提升创新能力

高校辅导员应具备创新思维，勇于尝试新的工作方法和手段，如利用新媒体技术开展思想政治教育等，提升工作的吸引力和感染力。同时积极参与科研项目，通过科研实践锻炼自己的创新思维和科研能力，为提升前瞻力提供有力支撑。

（四）注重自我反思，不断提升自我

高校辅导员应定期进行自我反思，善于总结工作中的经验教训，根据实际情况及时调整工作方法和思路；根据自身特点和职业发展需求，设定明确的职业发展规划，不断提升自己的专业素养和综合能力。

以上这些策略的实施，可以不断提升高校辅导员的前瞻力，从

而使辅导员可以更好地应对未来的挑战和机遇，不断提升自己的职业能力。

二、高校辅导员敏锐的洞察力的提升策略

"敏锐的洞察力"是高校辅导员领导特质中的核心要素，通过对教学、科研、管理等方面的细致观察和分析，迅速识别问题的本质和关键所在，采取有效措施加以应对，确保学校的稳定和发展。敏锐的洞察力使高校领导能够精准把握时代脉搏，紧跟社会发展趋势，有助于高校领导深入了解学校内部的运行机制和存在的问题。

（一）加强学习，保持专注

高校辅导员要加强政治理论学习，不断拓宽知识面和视野，了解国内外教育领域的最新动态和趋势；在平时工作中保持专注的姿态，注重细节，学会观察，通过参与学生工作实践，不断积累经验，提高自己的洞察力和预判力。

（二）培养好奇心与探索精神

高校辅导员要对新鲜事物保持好奇心和探索欲，不断学习新知识、新技能，提高自己的洞察力和适应能力，以便更好地应对学生工作中遇到的各种挑战；还要广泛涉猎各类书籍和资料，了解不同领域的知识和动态，提高综合素质和洞察力，学习心理学、社会学等知识，以便更深入地理解师生的行为和心理。

（三）加强沟通与协作

高校辅导员要加强团队合作，与同事保持密切沟通，与团队成员共同分析问题、探讨解决方案，提升团队的整体洞察能力。

以上策略的实施，可以不断提高高校辅导员的洞察力，为更好地服务学生成长和推动学校发展做出更大贡献。

三、高校辅导员统筹规划能力的提升策略

"统筹规划能力"是指在学校管理和发展过程中，能够全面考虑学校的内外部环境、资源条件和发展目标，通过科学的方法和手段，对各项工作进行整体布局和安排，以实现学校整体发展的最优化。高校辅导员作为学校高质量发展的储备干部和大学生思想政治教育的主导力量，统筹规划能力的提升对于高效管理学生事务、优化资源配置、推动学生工作有序开展具有重要意义。

（一）加强理论学习，提升规划意识

辅导员应通过阅读专业书籍、参加管理培训等方式，学习现代管理理论和方法，如项目管理、时间管理等，为制定科学规划提供理论基础；及时了解和掌握国家关于高等教育的方针政策、法律法规以及学校的相关规定，确保规划内容符合政策要求，具有前瞻性和可行性。

（二）明确工作目标，制订详细计划

高校辅导员应根据工作职责和学生需求，明确工作重点和目标，如提升学生思想政治素质、促进学生全面发展等；结合工作目标和

实际情况，制定年度、季度、月度工作计划，明确任务分工、时间节点和预期成果，确保工作有序推进。

（三）注重实践锻炼，提升规划执行能力

高校辅导员应积极参加学生工作实践，如组织活动、处理突发事件等，通过实践锻炼提升规划执行能力；对已完成的工作进行总结反思，分析存在的问题和不足，提出改进措施，不断完善工作规划。

（四）加强团队协作，发挥集体智慧

高校应组建辅导员工作团队，明确团队成员的职责和分工，形成合力；定期组织团队研讨会议，围绕学生工作热点和难点问题展开讨论，集思广益，共同制定解决方案，提升辅导员整体的统筹规划能力。

这些策略的实施，可以不断提升辅导员的统筹规划能力，为学生工作顺利开展和学校高质量发展提供有力保障。

四、高校辅导员守正创新能力的提升策略

"守正创新能力"是指在坚守教育初心和办学宗旨的基础上，具备持续推动学校创新发展的能力。高校辅导员应运用新颖、独特的方法解决问题，不墨守成规，持续推动学校创新发展。守正是根本，是底色，是前提，是党和国家生存和发展的根本基石；创新则是民族进步的灵魂，是一个国家兴旺发达的不竭动力。"守正创新"是一种重要的思想和方法论，要求人们在保持传统和原则的同时，也要勇于接受新事物、新思想，不断推动社会的进步

和发展。高校辅导员守正创新能力的提升，是新时代高等教育发展的重要要求。

（一）坚守正道，继承优良传统

高校辅导员应始终牢记为党育人、为国育才的初心使命，保持坚定的理想信念和奉献精神；继承传统教育的优点，如注重德育、强调实践等，将这些优良传统融入日常工作中。

（二）创新理念，紧跟时代步伐

高校辅导员应用党的创新型理论武装头脑，在理论学习中培养创新思维，紧跟时代步伐。深入学习党的理论思想的同时，高校辅导员还要了解教育学、心理学等相关学科的知识，掌握学生成长规律和教育教学方法，为创新工作提供素材和灵感。还要关注时事热点、科技前沿、文化艺术等领域的动态，丰富自己的知识储备，使教育内容更加贴近时代和学生实际。

（三）勇于实践探索，完善创新成果

高校辅导员要敢于尝试新的工作方法和途径，勇于探索新的工作模式和机制；在实践中不断总结经验教训，及时调整工作方案，不断完善创新成果；用好新媒体新技术做好网络思政教育，不断弘扬主旋律，传播正能量，发出好声音；建立工作反思机制，定期对自己的工作进行回顾和总结，分析存在的问题和不足，提出改进的措施和方法。

（四）加强培训进修，提升专业素养

高校辅导员应积极参加各类培训，如思想政治教育专题培训、职业能力提升培训、心理健康教育培训等，学习最新的教育理念和方法。辅导员还可以攻读相关专业的硕士、博士学位，通过学历提升教育，进一步提高自己的理论水平和研究能力。

综上所述，高校辅导员在守正创新能力的提升上需要从多个方面入手，不断加强自身的学习和实践，提升守正创新能力，以适应新时代大学生的需求和社会的发展变化。

第六节　高校辅导员决断力提升策略

"决断力"是一个人在面对决策时所展现出来的能力，它涵盖了多个方面，包括分析、判断、决策以及承担后果的勇气，是高校辅导员职业能力的重要组成部分。本节将从前期调研整理出的三级指标体系，即分析判断能力、担当作为、责任心强、批判性思维、果断干练、风险规避能力六个个角度去分析高校辅导员决断力的提升策略。

一、高校辅导员分析判断能力的提升策略

"分析判断能力"是高校辅导员管理能力和决策能力的重要组成部分。高校领导干部需要具备对复杂教育现象和问题进行深入分析的能力，能够识别风险和机遇，基于分析结果作出合理的判断和决策。高校辅导员作为学校发展的中坚力量，需要具备对复杂教育现象和问题进行深入分析的能力，能够基于分析结果作出合理的判

断和决策，能够敏锐地捕捉到潜在的风险和机遇，及时调整战略和措施，确保学校的发展始终处于正确的轨道上。

（一）加强理论学习，提升专业素养

高校辅导员应掌握扎实的专业知识，了解学生的成长规律和心理特点，不断更新教育观念和管理理念，从而在面对学生工作问题时能够做出科学的分析和判断。同时，辅导员作为思想政治教育者，必须紧跟时代步伐，了解国家大政方针和时事热点，以便在指导学生时能够把握正确的政治方向。

（二）积累实践经验，提升应对能力

通过参与学生日常管理、心理辅导、职业规划等工作，高校辅导员可以积累丰富的实践经验，提高处理学生事务的能力。高校辅导员积极参加校内外的辅导员培训和交流活动，通过学习其他辅导员的先进经验和有效做法，不断拓宽自己的视野和思路，提升自身的应对能力。

（三）加强逻辑思维训练，提高分析能力

注重信息收集和整合，了解逻辑学的基本原理和规则，如命题、推理、论证等，可以帮助辅导员更好地运用逻辑思维解决问题。解决逻辑推理问题，可以锻炼辅导员的推理能力，提高其分析问题和解决问题的能力。

（四）强化自我反思总结，提升分析判断能力

高校辅导员应定期反思自己的工作方法和效果，总结经验教训，不断完善自己的工作方式。通过撰写工作总结和案例，辅导员可以系统地梳理自己的工作经历和经验，提高自己的分析判断能力。

综上所述，提升高校辅导员的分析判断能力需要多方面的努力和实践。辅导员要不断提高自己的分析判断能力，以更好地服务于学生的成长和学校发展。

二、高校辅导员担当作为能力的提升策略

"担当作为"涵盖了责任感、行动力、勇气以及积极面对挑战等多个方面。高校领导的担当作为体现在对学校发展的责任感和使命感，勇于面对挑战和解决问题的态度和对师生的关心和服务上。高校辅导员作为学校的储备干部，需要敢于直面问题，不畏艰难，不惧风险，敢于担当、敢于创新，积极寻求解决方案，为学校的发展扫清障碍、铺平道路。

（一）加强政治素养提升，提升专业知识与技能

高校辅导员应坚定理想信念，提高政治素养水平，依托网络教育平台、学习强国等途径，掌握思想政治理论知识和时政热点，为学校发展和师生服务工作的开展奠定良好政治思想和理论基础。高校辅导员还应具备教育学、心理学、管理学等相关方面的知识，可以通过参加专业培训、阅读相关书籍和文献、参与学术交流等方式，不断拓宽自己的知识面，通过实践锻炼、案例分析、经验交流等方式，不断提升自己的专业知识与技能。

（二）明确工作思路，确定发展目标

高校辅导员应明晰工作思路，围绕立德树人进行工作规划，确保工作的针对性和实效性。同时辅导员应立足自身职业发展需求和学科背景，明确职业规划，制定自我发展职业目标路线图，以目标促发展，在发展中提升能力素养。

（三）加强团队协作，实现资源共享

高校辅导员工作需要注重团队合作和集体智慧的发挥，积极参与学院和学校的工作会议和研讨会，与学校相关部门进行协作，与其他辅导员交流并分享经验，共同探讨学生工作的新方法和新途径。注重与团队成员的沟通和协作，共同分析问题、解决问题，形成推动学校发展的强大合力，推动学校各项工作的顺利开展。

以上策略的实施有助于提升辅导员的担当作为能力，帮助辅导员在面对任务、职责或困难的时候勇于承担并尽力高效完成，对辅导员个人成长、学校发展都具有重要意义。

三、高校辅导员责任心能力的提升策略

"责任心"是推动学校发展、保障师生权益、提升教育质量的关键因素。高校辅导员的责任心是他们在履行职责时所持有的对工作的认真态度，体现在对学校的长远规划和发展、对师生的关心和服务和对社会责任的担当上。

（一）加强系统培训，提升职业道德素养

高校应提供系统的培训，包括思想政治教育、心理健康教育、

职业规划指导等方面的专业知识和技能培训；注重培养高校辅导员的沟通能力、组织管理能力和解决问题的能力，提高他们的综合素质和工作水平；鼓励辅导员学习跨学科知识，提高其综合素质，使其更好地适应和引导学生的成长和发展。同时高校要定期组织辅导员参加师德师风培训，学习教育法律法规、职业道德规范等，增强辅导员的法律意识和职业道德意识。

（二）明确工作职责，加强交流合作

高校辅导员要明确自身工作职责，学会将各项工作任务进行细化和目标分解，清楚知道自己应该做什么、怎么做；制定科学合理的工作标准，对自身的工作质量和效果进行量化和评估，使工作有章可循、有据可依。同时辅导员之间要加强交流与合作，营造良好的团队氛围，通过团队活动、经验分享等方式，增强团队意识和协作能力。

（三）建立评价体系，完善奖惩机制

高校要建立科学合理的辅导员工作评价体系，综合领导评价、学生评价、同行评价等多方面的因素，对辅导员的工作进行全面、客观、公正的评价。评价结果要与辅导员的绩效考核、职称评定、职务晋升等挂钩，形成有效的激励和约束机制。

通过评选并表彰优秀辅导员，宣传辅导员的先进典型事迹等方式，为广大辅导员树立榜样，引导他们向榜样学习，自觉提高自己的工作责任心和职业操守。但是，动员千遍，不如问责一次，要对因工作失责造成的重大事故依法依规进行严肃问责，通过奖惩双向

考核提升辅导员的责任心。

以上措施的实施，有助于打造一支素质高、专业强、业务精、有责任心和职业操守的辅导员队伍，为学生的成长成才和学校的发展做出更大的贡献。

四、高校辅导员批判性思维能力的提升策略

"批判性思维"是领导素质中的重要组成部分，是一种通过一定的标准评价思维，进而改善思维的合理和反思性的思维。它既是思维技能，也是思维倾向。它是指人可以对自己或他人的观点、做法和思维过程进行评价、质疑、矫正，并通过分析、比较、综合判断，从而实现对事物本质形成更为准确和全面认识的一种思维活动。批判性思维有助于高校领导对问题进行深入剖析和全面评估，能够帮助高校领导避免盲从和偏见，有助于高校领导培养创新精神和探索精神。高校辅导员在日常的学生工作中要学会培养自身的批判性思维，推动学校工作不断创新和发展。

（一）加强理论学习，提高判断能力

持续学习是提升批判性思维能力的长期动力，高校辅导员要不断加强理论学习，深入理解批判性思维的概念、原则和方法，不断学习新知识、新技能和新方法，保持对学科前沿和教育理念的关注。学会从多个角度分析问题，包括学生的角度、学校的角度、社会的角度等，以便更全面地了解问题的本质和影响因素，提高判断能力。

（二）注重实践锻炼，提升逻辑思维能力

逻辑思维是批判性思维的重要组成部分，它能够帮助高校辅导员分析问题、进行推理和判断。辅导员要学习逻辑学、哲学等相关知识，培养逻辑思维习惯，如善于归纳总结、善于分析因果关系等，并通过参与实际工作、解决实际问题来锻炼和提升批判性思维能力。

（三）加强团队合作，学会总结反思

高校辅导员应加强团队合作和交流，参与跨学科的讨论和合作，通过与不同背景的人共同探讨问题、分享经验来拓展自己的思维和视野；鼓励团队成员主动寻找不同观点的信息源，在面对具体的事情或问题时，向自己或他人提出问题，以此引导更好的思考过程；通过定期的讨论会、案例分析等方式，促进团队成员之间的交流和批判性思维的发展。同时辅导员应定期对自己的工作、学习和思考过程进行反思和总结，发现不足并寻求改进。

通过以上措施的实施，辅导员可以逐步提升自己的批判性思维能力，并在指导学生和育人工作中发挥更大的作用。

五、高校辅导员果断干练能力的提升策略

"果断干练"是一项非常重要的领导特质，是指在面临选择和决策时能够迅速、准确地做出判断，并且以高效、利落的方式执行决策的能力。高校辅导员作为高校发展的骨干力量，果断干练是辅导员工作中不可或缺的素质。高校辅导员在处理学生工作时有必要迅速、准确地做出判断，并要保证决策的科学性和合理性。

（一）坚定政治信念，提高政治素养

高校辅导员应紧跟时代步伐，学习党的最新理论成果和时政热点，提高政治敏锐性和判断力，并将理论知识转化为实践能力，积极参与实践教育活动，引导学生树立正确的世界观、人生观和价值观，不断提升自身的应急处突能力。

（二）拓宽知识层面，提升综合素质

高校辅导员要多方涉猎心理学、教育学、管理学等多方面的相关知识，以便更好地分析师生问题，提供有效的解决方案。辅导员在面对各种复杂的情况和问题时，需要保持冷静平和的心态，能够组织学生活动，协调各方资源，推动工作顺利开展。

（三）加强日常培训，注重实践锻炼

高校应定期组织辅导员沙龙，通过真实案例进行事件回溯锻炼，锻炼辅导员分析突发事件的能力，从而让辅导员在真正面对突发事件时锻炼果断干练的能力，迅速做出决策，妥善处理问题，确保学校的稳定和谐发展。

（四）总结工作经验，加强自我反思

高校辅导员应定期总结工作经验，发现问题和不足之处，不断完善和提升自身的工作能力。同时要虚心接受同事、学生和领导的反馈意见，认真反思自己的工作表现，不断改进工作方法。根据自身特点和职业发展需求，制定个人发展计划，明确职业目标和发展路径，不断提升自己的职业能力和水平。

通过这些策略的实施，辅导员可以更好地履行自己的职责，提升果断干练能力，为学生的成长和学校发展做出更大的贡献。

六、高校辅导员风险规避能力的提升策略

"风险规避能力"是指个人或组织在面对潜在风险时，能够识别、评估并采取有效措施来减少或避免风险发生的能力。高校领导的风险规避能力是一项综合性的素质，需要领导们具备预见和识别风险的能力、制定科学应对策略的能力、建立长效机制的能力以及应对突发事件的能力。作为高校辅导员，在处理学生工作时，需要有一定的风险规避意识，对风险有一定的预见性，同时要果断冷静制定风险应对策略，为学校安全贡献力量。

（一）增强法律意识与风险防范能力

高校辅导员应主动学习相关的法律法规，积极参与法律知识培训，如专题讲座、法律研讨会等，增强自身的法律素养，同时要具备深厚的教育背景和广泛的知识储备，以便从多个角度审视问题，准确判断风险性质。在日常管理工作中，严格按照法律法规和学校规章制度进行，确保管理行为的合法性和规范性。

（二）完善管理制度与风险应对机制

高校辅导员应参与制定或完善学生管理制度，确保制度的合法性和有效性；设立风险预警系统，及时发现和评估潜在的法律风险，评估风险的严重性和可能性，并制定相应的防范措施和应急预案，明确风险应对措施和责任人，确保在突发事件发生时能够迅速、有

效地应对。

（三）加强沟通与协作

高校辅导员不仅要定期与学生进行沟通交流，了解他们的思想动态和需求，还要加强与学生处、保卫处、心理咨询中心等相关部门的密切联系，共同应对学生管理中的风险，并在必要时，寻求专业法律支持，如法律咨询、法律援助等。

（四）加强培训演练，注重总结反思

高校应加强对高校辅导员的风险教育和培训，了解最新的法律研究成果和实践经验，提高全校师生的风险意识和防范能力。辅导员自身需定期对自己的管理工作进行反思和总结，发现不足并制定改进措施。还要具备强大的心理素质和应变能力，能够在压力下保持冷静和理智，确保学校的稳定和师生的安全。

通过这些策略的实施，辅导员可以更有效地应对学生管理中的风险和挑战，确保学生管理工作的稳健性和有效性。

第七节　高校辅导员成就驱动力提升策略

"成就驱动力"主要来源于其内心深处的职业热情、自我追求和对学生成长的深切关怀。这种驱动力是推动辅导员不断进取、追求卓越的重要力量。成就驱动力维度由指标构成。本节将从前期调研整理出的三级指标体系，即成就事业的渴望和决心、热情激情、竞争意识、乐观自信、标杆影响力、结果导向思维、自我价值实现

七个角度去分析高校辅导员成就驱动力的提升策略。

一、高校辅导员成就事业的渴望和决心的提升策略

"成就事业的渴望"是内心深处对卓越成就的向往和追求，决心是成就事业的关键因素，高校辅导员成就事业的渴望和决心相互促进，共同推动学校不断发展。渴望和决心不仅源于个人对成功的向往，更体现在对自我价值实现的追求上。渴望是内心深处对卓越成就的向往和追求，决心意味着在面对困难和挫折时，个人能够坚定信念、勇往直前。

（一）明确职业定位与目标

高校辅导员应全面认识自身职业的重要性与价值，理解辅导员角色在大学生成长过程中的不可替代性。通过参与职业培训、与资深辅导员交流等方式，深化对职业的理解与认同。结合个人兴趣、能力及高校发展需求，制定清晰、具体的职业目标。

（二）提升专业素养与能力

高校辅导员应积极参加各类培训、研讨会和学术交流活动，不断更新专业知识，提升业务能力；关注教育领域最新动态和研究成果，将其应用于实际工作中；学会将新媒体技术应用于大学生生涯规划、就业指导等工作中，创新工作方法，提高工作效率和效果。

（三）加强团队合作，营造积极氛围

高校辅导员应与同事建立良好的沟通和合作关系，共同分享工

作中的经验和心得，互相学习、互相支持；通过团队活动、交流会议等形式，增进彼此之间的了解和信任，提升团队凝聚力和归属感，以共同应对工作中的挑战和困难，营造积极向上、团结和谐的工作氛围。

（四）建立激励机制与反馈机制

学校应建立完善的高校辅导员激励机制，表彰和奖励表现优秀的辅导员，可以激发辅导员的工作积极性和创造力，不断提升辅导员的成就感和获得感；通过建立有效的学生反馈机制，及时了解学生对辅导员工作的评价和建议。这有助于辅导员及时调整工作方法和策略，更好地满足学生的需求。同时，通过学生的反馈，辅导员也能更加清晰地认识到自己的工作成果和价值。

（五）关注个人成长与职业发展

高校辅导员应结合自身优势、劣势和兴趣所在，制定切实可行的职业规划，明确职业发展的方向和目标；积极关注学校的职业发展路径和晋升机会，努力提升自己的专业素养和工作能力；通过参与课题研究、项目实践等方式，积累更多的工作经验和成果，为职业晋升做好准备。

以上策略的实施，可以激发辅导员成就事业的渴望和决心，对于提升工作效能、促进学生全面发展具有重要意义，将推动他们更好地履行工作职责，为学生的成长成才和学校发展做出更大的贡献。

二、高校辅导员热情激情能力的提升策略

"热情与激情"是推动学校发展的重要动力。热情是高校领导工作态度的体现：热爱自己的职业，对教育工作充满热情，始终保持着对新知识、新理念的追求和探索。激情是高校领导工作动力的源泉，对学校的发展充满信心和期待，对实现教育目标有着强烈的渴望和追求。高校辅导员要对职业充满热情与激情，对学校的发展充满信心和期待，对实现教育目标有着强烈的渴望和追求，同时还要用这份激情与热情感染和影响身边的人。

（一）强化内在动力

高校辅导员应树立明确的职业愿景，理解自身工作的重要性和价值，将个人发展与学生成长、学校发展紧密结合；设定合理的职业发展目标，包括短期和长期目标，以激发持续的工作热情和动力；同时要提升自我认知，深入了解自身优势和不足，扬长避短，不断完善自我，明确自己的工作风格和偏好，找到最适合自己的工作方式。

（二）加强团队建设，提升业务能力

高校辅导员团队应建立良好的沟通和协作机制，共同应对工作中的挑战和困难；通过团队建设活动，不断加强彼此之间的了解和信任，提升团队凝聚力和战斗力。同时，辅导员应熟练掌握学生管理、思想政治教育、学业指导等基本技能，提高工作效率，创新工作方法，提高工作效果。

（三）完善激励机制与反馈机制

学校应完善辅导员激励机制，包括物质激励和精神激励，表彰和奖励表现优秀的辅导员，激发他们的工作热情和积极性。同时，高校也应及时收集和处理学生的反馈意见和建议。通过反馈机制，辅导员可以了解自己的工作表现和不足，从而及时调整工作策略和方法。

（四）关注个人成长与职业发展

高校辅导员应结合个人兴趣、优势、能力及高校发展需求，设计清晰、具体、可行的职业规划。学校应为辅导员提供多样化的职业发展机会，鼓励辅导员参与科研项目、社会实践等活动，提升其综合素质和业务能力，让辅导员对工作保持持续的热情与激情。

以上策略的实施，可以激发辅导员的工作热情和创造力，对于增强工作效能、激发学生潜能以及构建积极向上的校园文化具有重要意义，使高校辅导员为学生的成长成才和学校的高质量发展做出更大的贡献。

三、高校辅导员竞争意识的提升策略

"竞争意识"是在日益激烈的竞争中，需要具备强烈的争先创优意识，以敏锐洞察外部环境的变化，优化内部管理，追求人才培养质量来应对各种挑战，推动学校不断前进。在学生工作中，高校辅导员的竞争意识的提升对促进学生全面发展、提高学校整体教育质量具有重要意义。在工作中，高校辅导员需要有积极的竞争意识，树立正确的竞争观念，注重团队协作和集体荣誉，共同推动学校的

发展。

（一）强化竞争意识教育

高校应开展专题培训，举办以"竞争意识与职业发展"为主题的辅导员培训，邀请行业专家、优秀辅导员分享经验，引导辅导员树立正确的竞争观念，理解竞争与合作的关系；通过分析辅导员工作中的成功案例和失败案例，让辅导员认识到竞争意识在职业发展中的重要性，学习如何在竞争中保持优势。

（二）提升专业能力，做好职业规划

高校应鼓励辅导员积极参与学术研究和项目申报，提升科研能力和学术水平，为在竞争中脱颖而出打下坚实的基础。同时，辅导员应不断更新自己的知识结构，掌握最新的教育理念和辅导技巧，通过参与学生活动、社会实践等方式，积累实践经验，以更好地适应学生需求和时代变化，提升解决实际问题的能力，增强在竞争中的优势。高校应为辅导员提供个性化的职业发展规划指导，帮助辅导员明确职业目标和发展路径，增强在职业竞争中的自信心和动力。

（三）完善竞争机制，加强团队协作

高校应设立辅导员工作创新奖、优秀辅导员奖等，对在工作中表现突出的辅导员进行表彰和奖励，激发辅导员的竞争意识和创新精神；搭建辅导员交流平台，如辅导员沙龙、工作坊等，促进辅导员之间的经验交流和资源共享，提升整体竞争力；同时注重加强辅导员团队建设，形成团结协作的工作氛围，共同应对工作中的挑战

和困难。

（四）优化考核与激励机制

高校应建立科学合理的辅导员考核体系，将竞争意识纳入考核指标，鼓励辅导员在工作中积极竞争、勇于创新；对在竞争中表现优秀的辅导员给予一定的物质和精神上的激励，如奖金、荣誉证书、晋升机会等，激发辅导员的竞争热情。

以上措施的实施，有助于激发辅导员的竞争意识和创新精神，而其竞争意识的提升对于推动学生工作创新、提高工作效能具有重要意义，将推动辅导员队伍的整体发展。

四、高校辅导员乐观自信能力的提升策略

"乐观自信"是一种重要的品质，是一种积极向上的心态，通常表现为面对困难和挑战时有积极的预期，并相信自己或团队有能力实现目标。乐观自信的心态有助于激发团队成员的积极性和创造力，营造积极向上的文化氛围。提升高校辅导员的乐观自信能力，对于促进学生健康成长、增强辅导员队伍的凝聚力和战斗力具有重要意义。

（一）自我认知与自我接纳

高校辅导员应学会自我认知和自我接纳，定期进行自我反思，了解自己的优点和不足，明确个人职业发展方向和目标。通过自我反思，辅导员可以更好地认识自己的性格特点和优势，从而增强自信心。学会接受自己的不完美，认识到每个人都有自己的优点和缺点。

通过接纳自我，辅导员可以减少自我否定的情绪，提高自我认同感。

（二）专业成长与技能提升

高校辅导员应不断更新自己的知识和技能，参加专业培训和学习交流活动，提高专业素养。通过持续学习，辅导员可以增强自己的职业竞争力，从而更加自信地面对工作挑战。同时积极参与学生工作实践，在实践中不断积累经验，通过实践锻炼提升自己的工作能力，以更加自信地应对各种工作场景。

（三）情绪管理与压力应对

高校辅导员要学会识别和管理自己的情绪，在面对困难和挑战时能够保持冷静、乐观、积极的心态，建立合理的压力应对机制，如寻求同事、朋友或专业人士的帮助和支持。通过有效的压力应对方式，辅导员可以更好地保持身心健康，从而更加自信地面对工作。

（四）建立正面反馈机制

高校辅导员要学会接受来自学生、同事和上级的正面反馈和表扬，认识到自己的努力和成就。通过正面反馈，辅导员可以更加自信地面对自己的工作成果和贡献。同时，高校辅导员要学会给予他人正面反馈和鼓励，营造积极向上的工作氛围。通过给予正面反馈，辅导员可以更加自信地展现自己的领导力和影响力。

通过实施这些策略，辅导员可以更加自信地面对困难和挑战，增强高校辅导员队伍的凝聚力和战斗力，促进学生的健康成长和辅导员队伍的整体发展。

五、高校辅导员标杆影响力的提升策略

"标杆影响力"主要体现在高校辅导员的示范和激励作用上。标杆影响力是一种强大的推动力量，能够激发人们的积极性和创造力，推动整个群体或组织的进步和发展。高校领导的标杆影响力是指领导通过自身的行为、品质、能力和成就，成为师生心中的楷模和榜样，进而对学校的发展产生积极的影响。提升高校辅导员的标杆影响力，是加强辅导员队伍建设、促进学校高质量发展的重要举措。

（一）提升思想政治素质，强化职业道德修养

高校辅导员应具备深厚的政治理论基础，有坚定的政治立场和敏锐的政治洞察力，不断学习提升自身的思想政治素质；还要树立良好的职业道德风范，以身作则，遵守职业道德规范，秉持公正、公平、公开的原则处理学生事务；同时要具备扎实的专业知识和较宽的知识面，能够为学生提供有效的学业指导和职业规划。

（二）加强宣传与表彰

高校应发掘和宣传辅导员队伍中的先进典型和优秀事迹，树立标杆和榜样；通过举办辅导员风采展示、经验交流会等活动，展示辅导员的工作成果和风采；加强对表现突出的辅导员的表彰和奖励，如设立优秀辅导员奖、辅导员工作创新奖等，激发辅导员的工作热情和积极性，提升他们的标杆影响力，提高辅导员的社会知名度和影响力。

通过实施这些策略，高校可以进一步加强辅导员队伍建设，使

他们真正起到引领和示范的作用，激发周围人向其看齐的动力。

六、高校辅导员结果导向思维能力的提升策略

"结果导向思维"是一种强调以最终结果为核心，通过明确目标、制订计划、优化流程等手段，推动任务完成和问题解决的工作思维方式。结果导向思维不仅要求个体或团队聚焦于最终目标的实现，还强调在这一过程中不断优化策略、整合资源、强化执行，以确保高效、高质量地达成既定目标。高校领导的结果导向思维有助于个人或团队提高工作效率，推动学校高质量发展。提升高校辅导员的结果导向思维能力，是推动高校治理体系和治理能力现代化的重要一环。

（一）构建结果导向的文化环境

高校应营造一种结果导向的组织文化，将结果导向思维作为核心价值观之一，贯穿于日常管理和决策中。高校应通过定期举办领导力研讨会、管理案例分析等活动，强调结果导向思维的重要性，鼓励辅导员在实践中运用这一思维方式。同时，高校领导层应以身作则，通过自身的决策和行为示范，展现结果导向思维的实践价值。

（二）明确目标与期望

高校应为辅导员设定清晰、可衡量的职业发展目标和绩效指标，确保其明白晋升中层干部后需要达到的结果。这些目标应与学校的长期发展规划相契合，涵盖教学、科研、学生服务等多个方面。通过定期的绩效评估，检查辅导员在结果导向思维方面的进步，并给

予相应的反馈和奖励，以激励他们持续提升。

（三）强化培训与指导

高校应提供针对性的培训和指导，帮助辅导员掌握结果导向思维的核心技能，如目标设定、计划制订、流程优化等。培训内容包括项目管理、数据分析、团队协作等。高校应通过案例研究、角色扮演等互动方式，加深辅导员对结果导向思维的理解和应用。同时，建立导师制度，让经验丰富的中层干部作为导师，为辅导员提供一对一的指导，加速其成长。

（四）实践机会与反馈机制

高校应提供实践机会，让辅导员在真实的工作环境中运用结果导向思维，如参与跨部门项目、主导学生活动或承担特定的管理职责。通过实践，辅导员可以学习如何在复杂多变的情境下，快速识别问题、制定解决方案并监控实施效果。同时，高校应建立有效的反馈机制，让辅导员及时了解自己的工作表现，特别是结果导向思维的应用情况，以便及时调整策略，持续改进。

（五）鼓励创新与持续改进

高校应鼓励辅导员在结果导向思维的基础上，勇于尝试新方法、新技术，以创新的方式解决问题，提升工作效率；设立创新基金或奖励机制，表彰那些在应用结果导向思维方面取得显著成效的辅导员。同时，高校应建立持续改进的文化，鼓励辅导员定期回顾自己的工作，识别存在的问题，制定改进措施，形成持续优化的良性循环。

（六）强化团队协作与沟通

结果导向思维不仅要求个体具备高效工作的能力，还强调团队协作与沟通的重要性。高校应建立跨部门的沟通平台，促进辅导员与其他部门之间的信息共享与协作，通过团队建设活动，增强辅导员之间的信任与默契，提升团队的整体效能，共同推动学校的高质量发展。

以上措施的实施，不仅能够有效提升辅导员的综合素质和管理能力，推动辅导员队伍向更加专业化、高效化方向发展，还能为学校的持续发展奠定坚实的基础。

七、高校辅导员自我价值实现能力的提升策略

"自我价值实现"是指个体通过不断努力和自我发展，实现自身潜能和价值的最大化，达到自我认同和满足的状态。高校领导通过自我认知、目标设定、努力行动和成就感等多个方面的努力，可以逐渐实现自身的潜能和价值，达到自我认同和满足的状态。提升高校辅导员自我价值实现能力，是高校人才队伍建设的重要一环，不仅关乎辅导员个人的职业成长与满足感，也直接影响到高校的整体管理效能与教育质量。

（一）强化自我认知与职业规划

首先，高校辅导员应深刻认识自己的优势、劣势、兴趣及价值观，这是自我价值实现的起点。通过参加职业性格测试、领导力评估等活动，辅导员可以更清晰地定位自己在职业发展中的位置。同时，高校辅导员应制定个人职业规划，明确短期与长期职业目标，特别

是针对晋升中层干部的具体路径，如提升管理、学术研究或社会服务等方面的能力，确保每一步都朝着既定目标迈进。

（二）持续学习与专业发展

在知识爆炸的时代，持续学习是保持竞争力的关键。辅导员应积极参与各类培训、研讨会、在线课程等，特别是领导力培养、团队管理、心理学、高等教育政策等方面的学习，以拓宽视野，提升专业素养。此外，高校应鼓励辅导员攻读更高学位或进行专业认证，不仅增强个人竞争力，也为晋升中层干部奠定坚实的学术基础。

（三）实践锻炼与经验积累

理论知识与实践相结合。高校应为辅导员提供多种多样的实践机会，如参与项目管理、组织大型活动、担任学生社团指导老师等。这些经历能够锻炼其组织协调能力、决策能力和应急处理能力。同时，高校应通过轮岗制度，让辅导员在不同岗位上积累经验，了解各部门运作机制，为未来晋升中层干部积累实战经验。

（四）建立导师制度与同行交流

高校应建立导师制度，为每位辅导员配备经验丰富的中层干部作为其职业导师，通过一对一指导，传授管理经验，解答职业发展困惑。同时，高校应搭建辅导员交流平台，定期举办经验分享会、案例分析会等，促进同行间的相互学习与支持，形成积极向上的职业氛围。

（五）建立有效的人际关系网络

良好的人际关系是职业发展的润滑剂。辅导员应主动与同事、上级、学生及校友建立积极的联系，通过参与团队活动、志愿服务、学术交流等方式，扩大人脉圈，增进相互理解与信任。有效的沟通与合作能力，特别是在跨部门协作中展现出的协调与整合能力，对于晋升至关重要。

（六）绩效反馈与激励机制

高校应建立科学合理的绩效评价体系，定期对辅导员的工作表现进行评估，及时反馈，明确改进方向。同时，高校应设计多元化的激励机制，如表彰优秀辅导员、提供职业发展基金、晋升机会等，让辅导员感受到努力的价值，增强其职业成就感与归属感。

（七）心理健康与自我关怀

在追求职业发展的同时，高校辅导员的心理健康同样重要。高校应提供心理健康服务，如开设心理咨询室、压力管理工作坊等，帮助辅导员有效管理情绪，保持积极心态。辅导员自身也应学会时间管理、情绪调节，保持工作与生活的平衡，确保在追求自我价值实现的过程中的身心健康。

上述策略的实施，不仅能够促进辅导员的个人成长，还能为高校培养一批高素质、专业化的中层管理队伍，推动高等教育事业的持续健康发展。

第八节　高校辅导员交际沟通力提升策略

"交际沟通力"是辅导员职业发展的重要能力之一，特别是在晋升中层干部的过程中，良好的交际沟通力显得尤为重要。本节将从前期调研整理出的三级指标体系，即会尊重、会包容、会赞美、会拒绝、人际交往能力、沟通表达能力、自律自控能力、处理好上下级关系八个角度具体分析高校辅导员交际沟通力的提升策略。

一、高校辅导员尊重能力的提升策略

"会尊重"能够促进建立良好的人际关系。任何人都不可能尽善尽美，重视他人的感受、观点和需求，并愿意给予理解和支持。在高校环境中，辅导员若能在日常工作中展现出高超的尊重能力，不仅能有效增进师生间的信任与理解，还能为自身的职业发展铺设坚实的基石。以下将从擅长发现并认可他人的优点与长处，对人礼貌并保持真诚、友善的态度，学会倾听并尊重他人的劳动和付出，以及提高对他人的重视程度等方面，探索提升高校辅导员尊重能力的路径。

（一）培养欣赏与接纳的心态

每个人都是独一无二的个体，拥有各自的优势与不足。高校辅导员应当学会以开放的心态去欣赏团队成员的多样性，无论是学术上的佼佼者，还是行政管理方面的特长生，甚至是那些在学业上暂时遇到困难的学生。通过积极发现并表扬团队成员的闪光点，可以激发他们的自信心，促进其全面发展。同时，对于同事的不同意见和工作方式，也应持包容态度，相信多样性能带来创新与活力。

（二）保持礼貌与真诚的态度

礼貌是尊重的外在表现，而真诚则是其内核。辅导员在与学生、同事乃至上级交流时，应保持谦逊有礼，用词恰当，避免使用冒犯性或贬低性的语言；真诚地表达自己的想法与感受，同时也耐心倾听对方的意见。这样的互动能够建立起基于相互理解的信任关系。在处理问题时，高校辅导员更要展现出同理心，让他人感受到被尊重与重视。

（三）学会倾听与尊重劳动成果

有效的沟通往往始于倾听。辅导员应鼓励团队成员表达自己的观点、困惑和需求，认真倾听他们的声音。这不仅是对他人的尊重，也是获取第一手信息、精准施策的前提。同时，对于学生、团队成员的劳动成果，无论大小，高校辅导员都应给予充分的认可与肯定。一句简单的"做得好"或"辛苦了"，都能极大地提升对方的成就感与归属感。

（四）提高对他人的重视程度

尊重不仅仅体现在言语和行为上，更在于内心的态度。辅导员需时刻提醒自己，每个人都是值得尊重的独立个体，他们的想法、感受和需求同样重要。在日常工作中，高校辅导员可以通过定期组织师生交流会、开展团队建设活动等方式，增进相互了解，营造一个尊重、包容、支持的工作环境。此外，高校辅导员还可以通过设置反馈机制，鼓励学生和团队成员提出意见和建议，真正做到"以人为本"，让每个人都感受到自己的价值和被尊重。

以上策略的实施，不仅有助于构建更加和谐、高效的校园生态系统，更是对辅导员个人职业素养的一次全面升华，为培养更多具有社会责任感、创新精神和实践能力的高素质人才奠定了坚实的基础。

二、高校辅导员包容能力的提升策略

"会包容"是一种积极、开放和宽容的态度，表现为对他人的不同观点、行为和生活方式的接纳和理解。"会包容"是一种重要的领导素质，体现了领导者在处理人际关系、推动团队合作以及促进学校发展方面的智慧和胸怀。高校辅导员作为高校管理的中坚力量，应时刻保持开放、宽容的心态，积极营造包容的校园文化氛围，为学校的发展贡献更多的智慧和力量。

（一）深化自我认知，培养开放心态

高校辅导员应不断深化自我认知，认识到每个人都有自己的独特性，包括思想、情感和行为方式。通过参加心理学、领导力发展等培训，学会以更加开放和接纳的心态去理解和尊重他人的差异。这种自我觉醒是形成包容性领导力的基础，能够帮助辅导员在晋升后，面对多元化的团队成员时，保持冷静与理性，避免偏见和刻板印象的影响。

（二）强化沟通技巧，促进有效对话

包容的前提是有效的沟通。高校辅导员应提升倾听、表达和反

馈的能力，学会在尊重的基础上，与他人进行深度对话。这包括积极倾听他人的意见和建议，即使这些观点可能与自己不同；清晰、准确地表达自己的立场和想法，同时保持谦逊和开放的态度；给予及时、具体的反馈，鼓励团队成员之间的正向交流。运用这些沟通技巧，高校辅导员可以营造更加信任和开放的团队氛围，为包容性领导力的发挥创造条件。

（三）推动多元化，增强团队凝聚力

包容的核心在于促进团队的多元化和包容性。高校辅导员应主动倡导并实践多元化的团队构成，包括性别、年龄、文化背景、专业背景等方面的多样性；通过组织跨学科的研讨会、文化交流活动、团队建设等，增进团队成员之间的理解和尊重，打破隔阂，促进创新思维的碰撞；同时，建立公平、透明的评价体系，确保每位成员都能在团队中找到自己的价值和归属感，从而增强团队的凝聚力和向心力。

（四）鼓励创新，培养容错文化

包容还体现在对创新的鼓励和对失败的宽容上。高校应通过组织多元文化活动、开展包容性教育培训等方式，营造开放包容的校园文化氛围，让师生在相互尊重、理解中共同成长。高校辅导员应成为创新的推动者，鼓励团队成员勇于尝试新事物，即使面临失败也不应畏惧；营造一种"从失败中学习，从错误中成长"的文化氛围，让团队成员明白，每一次尝试都是向成功迈进的一步；通过设立创新基金、开展创新项目竞赛等方式，为团队成员提供试错的空间和

资源，激发其创新潜能。

（五）持续反思，不断优化领导实践

包容的提升是一个持续的过程。高校辅导员应定期进行自我反思，评估自己在包容性领导方面的表现，识别存在的问题和不足，并寻求改进的方法。高校辅导员可以通过参与领导力发展项目、同行交流、接受导师指导等方式，不断学习和吸收新的领导理念和方法，使自己的包容性领导力不断提升和完善。

总之，提升高校辅导员的包容能力，不仅是对个人领导素质的提升，更是对高等教育机构整体文化氛围和长远发展的积极贡献。通过以上策略的实施，高校辅导员可以逐步成长为具有高度包容性的中层领导者，引领学校向着更加和谐、创新、卓越的方向发展。

三、高校辅导员赞美能力的提升策略

"会赞美"是一种重要的领导艺术。真诚的赞美不仅能够激发师生的积极性和创造力，还能够增强团队的凝聚力和向心力。高校辅导员掌握并有效运用赞美的艺术，不仅能够提升个人领导效能，还能在团队中营造积极向上的氛围，促进成员间的相互理解和支持。

（一）培养赞美意识，树立正确观念

高校应重视辅导员赞美意识的培养，通过培训、讲座等形式，帮助辅导员认识到赞美的价值和意义。赞美不仅是对他人努力的认可，更是建立良好人际关系、增强团队凝聚力的有效手段。辅导员

应树立"赞美是管理的一部分"的观念，将赞美融入日常工作中，成为与师生沟通的一种习惯。

（二）学习赞美技巧，提升表达能力

高校应为辅导员提供赞美技巧的培训，包括如何发现他人的优点、如何选择合适的赞美语言、如何把握赞美的时机等。辅导员应学会真诚、具体、适时地表达赞美，避免空洞、敷衍的言辞；通过具体的赞美，让被赞美者感受到被重视和尊重，从而激发其内在的积极性和创造力。

（三）实施个性化赞美，关注个体差异

每个人的性格、兴趣、需求都不同，因此赞美也应具有个性化。高校应鼓励辅导员在赞美时关注被赞美者的个体差异，根据其性格特点和实际需求，选择合适的赞美方式和内容。个性化的赞美能够更准确地触动被赞美者的内心，增强其归属感和自我价值感。

（四）平衡赞美与反馈，促进全面发展

赞美是正面反馈的一种，但仅有赞美是不够的。高校应引导辅导员在赞美时，适时地给予建设性的反馈，帮助被赞美者认识到自己的不足，明确改进的方向。赞美与反馈的结合，能够促进被赞美者的全面发展，同时增强团队的整体实力。

（五）营造赞美文化，形成良好氛围

高校应努力营造一种赞美文化，让赞美成为校园中的常态。高

校可通过定期举办赞美分享会、设立赞美墙等方式，鼓励师生之间相互赞美，形成积极向上的校园氛围。这种氛围不仅能够提升师生的幸福感和满意度，还能够促进学校的整体发展。

（六）持续自我反思，提升赞美艺术

赞美能力的提升是一个持续的过程。高校应鼓励辅导员在日常工作中不断反思自己的赞美实践，总结经验教训，不断提升赞美艺术。同时，辅导员也应主动寻求他人的反馈和建议，以便更好地了解自己的赞美效果，不断丰富自己的赞美技巧。

提升高校辅导员的赞美能力，需要高校和辅导员双方的共同努力。通过以上策略的实施，辅导员可以逐步掌握并有效运用赞美艺术，为构建高效和谐的校园文化、激发师生潜能、增强团队凝聚力做出积极贡献。

四、高校辅导员拒绝能力的提升策略

"会拒绝"是一种重要的社交技巧，需要我们明确自己的立场和界限，以尊重和理解的态度进行沟通，并提供合理的解释和替代方案。通过有效拒绝，我们能够保护自己的权益和边界，同时维护健康的人际关系。"会拒绝"是高校领导者一种重要的领导技能，它有助于高校辅导员在面对不合理请求、超出能力范围的任务或不符合学校发展目标的建议时，能够坚定而恰当地表达自己的立场。高校辅导员的拒绝能力不仅关乎个人职业发展，更直接影响到学校的整体氛围和效率。

（一）明确拒绝的重要性

高校应明确向辅导员传达拒绝的重要性。拒绝并非冷漠或逃避，而是一种必要的自我保护和管理策略。通过拒绝不合理的请求或超出能力范围的任务，辅导员能够确保自己有足够的时间和精力专注于核心工作，如学生辅导、心理健康教育、科研能立提升等，从而提升工作效率和质量。同时，拒绝也是维护个人职业边界和尊严的重要手段，有助于构建健康、平等的工作关系。

（二）培养拒绝技巧

高校应为辅导员提供拒绝技巧的培训。有效的拒绝需要明确、坚定且尊重的沟通方式。辅导员应学会使用"我"开头的陈述，如"我感到这个请求超出了我的能力范围"或"我需要更多的时间来考虑这个建议"，以表达自己的立场和感受。此外，辅导员还应学会提供合理的解释和替代方案，以减轻拒绝带来的负面影响。例如，在拒绝一个超出能力范围的任务时，高校辅导员可以推荐其他更适合的人选或建议将任务分解为更小的部分，以便逐步完成。

（三）建立支持系统

高校应建立一个支持辅导员培养拒绝能力的系统。这包括提供心理咨询、职业规划等服务，帮助辅导员更好地应对拒绝过程中的心理压力和困惑。同时，学校应鼓励辅导员之间的互相支持和交流，通过分享经验、互相学习，提升整体的拒绝能力。此外，学校还应建立明确的拒绝机制，如设立专门的请求处理流程，确保辅导员在面对不合理请求时有据可依，减少不必要的冲突和误解。

（四）持续自我提升

高校辅导员应持续自我提升，不断完善自己的拒绝能力。这包括定期反思自己的拒绝实践，总结经验教训，以便在未来的拒绝中更加自信和有效。同时，辅导员应积极参与培训、研讨会等活动，学习最新的拒绝技巧和管理理念，以应对不断变化的工作环境。此外，辅导员还应培养自己的情绪管理能力，学会在面对拒绝时进行情绪调节，保持冷静和理性，避免做出情绪化的决定。

提升高校辅导员的拒绝能力，需要高校、辅导员的共同努力。通过以上策略的实施，辅导员可以逐步提升自己的拒绝能力，在新的领导岗位上更加自信、从容地应对各种挑战，为个人的职业发展奠定了坚实的基础，也为学校的发展和学生的成长贡献了更多的力量。

五、高校辅导员人际交往能力的提升策略

"人际交往能力"是指个体在与他人交往过程中，能够有效地理解、沟通、合作和处理人际关系的能力。人际交往能力在学校管理和领导工作中具有至关重要的作用，良好的人际交往能力有助于领导与师生建立和谐的关系，推动学校各项工作的顺利进行。以下从培训与教育、实践锻炼、建立反馈机制、强化同理心培养以及营造良好校园文化五个方面，详细探讨如何提升辅导员的人际交往能力。

（一）培训与教育

高校应为辅导员提供系统的人际交往能力培训，涵盖沟通技巧、

冲突解决、团队协作等内容。通过邀请专家讲座、组织工作坊、开展角色扮演等活动，帮助辅导员掌握有效的人际交往技巧，如积极倾听、清晰表达、有效反馈等。同时，提供心理学、社会学等相关课程的培训，增强辅导员对人性、社会关系的理解，拓展其人际交往的深度和广度。

（二）实践锻炼

实践是提升人际交往能力的最佳途径。高校应鼓励辅导员积极参与学校各类活动，如学生社团指导、教职工团队建设等，通过实际操作锻炼其人际交往能力；同时，为辅导员提供跨部门、跨领域的合作机会，让他们在与不同背景、不同角色的同事合作中，学会适应、协调与整合，提升跨领域人际交往的能力。

（三）建立反馈机制

高校应建立有效的反馈机制，让辅导员能够及时了解自己在人际交往中的表现，从而进行有针对性的改进。高校可以定期组织师生对辅导员的人际交往能力进行评价，收集意见和建议。同时，高校应鼓励辅导员之间互相评价，通过同伴反馈促进自我认知和自我提升。此外，高校应设立专门的人际交往能力提升辅导项目，为辅导员提供个性化的指导和支持。

（四）强化同理心培养

同理心是人际交往中的关键要素，能够帮助辅导员更好地理解他人的感受和需求，从而建立更加和谐的人际关系。高校应重视辅导员同理心的培养，通过案例分享、角色扮演等方式，让辅导员学会站在他人的角度思考问题，增强对他人的理解和尊重。同时，高校应鼓励辅导员参与志愿服务、社会实践等活动，通过亲身体验增进对社会的了解和同理心。

（五）营造良好的校园文化

良好的校园文化是提升辅导员人际交往能力的外部环境。高校应倡导开放、包容、尊重的校园文化，鼓励师生之间的交流与互动，为辅导员提供更多的人际交往机会。同时，高校应建立公正、透明的评价体系，让辅导员在公平竞争的环境中成长，增强其人际交往的积极性和自信心。此外，高校可通过举办校园文化节、学术讲座等活动，增进师生之间的了解和信任，为辅导员的人际交往能力提供有力的支持。

通过这些措施的实施，辅导员的人际交往能力将得到显著提升，为学校的发展和师生的成长贡献更多的力量。同时，这也将为辅导员个人的职业发展奠定坚实的基础，为其在新的领导岗位上发挥更大的作用提供有力保障。

六、高校辅导员沟通表达能力的提升策略

"沟通表达能力"是个体在人际交往中能够有效地传递信息、表达思想并理解他人意图的能力。沟通表达能力是高校辅导员领导素质中的关键一环，对于学校的日常运营、团队协作以及师生关系的维护都具有至关重要的作用。下面从强化语言表达训练、提升书面沟通技巧、注重倾听与反馈、实践锻炼以及培养跨文化交流能力

五个方面，详细探讨如何提升高校辅导员的沟通表达能力。

（一）强化语言表达训练

语言表达是沟通的核心。高校应为辅导员提供系统的语言表达训练，包括语音语调、语速控制、词汇选择、句子结构等方面的训练；通过组织演讲比赛、模拟会议等活动，让辅导员在实践中锻炼口头表达能力，提升其语言的流畅性、准确性和感染力；同时，鼓励辅导员参与辩论、演讲等社团或俱乐部，通过持续的练习和反馈，不断提升其语言表达能力。

（二）提升书面沟通技巧

书面表达是沟通的另一种重要形式。辅导员应掌握撰写清晰、准确、有说服力的书面材料的能力。高校可以通过开设写作课程、建立写作工作坊等方式，教授辅导员如何撰写报告、计划、邮件等不同类型的书面材料。同时，高校应鼓励辅导员多读、多写，通过模仿优秀范文、参与写作比赛等方式，不断提升其书面表达能力。

（三）注重倾听与反馈

有效的沟通不仅仅是单向的信息传递，更重要的是双向的交流和理解。辅导员应学会倾听，理解他人的需求和感受，从而做出恰当的回应。高校可以组织倾听技巧的培训，教授辅导员如何运用非言语沟通（如眼神交流、肢体语言）来增强倾听的效果。同时，高校应建立反馈机制，鼓励辅导员在沟通中给予及时、具体、建设性的反馈，以促进双方的共同发展。

（四）实践锻炼

实践是提升沟通表达能力的最佳途径。高校应为辅导员提供多样化的实践机会，如参与跨部门项目、组织师生座谈会、主持学术会议等，让辅导员在不同的社交场景中锻炼其沟通表达能力。通过实践，辅导员可以更加熟悉不同沟通情境下的语言技巧，学会灵活运用，以应对各种复杂的沟通挑战。

（五）培养跨文化交流能力

在全球化背景下，跨文化交流能力成为高校辅导员必备的一项技能。高校应鼓励辅导员学习外语，了解不同文化背景下的沟通习惯和礼仪，提升其跨文化沟通能力。通过参与国际交流活动、国际会议等方式，辅导员有机会与不同文化背景的人交流，拓宽国际视野，提升跨文化交流的敏感性和适应性。

以上策略的实施，为辅导员提供了全方位的支持和保障，有助于辅导员更好地履行领导职责，推动学校的持续发展和师生关系的和谐稳定。

七、高校辅导员自律自控能力的提升策略

"自律自控能力"是指个体能够自我约束、管理和控制自己的行为、情绪和思想的能力。自律自控能力是高校辅导员领导素质中不可或缺的一部分，对于维护学校秩序、推动学校发展以及树立良好的领导形象具有至关重要的作用。提升高校辅导员晋升中层干部的自律自控能力，是确保其在新岗位上能够有效管理自我、引领团队、推动学校发展的关键要素。自律自控能力不仅关乎个人修养，更直

接影响到团队氛围、工作效率以及学校文化的塑造。

（一）自我管理能力的提升

高校要教授辅导员使用时间管理工具和方法，如四象限法则、番茄工作法等，帮助他们合理规划时间，确保重要事务得到优先处理，同时留出时间进行自我提升和休息；引导辅导员设定清晰、可衡量的短期和长期职业目标，如使用SMART分析法［明确性（Specific）、可衡量性（Measurable）、可达成性（Attainable）、相关性（Relevant）、时限性（Time-based）］设定目标，确保目标既具有挑战性又可实现，并通过定期回顾和评估目标达成情况，调整策略，保持前进的动力；倡导健康饮食、规律作息和适量运动，帮助辅导员建立良好的生活习惯，增强身体素质，为高效工作提供坚实的身体基础。

（二）情绪调节能力的培养

高校应通过提供情绪管理培训，帮助辅导员学会识别自己的情绪，理解情绪背后的原因，并学会以适当的方式表达情绪，避免情绪压抑或过度发泄；教授辅导员应对压力的策略，如深呼吸、冥想、正念训练等，帮助他们有效缓解工作压力，保持心态平和；鼓励辅导员培养乐观、积极的心态，面对挑战时保持冷静和理性，从失败中汲取教训，不断自我激励，保持前进的动力。

（三）决策制定能力的提升

高校要通过案例分析、逻辑推理训练等，提升辅导员的批判性思维能力，帮助他们学会从多个角度分析问题，做出更加全面、理性的决策；教授辅导员如何评估决策可能带来的风险和收益，学会在不确定的环境中做出最佳决策，同时，鼓励他们勇于承担责任，对决策结果负责；强调团队协作在决策过程中的重要性，鼓励辅导员学会倾听团队成员的意见，通过有效沟通达成共识，共同制定决策。

（四）综合提升策略

高校要鼓励辅导员保持终身学习的态度，通过开展阅读、在线课程、研讨会等方式，不断吸收新知识、新技能，提升个人综合素质；邀请具有优秀自律自控能力的领导或专家进行分享，让辅导员从他们的经历中汲取灵感和经验，激发自我提升的动力；建立定期的自我评估和反馈机制，让辅导员能够及时了解自己的进步和不足，调整提升策略，确保自律自控能力的持续提升。

通过这些措施的实施，辅导员的自律自控能力将得到显著提升，为其在新的领导岗位上更好地发挥作用奠定坚实的基础。同时，这也将促进学校的整体发展，提升团队凝聚力，树立良好的领导形象。

八、高校辅导员处理好上下级关系能力的提升策略

高校辅导员处理好上下级关系需要建立在信任、尊重、明确职责、倾听关心、公平公正和鼓励参与的基础上。在高校这一知识密集、人才辈出的环境中，辅导员作为连接学生与学校管理层的重要桥梁，其角色至关重要。辅导员晋升为中层干部，不仅意味着职责范围的扩大，更要求其在处理上下级关系上展现出更高超的智慧与艺术，以促进学校的和谐发展与高效运作。

（一）强化培训与指导

高校应为辅导员提供系统的培训与指导，其内容涵盖领导力发展、沟通技巧、冲突解决、团队建设等多个方面；通过案例分析、角色扮演、小组讨论等互动方式，帮助辅导员深入理解上下级关系的复杂性，掌握有效的处理策略；同时，邀请经验丰富的中层干部分享经验，为辅导员提供实践指导，加快其学习进度。

（二）建立导师制度

高校应实施导师制度，为辅导员配备经验丰富的导师，进行一对一的指导。导师不仅可以在实际工作中提供具体建议，还能在心理层面给予支持，帮助高校辅导员快速融入新角色，建立自信。通过定期的交流与反馈，导师可以及时发现辅导员在处理上下级关系中的不足，并提供针对性的改进建议。

（三）明确职责与期望

高校应明确辅导员的岗位职责与绩效期望，确保他们对自己的角色定位有清晰的认识；通过制定详细的岗位职责说明书，明确工作范围、职责权限、关键绩效指标等，为辅导员提供明确的工作导向。

（四）强化沟通与反馈机制

高校要建立有效的沟通与反馈机制，鼓励辅导员与上级和下级保持开放、透明的沟通。通过定期的工作汇报、团队会议、一对一交流等方式，确保信息的及时传递与反馈；同时，建立匿名意见箱、在线调查等渠道，收集师生对辅导员的反馈，帮助他们及时发现并改进工作中的不足。

（五）培养团队协作精神

高校要鼓励辅导员积极参与团队建设活动，培养团队协作精神。高校可通过组织团队建设游戏、跨部门合作项目等方式，增进团队成员之间的了解与信任，提升团队凝聚力；同时，倡导开放、包容的组织文化，鼓励团队成员之间的互补与合作，共同应对挑战，实现团队目标。

（六）注重个人成长与职业规划

高校应关注辅导员的个人成长与职业规划，为他们提供必要的职业发展资源与支持。高校可通过参加行业会议、进修课程、领导力培训等方式，帮助他们拓宽视野，提升其专业素养与领导力；同时，根据他们的职业兴趣与发展潜力，制定个性化的职业规划路径，激励他们不断追求卓越。

（七）建立激励机制与评价体系

高校要建立公平、公正的激励机制与评价体系，对辅导员的工作表现进行定期评估与反馈。高校可通过采取设立绩效奖励、提供晋升机会等激励措施，激发他们的工作热情与创造力；同时，对表现优秀的辅导员进行表彰与宣传，树立模范，营造积极向上的工作环境和氛围。

以上策略的实施，可以有效提升辅导员处理上下级关系的能力，为学校的和谐发展与高效运作贡献力量。

第九节　高校辅导员合作力提升策略

在高等教育体系中，高校辅导员作为学生工作的重要力量，其合作能力不仅影响着学生工作的质量和效率，还直接关系到辅导员自身的全面发展与校园文化的建设。因此，提升高校辅导员的合作能力是一项至关重要的任务。本节将从前期调研整理出的三级指标体系，即会激励、会授权、稳重踏实、团队合作精神、组织协调能力、有效服务能力、应急处突能力、学习科研能力八个角度深入探讨高校辅导员的合作能力提升策略。

一、高校辅导员激励能力的提升策略

"会激励"是一种重要的管理和领导技能，它涉及通过适当的方式和手段来激发个体或团队的积极性和创造力，以达到更好的工作效果和目标实现。随着职业生涯的发展，许多优秀的辅导员有望晋升为中层干部，承担更多的管理与领导职责。在这一过程中，激励能力显得尤为重要，它不仅是个人领导力的重要组成部分，也是推动团队进步、实现组织目标的关键。高校需要懂得从榜样激励、情感激励、物质与精神奖励、考核评价机制以及职业发展机会等多个方面入手，激励团队成员，激发他们的积极性和创造力，以推动学校的整体发展。

（一）榜样激励

榜样是无声的力量。高校应善于发现优秀的辅导员，通过表彰、宣传等方式树立正面典型，激发辅导员的向上动力。同时，辅导员应注重自身形象建设，以良好的仪表、得体的言谈举止和积极向上的精神状态赢得他人的尊重和喜爱，不断提升自己的专业素养和综合能力水平，以渊博的知识、独特的见解和丰富的经验赢得他人的敬佩和信赖，使自己成为团队的榜样，通过实际行动为团队树立标杆。

（二）情感激励

情感是人际关系的纽带。情感激励是基于人际关系的一种激励方式。辅导员应关注团队成员的情感需求，通过倾听、关心、理解等方式建立信任与尊重的关系。当团队成员感受到来自领导的关怀和支持时，他们会更加积极地投入工作，为团队贡献自己的力量，这种情感上的共鸣和连接，能够极大地增强团队成员的归属感和动力。

（三）物质与精神奖励

物质奖励和精神奖励是激励的两种基本形式。物质奖励可以满足团队成员的基本需求，而精神奖励则可以激发他们的内在动力，提升归属感和荣誉感。高校应根据辅导员的实际需求和贡献情况，合理设计奖励方案，给足辅导员物质奖励，提升其归属感和自豪感，实现物质与精神奖励的平衡与互补，实现最佳激励效果。

（四）考核评价机制

考核评价机制是激励的重要保障。高校应鼓励辅导员参与制定和完善考核评价体系，充分听取其意见和建议，让辅导员了解考核评价的目的和意义，增强其参与考核评价和的积极性和主动性。高校可通过定期考核和反馈机制，让辅导员明确自己的工作表现和不足之处，从而激发他们的改进动力和进取心。

（五）职业发展机会

职业发展机会是激励高层次人才的重要手段。高校应关注辅导员的职业发展规划，为他们提供必要的支持和帮助。高校可通过组织培训、提供实践机会、搭建交流平台等方式，提供更多的辅导员发展岗位，帮助辅导员加强岗位锻炼，提升辅导员专业技能和综合素质，为他们的职业发展铺平道路。

提升高校辅导员的"会激励"能力是一项系统工程，需要辅导员通过不断深化对激励理论的理解、灵活运用多元化激励手段，逐步提升自己的激励能力，为学校的整体发展贡献更大的力量。同时，这一过程也是辅导员个人成长和职业发展的重要契机，有助于他们在职业生涯中取得更加辉煌的成就。

二、高校辅导员授权能力的提升策略

"会授权"是指领导者将部分职权委托给下属，以发挥其领导作用的过程。领导通过授权可以更好地挖掘下属的潜力，提高团队的整体效能。授权通常包括授权、指导、监督和评估等环节。在高校这一复杂而多元的教育生态系统中，辅导员不仅是学生成长道路上的引路人，更是高校管理体系中不可或缺的一环。随着职业生涯的发展，部分辅导员会晋升为中层干部，承担起更多和更重要的管理职责。这一转变不仅要求他们具备更高的专业素养和管理能力，还特别强调了授权能力的重要性。

（一）明确授权意识与原则

高校辅导员要树立授权观念。辅导员应认识到授权是管理的重要工具，能够激发团队成员的积极性和创造力，提高工作效率；明确授权并非简单的权力下放，而是基于信任和责任的合理分配。高校辅导员要遵循授权原则。高校辅导员应根据工作任务和团队成员的能力进行合理分配；确保被授权者清楚自己的职责和权力范围；在授权过程中保持适度的监督和控制，确保工作进展符合预期。

（二）向高人学习

"与凤凰同飞，必是俊鸟；与虎狼同行，必是猛兽；与智者同行，会不同凡响；与高人为伍，能登上巅峰；鸟随鸾凤飞腾远，人半贤良品自高。"[1]辅导员应寻找经验丰富的导师或领导，向他们请教授权的方法和技巧，通过他们的指导和建议，不断完善自己的授权策略。

高校应为辅导员提供相关的培训课程或研讨会，鼓励引导辅导员积极参加，学习先进的授权理念和方法。同时，辅导员自身可以利用网络资源或书籍进行自学，不断提升自己的授权能力。高校辅导员也可借鉴高人经验，关注其他成功领导者的授权实践，了解他们是如何授权、如何管理团队的，为自己的授权工作提供有益的参考。

（三）适度控制

高校辅导员要适度授权。在授权时，辅导员要把握好授权的度，既要避免过度集权导致工作效率低下，也要防止过度放权导致管理

---

[1] 出自《荀子·春秋》。

失控，应根据下属的能力和任务的重要性，合理分配权力。高校辅导员要定期评估。高校辅导员应定期对授权工作进行评估，了解下属的工作进展和成果，根据评估结果，及时调整授权策略，确保授权工作符合预期。高校辅导员要保持灵活性。高校辅导员应在授权过程中，根据团队的工作情况和下属的能力变化，适时调整授权的范围和程度，同时关注下属的反馈和意见，不断改进授权工作。

提升高校辅导员的授权能力是一个复杂而长期的过程。以上策略的实施，可逐步提升辅导员的授权能力，为高校管理体系的优化和辅导员领导力的提升做出更大的贡献。

三、高校辅导员稳重踏实能力的提升策略

"稳重踏实"是一种极其重要的个人品质，它表现为在面对各种情境时能够保持冷静、沉着，不轻易被外界动摇，同时做事脚踏实地，注重实效，不浮躁、不浮夸。高校辅导员晋升为高校中层干部后，面临着新的职责和挑战。稳重踏实不仅是个人品质的体现，更是高校中层干部在复杂多变的教育环境中保持定力、引领团队前行的关键。这包括设定合理的工作程序、提升个人气质以及加强领导的监督等方面。

（一）设定合理的工作程序

高校辅导员需要明确自己的职责和目标。这包括了解所在部门的工作职责、熟悉工作流程、掌握相关政策法规等。只有对职责和目标有清晰的认识，才能制定出合理的工作计划，确保工作的有序进行。根据职责和目标，辅导员应制订详细的工作计划。工作计划

应包括短期目标和长期规划，明确每个阶段的工作任务、时间节点和责任人。同时，工作计划应具有可操作性和灵活性，根据实际情况调整和优化。工作过程中，辅导员应定期对工作进行总结与反思。通过回顾工作进展、分析工作成效、总结经验教训等方式，不断完善工作程序，提高工作效率。同时，辅导员还应关注团队成员的成长和发展，为他们提供必要的支持和帮助。

（二）提升个人气质

高校辅导员要培养沉稳内敛的性格。辅导员在面对工作压力和挑战时，应保持冷静和理智，不轻易被情绪左右；通过培养自己的耐心、毅力和自律性能力辅导员可以更好地应对各种复杂情况，树立稳重踏实的形象。高校辅导员要注重仪表与言谈举止。辅导员应注重自己的着装打扮和言谈举止。保持整洁、得体、大方的形象；在与他人交往时，礼貌待人、诚实守信，展现出良好的职业素养和道德品质。高校辅导员要增强自信心，辅导员应增强自己的自信心，相信自己的能力和价值，勇于承担责任和挑战。高校辅导员要持续学习与提升自我。辅导员应持续学习新知识、新技能和新方法，不断更新自己的知识结构和提升技能水平；通过参加培训课程、参加学术研讨会、阅读专业书籍等方式，不断提升自己的专业素养和综合能力。高校辅导员要培养积极的心态。辅导员在面对困难和挑战时，应保持冷静和乐观。

（三）加强领导的监督

高校应建立完善的监督机制，确保团队工作的有序进行。这包括设定明确的工作标准、流程和考核体系，以及定期对工作进度和质量进行检查。严格的监督可促使团队成员保持高度的责任心和敬业精神，确保工作的高质量完成。高校应注重过程监督与结果考核相结合。在关注工作成果的同时，高校也要对工作过程进行细致的观察和评估，以便及时发现潜在的问题和风险，并采取有效的防控措施。高校领导应加强与辅导员的沟通和反馈。高校应通过定期的会议、个别访谈等方式，了解辅导员的工作情况和需求，及时给予指导和支持；同时，鼓励团队成员之间互相监督和反馈，共同营造积极向上的工作氛围。

稳重踏实能力的提升不仅关乎辅导员个人职业发展，更直接影响到高校的工作氛围与效率。通过上述策略的实施，辅导员能够逐步构建起更加稳健的工作风格与踏实的处世态度。高校辅导员应以此为契机，不断自我反省与提升，将稳重踏实内化于心、外化于行，成为高校的中流砥柱，为学生的成长成才、学校的持续发展贡献自己的力量。

四、高校辅导员团队合作精神的提升策略

"团队合作精神"是推动学校发展的重要力量。团队合作是团队成员之间相互信任、相互支持，并协同工作，以达成共同的目标。随着教育改革的深入和高校管理的精细化，辅导员的工作内容愈加复杂，对团队合作和协调能力的要求也越来越高。尤其是在辅导员晋升中层干部的过程中，团队合作精神成为其胜任更高职位的重要衡量标准。

（一）明确团队目标，强化共同愿景

高校辅导员要确立清晰目标。辅导员应深入了解中层干部的职责范围，与上级领导和团队成员共同制定明确、可衡量的工作目标。这些目标应既符合学校整体发展战略，又贴近团队实际，确保团队成员对目标有清晰的认识和共同的期待，构建共同愿景。

（二）提升沟通能力，促进信息流通

高校辅导员要加强有效沟通。辅导员应学会倾听团队成员的意见和建议，及时给予反馈，建立开放、透明的沟通渠道；通过定期会议、非正式交流等方式，确保信息在团队内部顺畅流通，减少误解和冲突；培养沟通技巧，参加沟通技巧培训，学习如何更有效地表达自己的观点，如何理解和尊重他人的意见，以及如何在冲突中保持冷静、寻求共识。

（三）培养协作精神，强化团队意识

高校辅导员要参与团队项目。高校应鼓励辅导员积极参与团队项目，通过实践锻炼协作能力。在项目过程中，高校辅导员要学会分工合作，发挥各自优势，共同解决问题，体验团队合作带来的成就感；在团队内部建立互助机制，鼓励成员之间互相学习、互相帮助；通过经验分享、技能培训等方式，提升团队整体能力，增强团队凝聚力。

（四）强化责任担当，树立榜样作用

高校辅导员要明确职责分工。辅导员应明确自己在团队中的职

责分工，主动承担起领导责任；通过制订详细的工作计划，确保各项任务得到有效执行。以身作则，辅导员应以身作则，在工作中，严格遵守规章制度，积极面对挑战，为团队成员树立榜样。

（五）优化团队管理，激发团队活力

高校辅导员要完善激励机制。高校辅导员应对表现优秀的团队成员给予物质和精神上的奖励。通过设立优秀团队奖、个人贡献奖等方式，激发团队成员的积极性和创造力。高校辅导员要营造创新氛围。高校辅导员应鼓励团队成员提出创新性的想法和建议，为团队发展注入新的活力；通过举办创意大赛、创新研讨会等活动，激发团队成员的创新思维和实践能力。高校辅导员要加强团队建设。高校辅导员应定期组织团队建设活动，如户外拓展、团队游戏等，增进团队成员之间的了解和信任；通过活动，让团队成员在轻松愉快的氛围中增强团队协作能力。

（六）持续学习成长，提升领导力

高校辅导员要参加专业培训。辅导员应积极参加领导力培训、团队管理培训等专业课程，不断提升自己的领导力和管理能力；通过学习先进的管理理念和方法，更好地指导团队工作。高校辅导员要反思与总结。高校辅导员应定期对自己的工作进行总结和反思，找出存在的问题和不足；通过不断学习和改进，提升自己的领导水平和团队协作能力。

高校辅导员在晋升为中层干部的过程中，应注重团队合作精神的提升，通过实施上述策略，不断提升自己的领导力和团队协作能力，

为高校管理团队的发展贡献绵薄之力。

五、高校辅导员组织协调能力的提升策略

"组织协调能力"是领导者为实现组织目标，运用各种方法、措施，使组织中的各个部分和成员能够协同一致、相互配合，以便高效率地实现领导目标的行为。下面将深入探讨如何在实践中不断优化与提升高校辅导员的组织协调能力，使其更好地履行职责，促进其职业生涯的发展，推动学校工作的高效开展。

（一）深化理论学习与实践结合

辅导员应深化对组织协调理论的学习，理解其内涵、原则和方法。将理论知识与实践相结合，通过实际工作中的案例分析，总结提炼出一套适合自己的组织协调方法。

（二）明确角色定位与职责划分

辅导员需要明确自己的角色定位，既要做好上级决策的传达者和执行者，又要成为下级工作的指导者和支持者。在此基础上，高校辅导员应合理划分团队成员的职责，确保每个人都能在适合自己的岗位上发挥最大效能。通过明确职责，高校辅导员可以有效避免工作推诿和重复劳动，提高工作效率。

（三）加强沟通与反馈机制

沟通协调是组织协调的核心。辅导员应建立有效的沟通渠道，确保信息传递畅通无阻；定期召开团队会议，听取团队成员的意见

和建议，及时解决工作中遇到的问题；同时，建立反馈机制，对团队成员的工作表现给予及时、具体的反馈，激励他们不断进步。

（四）优化资源配置与流程管理

资源的有效配置是提升组织协调能力的关键。辅导员应根据团队工作的需要，合理调配人力、物力和财力资源，确保各项工作的顺利开展；同时，优化工作流程，减少不必要的环节和冗余，提高工作效率。资源配置和流程管理的优化，可以进一步提升团队的凝聚力和战斗力。

（五）培养团队精神与文化建设

团队精神是组织协调的基石。高校辅导员应注重团队文化的建设，通过组织团队活动、培训等方式，增强团队成员之间的信任和默契。同时，倡导积极向上的工作氛围，鼓励团队成员勇于担当、敢于创新，形成一支高效、协作、富有战斗力的团队。

（六）注重情绪管理与压力调节

情绪管理和压力调节对于高校辅导员来说同样重要。面对工作中的挑战和压力，高校辅导员应保持冷静和理智，避免因情绪波动而影响工作效率和团队氛围；通过运动、冥想等方式调节情绪，保持积极向上的心态，为团队树立榜样。

综上所述，高校辅导员通过上述策略的实施，不断进行实践和完善，将能够更好地履行职责，推动学校工作的高效开展。

六、高校辅导员有效服务能力的提升策略

高校辅导员晋升为中层干部后，其角色和职责将发生显著变化，从直接服务学生，转变为通过管理和协调来间接服务师生。这一转变要求高校辅导员必须具备更高的有效服务能力，高效、准确、及时地满足师生的需求，以推动学校的整体发展。

（一）深入了解师生需求

高校辅导员要深入了解全校师生的需求和期望。这包括学术需求、生活需求、职业发展需求等各个方面。高校辅导员可通过定期调研、座谈会、问卷调查等方式，收集师生意见，建立反馈机制，确保准确把握师生需求的变化。

（二）优化服务流程与体系

针对师生需求，高校辅导员应着手优化现有的服务流程与体系。这包括简化办事流程、提高服务效率、增强服务透明度等。高校辅导员应通过引入数字化管理工具，如在线服务平台、移动应用等，提升服务便捷性和满意度。同时，建立服务标准和评价体系，对服务质量进行定期评估和改进。

（三）加强跨部门协作与资源整合

高校辅导员需要具备良好的跨部门协作能力，以整合全校资源，满足师生需求。高校应通过定期组织跨部门会议、建立信息共享平台等方式，促进各部门之间的沟通与协作。同时，高校辅导员应根据师生需求，合理分配资源，确保对关键领域和项目的优先支持。

（四）培养团队服务意识与能力

学校应重视高校辅导员的服务意识与能力的培养。高校应通过培训、团队建设活动等方式，提升高校辅导员的服务意识和服务技能；鼓励高校辅导员主动了解师生需求，积极提供解决方案，形成"以学生为中心，以教师为核心"的服务理念。

（五）强化自我学习与能力提升

高校辅导员需要不断学习新知识、新技能，以适应不断变化的师生需求和学校管理环境。高校辅导员应通过参加专业培训、阅读相关书籍和文献、参加行业研讨会等方式，提升自己的管理能力和服务水平；同时，保持开放的心态，积极向其他优秀中层干部学习，借鉴他们的成功经验。

（六）建立有效的沟通机制

沟通是提升服务能力的关键。高校应建立有效的沟通机制，确保与师生之间的信息传递畅通无阻。这包括定期召开师生座谈会、设立意见箱、建立在线反馈平台等方式。高校辅导员应及时回应师生关切，解决他们遇到的问题，增强师生对学校的信任感和归属感。

（七）注重创新与持续改进

创新是提升服务能力的动力源泉。高校辅导员应鼓励团队成员勇于尝试新方法、新技术，以满足师生日益多样化的需求。同时，高校辅导员应建立持续改进机制，对服务过程进行定期回顾和评估，发现问题及时整改，不断提升服务质量。

上述策略的实施，可更有效地调动团队积极性，推动组织目标的实现，助力辅导员在复杂多变的教育环境中游刃有余，为学校整体发展贡献力量。

七、高校辅导员应急处突能力的提升策略

"应急处突能力"是指面对突发事件或危机时，能够迅速、有效地做出反应和决策，以保障师生安全、维护校园稳定、保障学校正常运转的能力。高校辅导员在晋升为中层干部后，面对的不仅仅是日常的行政管理任务，更要应对各种突发事件和危机情况。因此，应急处突能力成为高校辅导员不可或缺的技能之一。

（一）更新安全理念，强化危机意识

高校辅导员需要不断更新安全理念，紧跟时代步伐。随着社会的快速发展和变化，新的安全隐患和突发事件层出不穷。因此，辅导员必须时刻保持警惕，对可能出现的各种突发事件进行预判和防范。高校应通过定期举办危机应对培训和演练，提高高校辅导员的危机防范意识和自救互救能力；引导高校辅导员时刻保持高度的危机意识，认识到突发事件可能带来的严重后果，从而在日常工作中加强预防。

（二）加强应急培训，提升专业技能

应急处突能力的提升离不开专业的培训和演练。高校辅导员应积极参加各类应急处突培训班，学习最新的应急处理方法和心理援助技巧。此外，高校辅导员还可以通过模拟实训、案例分析等方式，

加深对突发事件处理流程的理解和掌握。通过不断的培训和实践，辅导员可以逐步提升自己的应急处突能力，为晋升为中层领导干部打下坚实的基础。

（三）优化应急机制，完善预案体系

建立健全的应急机制是提升应急处突能力的重要保障。高校辅导员应积极参与学校应急预案的制定和完善工作，确保预案的科学性、实用性和可操作性。同时，高校辅导员还要加强与其他部门的沟通协调，建立高效的应急联动机制，以便在突发事件发生时能够迅速响应、协同作战。

（四）强化心理建设，提高抗压能力

突发事件往往伴随着巨大的心理压力和挑战。因此，高校辅导员需要注重心理建设，提高自己的心理抗压能力和应对突发事件的能力。高校辅导员可以通过参加心理健康讲座、心理调适培训等活动，学习如何调节情绪、缓解压力。同时，高校辅导员还要加强对自身的心理健康教育，树立正确的价值观和人生观，增强心理韧性。

（五）注重团队协作，形成合力

应急处突工作不是单打独斗，而是需要团队协作和共同努力。高校辅导员应积极参与团队建设，与同事建立良好的合作关系；在突发事件发生时，能够迅速集结力量、形成合力，共同应对挑战；此外，还要加强与其他部门的沟通协调，确保信息传递的畅通和资源的共享。

（六）持续学习创新，提升综合素质

应急处突能力的提升是一个持续不断的过程。高校辅导员应时刻保持学习热情和创新精神，不断吸收新知识、新技术和新方法；可以通过参加学术会议、研讨会等活动，了解最新的研究成果和行业动态；同时，还要注重实践探索和创新实践，将所学知识运用到实际工作中去，不断提升自己的综合素质和应急处突能力。

（七）总结经验教训，不断完善提升

每一次突发事件都是一次宝贵的经验教训。高校辅导员在处理突发事件后，应及时总结经验教训，分析存在的问题和不足；通过反思和总结，不断完善自己的应急处突能力和预案体系；同时，还要加强与其他辅导员的交流和分享，相互借鉴和学习好的经验和做法。

综上所述，高校辅导员提升应急处突能力是一项长期而艰巨的任务。上述策略的实施，有助于高校辅导员不断提升自己的应急处突能力和综合素质，以更好地应对突发事件和危机情况，保障师生安全，维护校园稳定，推动学校健康发展。

八、高校辅导员学习科研能力的提升策略

"学习科研能力"更侧重于在学术或专业领域中进行科学探索和问题解决的能力。高校辅导员应具备探究实际问题和理论问题的能力，特别是在制度、观点、环节和机制等方面，寻求规律与方法，提出创新且可行的见解与措施。这涵盖从发现问题到分析问题、解决问题，以及在分析过程中展现的创新与创造能力。作为高校学生工作的核心力量，辅导员不仅负责学生的管理、教育和引导，还在

高校中层领导干部的选拔与培养中发挥着关键作用。

（一）激发科研意识，培养专业精神

科学研究不仅是学者和教师的专利，也是提升工作质量、实现个人职业发展的有效途径。高校应借助培训、讲座及案例分析等手段，引导辅导员认识到科学研究在日常工作中的价值，促进其掌握并运用科学方法发现、分析及解决问题的技巧。一方面，辅导员需系统学习党的思想政治教育史、思想政治工作发展史以及思想政治教育学科发展史等内容，以此夯实其理论功底与科研基础。另一方面，在日常工作中，辅导员应注重积累数据和案例，将工作经验转化为理论成果，以指导今后的工作。

（二）多样化培训，提升科研能力

培训是提升辅导员学习科研能力的关键途径。高校应提供多样化、有针对性的培训，以满足辅导员的不同需求；针对辅导员的职业特性和日常工作范畴，将科研能力细化为选题、资料搜集与分析写作等具体技能，并据此开展有的放矢的培训；同时，也为辅导员搭建交流与学习的平台，以提升他们的科研能力。

（三）优化科研环境，完善激励机制

为了鼓励辅导员积极参与科学研究，高校应优化科研环境，合理利用技能大赛、课题申报、专业期刊、学术交流会议等学术平台，为辅导员提供展示和交流的机会。高校应对取得重大科研成果的人员给予物质和精神上的奖励，还要对科研成果的转化应

用给予政策和资金上的支持，鼓励将科研成果转化为现实生产力，实现科研与经济的紧密结合，激发高校辅导员的创新动力。高校通过明确清晰的工作职责、内容及核心要点来保障研究时间，可以使辅导员从冗杂的日常事务中抽身，从而有更多时间专注于科学研究工作。

（四）加入科研团队，形成研究方向

高校辅导员应加入科研团队，与专家学者和同行合作，共同开展科学研究。在团队中，辅导员可以结合自己的兴趣和职业规划，形成自己的研究方向；通过多学科交叉学习，凸显个人优势，将个人发展目标与科学研究相结合。

（五）注重实践转化，提升工作效果

高校辅导员应将科研成果转化为实际工作中的应用，以提升工作效果。高校辅导员应通过科学思维设计推动工作，实现理论与实践的双向互动；注重成果的积累、转化、推广和应用，将科研成果转化为实际工作中的经验和智慧。

提升高校辅导员的学习科研能力是一个系统工程。上述策略的实施，可以有效提升辅导员的学习科研能力，为晋升中层领导干部打下坚实的基础。

第十节　本章小结

本章针对高校辅导员领导力提升策略进行了深入探讨，从国家、

高校、辅导员个人以及辅导员领导力六力指标体系四个层面提出了具体的策略和建议。在国家层面，出台了关于提升高校辅导员领导力的政策文件，加强高校辅导员领导力培养的宣传、组织和领导。这旨在从顶层设计上为高校辅导员领导力培养提供政策支持和方向指引，同时加强社会对辅导员领导力发展的关注和重视。在高校层面，强调了建立高校辅导员领导力专门研究和培训机构、构建高校辅导员领导力培育机制等策略。这些措施旨在为高校辅导员提供系统的领导力培训和实践机会，确保辅导员领导力的培养过程得到有效监督和改进，促进辅导员领导力的全面提升。在辅导员个人层面，提出了树立持续提升领导力的角色认知和意识、加强领导力理论学习、积极参加培训和讲座、参与项目实践锻炼、在实践反思中提升领导力以及基于中国文化提升领导力水平等策略。这些策略鼓励辅导员从自身出发，主动学习和实践领导力理论，通过不断反思和总结提升领导力水平，并结合中国文化塑造独特的领导力风格。在辅导员领导力六力指标体系方面，通过对 36 个分指标的详细分析，分别提出辅导员在政治素养力、前瞻力、决断力、成就驱动力、交际沟通力、合作力方面的提升策略，让辅导员更加有针对性地提升自身所欠缺的能力。

综上所述，高校辅导员领导力的提升是一个系统工程，需要国家、高校和辅导员个人共同努力。通过制定和实施有效的策略，深化策略实施和展望未来发展，我们可以更好地推动高校辅导员领导力的提升，为高校高质量发展提供有力支持，全面提升高校辅导员的领导力水平，为高校的高质量发展注入新的活力。

第八章

总结与展望

>>>

随着高校内部治理结构的不断优化和深化，高校辅导员的角色定位逐渐从单一的学生工作者转变为高校内部治理中层领导的后备人选和坚定的执行者。这一转变不仅体现了高校对辅导员队伍的高度重视，也对辅导员的领导力提出了更高要求。本书就高校辅导员领导力开展了相对聚焦的调研分析，构建出相对标准化的理论体系并有针对性地为高校辅导员的选拔、培养、考核提出一些可行性研究建议。

通过文献研究法、问卷调查法、行为事件访谈法、因子分析法、层次分析法，围绕"提升辅导员领导力"的核心，着重解决了四个问题：一是辅导员为什么需要提升领导力；二是基于职业发展视角下，辅导员需要提升哪些领导力；三是目前高校辅导员领导力的状况是怎的；四是高校如何提升基于职业发展的辅导员领导力。本书对高校辅导员领导力进行了比较全面的研究，解决了如何将高校辅导员培养成具有现代化治理能力、研究型、敢担当、有作为、服务师生的中层领导干部和如何有效培养辅导员领导力两个研究问题。本书取得了以下研究成果。

一是构建了基于职业发展的高校辅导员领导力的评价指标体系。本书通过收集领导力词汇，并根据统计分析得出的词汇，编制特征词汇问卷，通过调研获取一手数据，运用因子分析法构建出我国高校辅导员领导力的模型，其由政治素养力、前瞻力、决断力、成就驱动力、交际沟通力、合作力六个维度构成。二是分析评价普通本科高校辅导员领导力。本书基于指标体系设计了高校辅导员领导力实证分析问卷，形成了《普通本科高校辅导员领导力测评量表》，对普通本科高校辅导员实施测评。本书通过实证调研，调查了解普通本科高校辅导员的现有领导力水平，得出普通本科高校辅导员领导力总体水平较高，但存在各维度不均衡的结论，并对具体发展差异性进行了分析。二是从不同层面有针对性地提出普通高校辅导员领导力提升策略。本书从国家、学校、个人和六力指标层面提出领导力的提升策略，并基于领导力指标体系为普通高校辅导员的选拔、培养、考核提出可行性建议。

本书的创新性体现在以下三方面。一是本研究根据研究对象的复杂性，开展了跨学科交叉、多方法结合的综合研究。二是本研究从辅导员晋升到领导的视角研究领导力，填补了辅导员领导力研究的空白。三是本研究提出了"培养辅导员领导力"的新思路，研究成果实用。

本书在高校辅导员领导力指标体系的构建方面取得了初步的成果，标志着我们在提升辅导员队伍整体素质等方面迈出了坚实的一步。

尽管我们在撰写此著作时力求全面、深入，但仍不可避免地存在一些不足之处，其完善程度尚未达到理想状态。首先，内容和数据具有的局限性。该体系主要聚焦于中层领导的领导力表现，忽略了基层辅导员及整个辅导员团队在领导力方面的多样性和复杂性。由于获取数据的难度较大和成本限制，本书在数据分析方面可能存在一定的局限性，指标体系不够全面，难以全面反映辅导员队伍的整体领导力水平。其次，指标的设置不够细化。许多关键领域如创新能力、危机应对能力等缺乏具体的评估标准和量化指标，使得评价结果可能存在一定的主观性和模糊性。再次，理论框架有待完善。提升策略相对笼统，缺乏针对不同类型、不同发展阶段辅导员的个性化指导方案。这种策略上的泛化不仅降低了政策的针对性和有效性，也难以满足辅导员队伍多元化发展的需求。又次，逻辑结构不够清晰。各指标之间的逻辑关系不够明确，影响了评价结果的准确性和可信度。最后，实践应用的探索不足。本书更侧重于理论探讨，而在实践应用方面的探索相对较少，现有体系在实际操作中的可行性不强，许多指标难以直接应用于实际评价过程中，导致评价工作难以深入开展。下一步，我们将针对存在的不足继续深入研究、探索，努力通过更多的实证研究来检验理论框架的适用性和有效性，并对其进行必要的修正和补充。同时关注国际上的最新动态和研究成果，积极参与国际学术交流与合作，推动理论成果向实际应用转化，解决行业中的实际问题，提升研究成果的国际影响力。

总之，高校辅导员领导力指标体系的完善是一个长期而复杂的过程，需要不断总结经验、汲取教训、勇于创新。在以后的学习工作中，我们愿意在高校辅导员领导力理论知识的系统梳理、实践经验的全面总结等方面下更多功夫，努力够构建出一个更加科学、全面、具有可操作性的高校辅导员领导力指标体系，为提升高校辅导员领导力的水平，提升辅导员队伍的整体素质和发展、推动学生工作管理的创新发展作出更大的贡献。

参考文献

[1] 习近平. 在第十八届中央纪律检查委员会第六次全体会议上的讲话 [N]. 人民日报, 2016-5-3（2）.

[2] [美] 彼得·诺斯豪斯. 卓越领导力——十种经典领导模式 [M]. 王力行，王怀英，李凯静，等译. 北京：中国轻工业出版社，2003.

[3] [美] 约翰·马克斯韦尔. 领导力：开发你的领导潜能 [M]. 邓郁，译. 上海：上海人民出版社，2005.

[4] 李永瑞. 领导力与组织管理 [M]. 北京：清华大学出版社，2011.

[5] 樊登. 可复制的领导力：樊登的 9 堂商业课 [M]. 北京：中信出版社，2018.

[6] 吴维库，富萍萍. 基于价值观的领导 [M]. 北京：经济科学出版社，2002.

[7] [美] 威廉·A. 科恩. 德鲁克论领导力：现代管理学之父的新教诲 [M]. 北京：机械工业出版社，2011.

[8] [美] 詹姆斯·M. 库泽斯，巴里·Z. 波斯纳. 领导力：如何在组织中成就卓越（第 6 版）[M]. 徐中，沈小滨，译. 北京：电子工业出版社，2019.

[9] [美] 约翰·马克斯维尔. 领导力 21 法则：如何培养领袖气质 [M]. 上海：文汇出版社，2017.

[10] [美] 科兹·鲍斯勒著. 领导力（第三版）[M]. 牟立新，译. 北京：中国轻工业出版社，2005.

[11] [美]彼得·诺斯豪斯.领导学理论与实践(第六版)[M].覃文辞,译.北京：中国人民大学出版社,2014.

[12] [美]理查德·V.达姆.领导力[M].刘旭东,等,译.北京：电子工业出版社,2009.

[13] [美]理查德·L.达芙特.领导学(第六版)[M].苏保忠,等,译.北京：清华大学出版社,2018.

[14] 萧浩辉.决策科学辞典[M].北京：人民出版社,1995.

[15] [德]恩格斯."资本论"提纲[M].何锡麟,译.东北新华书店,2022.

[16] （春秋）老子.道德经[M].黎福安,译注.广州：广东人民出版社,南方传媒,2023.

[17] [美]德鲁克.有效的管理者[M].张晓宇,译.北京：中国工人出版社,1989.

[18] [美]马克·米勒.《领导力核心》[M].任世杰,译.北京：金城出版社,2014:9.

[19] [美]安弗莎妮·纳哈雯蒂.《领导力》[M].王新,译.北京：机械工业出版社,2003.

[20] 王奎武.系统领导力[M].北京：中国文史出版社,2017.

[21] 许树柏.实用决策方法：层次分析法原理[M].天津：天津大学出版社,1988.

[22] 毛泽东.毛泽东选集（第5卷）[M].北京：人民出版社,1977.

[23] [美]大卫·V.戴,约翰·安东纳基斯.领导力的本质[M].林嵩,等,译.北京：北京大学出版社,2015.

[24] [美]彼得·诺思豪斯.领导学：理论与实践（第二版）[M].吴荣先,译.南京：江苏教育出版社,2002.

[25] [美]沃伦·本尼斯,琼·戈德史密斯.领导力实践[M].刘清山,译.北京：中国人民大学出版社,2008.

[26] 胡杨.高校辅导员领导力提升路径探究[J].辽宁工业大学学报(社会科学版),2023,25(05).

[27] 万胜,申林灵.新时代高校辅导员领导力构建研究[J].学校党建与思想教育,2023(17).

[28] 李胜男.高校辅导员的领导力提升研究[J].文化创新比较研究,2019,3(22).

[29] 杨东. 高校辅导员领导力提升路径探究 [J]. 领导科学论坛，2019(9).

[30] 祝杨军. 论高校新任辅导员的领导力提升策略——从毛泽东领导哲学的视角看 [J]. 宁波开放大学学报，2021，19(03).

[31] 奚洁人. 中国大学生领导力教育的战略思考 [J]. 当代青年研究，2012(5).

[32] 李光炎. 领导力与生产力 [J]. 中共桂林市委党校学报，2001(1).

[33] 苗建明，霍国庆. 领导力五力模型研究 [J]. 领导科学，2006(9).

[34] 杨世铭，范莹，刘益颖. 中外青年领导力研究成果评述与启示 [J]. 河南科技大学学报 (社会科学版)，2019(6).

[35] 梁健. 如何提升非制度权力下的领导力 [J]. 北京石油管理干部学院学报，2005(6).

[36] 刘丰林. 高校辅导员情商培养和领导力提升的探索与思考 [J]. 湖北社会科学，2014（6）.

[37] 徐玲. 我国高校辅导员领导力培育现状、问题及相应对策 [J]. 亚太教育.

[38] 刘健康. 高校辅导员领导力的三重意蕴 [J]. 学校党建与思想教育，2020(2).

[39] 向健. 加强高校辅导员领导力建设 [J]. 青年与社会，2014(14).

[40] 赵静华. 高校辅导员非制度影响力提升研究——基于领导力六维模型分析 [J]. 闽南师范大学学报 (哲学社会科学版)，2016(1).

[41] 罗月伶，李欢. 高质量发展背景下融合教育学校校长领导力提升路径研究——基于萨乔万尼领导力模型分析 [J]. 绥化学院学报，2023，43(7).

[42] 滕竞. 人本视域下高校辅导员领导力的提升路径探索 [J]. 产业与科技论坛，2017 (16).

[43] 房欲飞. 美国大学生领导力教育兴起的背景、现状及成效 [J]. 世界教育信息，2012，25(Z1).

[44] 彼得·圣吉，蔡文燕. 有机组织的领导力 [J]. 经理世界，2001(7).

[45] 宋莹. 高校辅导员领导力提升研究 [D]. 上海：华东政法大学，2021.

[46] 耿克尧. 高校辅导员的领导力研究——以河北省为例 [D]. 保定：河北农业大学，2015.

[47] 李秀娟. 思想政治教育视域下大学生领导力培育研究 [D]. 上海：华东师范大学，

2017.

[48] 王芳. 领导力早期发展的初步探索 [D]. 上海：华东师范大学，2010.

[49] 杨雪连. 我国高校辅导员的领导角色与"领导力"培育研究 [D]. 广州：广东外语外贸大学，2014.

[50] 熊久阳. 专业美术院校辅导员领导力研究——以四川美术学院为例 [D]. 重庆：西南大学，2012.

[51] 雷友良. 民办高校辅导员领导力研究——以湖南民办高校的学院为例 [D]. 贵阳：贵州师范大学，2016.

[52] 张平. 学校变革视野下校长领导力研究 [D]. 上海：华东师范大学，2010.

[53] 李庆鹏. 大学生党员领导力培养研究 [D]. 湘潭：湖南科技大学，2012.

[54] 陈清锋. 习近平青年社会责任思想研究 [D]. 漳州：闽南师范大学，2018.

[55] 张明志. 基于团队角色理论的高校辅导员胜任力提升研究 [D]. 重庆：西南大学，2016.

[56] 李昱燕. 高校学生干部领导力模型构建及测评研究 [D]. 天津：河北工业大学，2022.

[57] 新华社. 中华人民共和国国民经济和社会发展第十四个五年规划和 2035 年远景目标纲要 [EB/OL].[2021-03-13].https：//www.gov.cn/xinwen/2021-03/13/content_5592681.htm.

[58] 中国教育报. 实施科教兴国战略强化人才支撑——论学习贯彻党的二十大精神 [EB/OL].[2022-11-02].http：//www.moe.gov.cn/jyb_xwfb/s5148/202211/t20221102_697098.html.

[59] 中国教育报. 建设中国特色社会主义教育强国——二论学习贯彻习近平总书记在中共中央政治局第五次集体学习时的重要讲话精神 [EB/OL].[2023-06-01].http：//www.moe.gov.cn/jyb_xwfb/s5148/202306/t20230601_1062303.html.

[60] 蒋金锵. 牢牢抓住第一生产力、第一资源、第一动力（思想纵横）[EB/OL].[2023-03-24].http：//paper.people.com.cn/rmrb/html/2023-03/24/nw.D110000renmrb_20230324_2-09.htm.

[61] 百度百科. 领导力五力模型 [EB/OL].[2023-12-30].https：//baike.baidu.com/ite

m/%E9%A2%86%E5%AF%BC%E5%8A%9B%E4%BA%94%E5%8A%9B%E6%A8%
A1%E5%9E%8B?fromModule=lemma_search-box.

[62] 教育部新闻办.教育部长陈宝生开讲啦，高校辅导员工作这么做！[EB/OL].
[2019-09-27].http：//www.bjcipt.com/Item/24200.aspx.

[63] 中华人民共和国教育部.高等学校辅导员职业能力标准（暂行）[EB/OL].
[2014-03-31].http：//www.moe.gov.cn/jyb_xwfb/gzdt_gzdt/s5987/201403/
t20140331_166419.html.

[64] 秦天明.因子分析（Factor Analysis）详解 [EB/OL].[2023-8-22].https：//blog.
csdn.net/m0_64357419/article/details/132439390.

[65] 百度百科.层次分析法（运筹学理论)[EB/OL].https：//baike.baidu.com/item/ 层
次分析法 /1672.

[66] 百度百科.模糊综合评价法 [EB/OL].https：//baike.baidu.com/item/ 模糊综合
评价法 /2162444.

[67] 豆丁网.模糊综合评判理论与应用 [EB/OL].[2011-09-17].https：//www.docin.
com/p-259897095.html.

[68] 范曦.新中国成立70年我国高校辅导员制度变迁 [EB/OL].[2019-09-03].
https：//www.cssn.cn/jyx/jyx_jyqg/202209/t20220913_5492713.shtml.

[69] 马斯洛.马斯洛需求层次理论 [EB/OL].https：//baike.baidu.com/item/ 马斯洛
需求层次理论 /11036498，1943.

[70] 戴维·麦克利兰.胜任力（戴维·麦克利兰提出的概念)[EB/OL].https：//
baike.baidu.com/item/ 胜任力 /2199566?fr=ge_ala，1973.

[71] 中人网.中国公共招聘网 市场资讯 [EB/OL].[2021-07-29].http：//www.job.
mohrss.gov.cn/rzzc1/127617.jhtml.

[72] 百度文库.你如何定义权威？[EB/OL].[2023-11-03].https：//wenku.baidu.
com.

[73] 百度百科.感召力（一种人格特质）[EB/OL].https：//baike.baidu.com/item/ 感
召力 /9897300.

[74] 百度百科.沟通能力 [EB/OL].https：//baike.baidu.com/item.

[75] 教育千里马安茂盛.马克思主义关于人的全面发展的含义 [EB/OL].[2021-06-10].https：//baijiahao.baidu.com/s?id=17021310105042187744#：~：tex.

[76] 学习时报.马克思主义关于人的全面发展的含义 [EB/OL].[2017-08-04].https：//www.jsllzg.cn/yaowen/201708/t20170804_4468279.shtml.

[77] 王馨晨.马克思关于人的全面发展学说 [EB/OL].[2023-05-04].http：//www.gaosan.com/gaokao/584125.html.

[78] 聚优网.什么是管理者的 360 度领导力 [EB/OL].[2022-12-02].https：//www.jy135.com/guanli/71549.html.

[79] 百度百科.领导权变理论 [EB/OL]. https：//baike.baidu.com/item/ 领导权变理论 /8666324.

[80] 百度百科.领导行为理论 [EB/OL].https：//baike.baidu.com/item/ 领导行为理论？ fromModule=lemma_search-box.

[81] 百度百科.领导特质理论 [EB/OL].https：//baike.baidu.com/item/ 领导特质理论？ fromModule=lemma_search-box.

[82] 豆丁网.西方领导理论 [EB/OL].https：//www.docin.com/p-773527337.html.

[83] 中华人民共和国教育部.关于进一步加强和改进大学生思想政治教育的意见 [EB/OL].[2004-10-15].http：//www.moe.gov.cn/jyb_xwfb/gzdt_gzdt/moe_1485/tnull_3939.html?eqid=a03801b3001b365700000004643a9d5e.

附录1 普通高校辅导员领导力
开放式问卷（中层领导）

尊敬的领导：

您好！非常感谢您在百忙中参与本次问卷的调查。本次调查是关于"高校辅导员领导力"研究的一部分，您的回答将为我们的研究提供宝贵的数据，问卷采用无记名形式，您的回答仅作学术研究之用，谢谢您的支持与合作！

基于职业发展的普通高校辅导员领导力指辅导员在职务晋升方面有效执行领导角色所必须具备的能力（如政治判断力、组织协调能力、统筹规划能力、责任心强、乐观自信等）、特质（如品格、心态、关系、知识、经验）等。

1. 请您在以下空白处列出 10 或 10 个以上您所认为的，基于职业发展的高校辅导员应该具备哪些素质、能力、特质，才能更好地胜任学校中层干部的岗位。

2. 您认为现在的辅导员欠缺哪些领导力（素质或能力）？

附录2　普通高校辅导员领导力开放式问卷（辅导员）

尊敬的辅导员老师：

您好！非常感谢您在百忙中参与本次问卷的调查。本次调查是关于"高校辅导员领导力"研究的一部分，您的回答将为我们的研究提供宝贵的数据，问卷采用无记名形式，您的回答仅作学术研究之用，谢谢您的支持与合作！

基于职业发展的普通高校辅导员领导力指辅导员在职务晋升方面有效扮演领导角色所必须具备的能力（如：政治判断力、组织协调能力、统筹规划能力、责任心强、乐观自信等）、特质（如品格、心态、关系、知识、经验）等。

1. 请您在以下空白处列出10或10个以上您所认为的，基于职业发展的高校辅导员应该具备哪些素质、能力、特质，才能更好地胜任学校中层干部的岗位。

2. 您认为现在的辅导员欠缺哪些领导力（素质或能力）？

附录3　普通高校辅导员领导力访谈提纲

尊敬的校领导：

您好！本次调查是关于"高校辅导员领导力"研究的一部分，通过访谈的方式了解一下目前高校基于职业发展的辅导员领导力提升的现状及构成，从而为下一步提升高校辅导员晋升中层领导的领导力积累相关的素材和思路。在本次访谈中我们会根据您的意愿决定是否使用录音设备，仅将本次访谈内容用于学术研究而且承诺对访谈内容会严格保密，感谢合作与帮助！

提纲内容：

1. 描述您在高校领导岗位中遇到的关键事件，包括教育教学、师生管理、团队合作、危机处理、问题分析等方面的成功或做得不完美的典型事件或案例。

2. 详细地描述当时的想法，并总结成功或者失败的原因。

附录4　普通高校辅导员领导力词汇问卷（领导、辅导员）

尊敬的领导、老师：

您好！非常感谢您在百忙中参与本次问卷的调查。本次调查是关于"高校辅导员领导力"研究的一部分，您的回答将为我们的研究提供宝贵的数据，问卷采用无记名形式，您的回答仅作学术研究之用，谢谢您的支持与合作！

一、基本情况填写

1. 您的性别 ◎男 ◎女

2. 您的职位 ◎中层及以上领导 ◎辅导员

3. 您的年级（学生） ◎大一 ◎大二 ◎大三 ◎大四 ◎研一 ◎研二

二、问卷主体部分

以下列出了36个领导力词汇，请您根据自身感受或经验来判断其重要程度。从重要到不重要共有5个等级：5代表非常重要，4代表比较重要，3 代表一般，2 代表不太重要，1 代表非常不重要。请您结合实际思考每个词汇的重要性，并在其后数字上画"√"。

注：如果在列出的特征之外，您还有其他有关高校辅导员领导力特质的意见或者看法，可在问卷的空白处写出您的意见。

领导力词汇	非常不重要	不太重要	一般	比较重要	非常重要	领导力词汇	非常不重要	不太重要	一般	比较重要	非常重要
政治判断力	1	2	3	4	5	结果导向思维	1	2	3	4	5
政治领悟力	1	2	3	4	5	自我价值实现	1	2	3	4	5
政治执行力	1	2	3	4	5	会尊重	1	2	3	4	5
高瞻远瞩	1	2	3	4	5	会包容	1	2	3	4	5
敏锐的洞察力	1	2	3	4	5	会赞美	1	2	3	4	5
统筹规划能力	1	2	3	4	5	会拒绝	1	2	3	4	5
守正创新能力	1	2	3	4	5	人际交往能力	1	2	3	4	5
分析判断能力	1	2	3	4	5	沟通表达能力	1	2	3	4	5
担当作为	1	2	3	4	5	自律自控能力	1	2	3	4	5
责任心强	1	2	3	4	5	处理好上下级关系	1	2	3	4	5
批判性思维	1	2	3	4	5	会激励	1	2	3	4	5
果断干练	1	2	3	4	5	会授权	1	2	3	4	5
风险规避能力	1	2	3	4	5	稳重踏实	1	2	3	4	5
成就事业的渴望和决心	1	2	3	4	5	团队合作精神	1	2	3	4	5
热情激情	1	2	3	4	5	组织协调能力	1	2	3	4	5
竞争意识	1	2	3	4	5	有效服务能力	1	2	3	4	5
乐观自信	1	2	3	4	5	应急处突能力	1	2	3	4	5
标杆影响力	1	2	3	4	5	学习科研能力	1	2	3	4	5

附录5 普通高校辅导员领导力测评量表（以普通本科高校为例）

尊敬的领导、老师：

您好！非常感谢您在百忙中参与本次问卷的调查。这是一份关于高校辅导员在职业发展中所需相关领导力的测评问卷，共包含两个部分：个人基本情况和正式问卷。请您根据个人实际情况，在题项下的诸多选项中选择最符合的打"√"。本问卷采用无记名形式，您的回答仅作学术研究之用，所回收的问卷将予以保密处理，请您放心作答。感谢您的合作与支持！

一、个人基本情况（请在您选中的项目编码上打"√"）

1. 您的性别：◎男 ◎女

2. 您的入职年限：◎1—3年 ◎4—8年 ◎8年以上

3. 您的学科背景：◎文史类 ◎理工类 ◎经管类 ◎艺术类

4. 您的职务：◎科员 ◎副科 ◎正科 ◎副处

5. 您的职称：◎助教 ◎讲师 ◎副教授 ◎教授

二、主体部分（请在您选中的项目栏中打"√"）

胜任维度	领导力指标	题项	完全不符合	基本不符合	不确定	基本符合	完全符合
政治素养力	政治判断力	以政治原则作为思量标准，对政治现象、政治形势、政治关系等进行鉴别、分析与谋断，能够把握政治是非与政治本质。					
	政治领悟力	对党和国家政策、政治理论、政治规范、政治内涵和政治价值等的深刻理解和领会，并能够将这些政策精神转化为推动学校发展的实际行动。					
	政治执行力	具备高度的政治敏锐性和责任感，能够迅速把握政策精神，科学谋划工作举措，确保政策执行不走样、不变形。					
前瞻力	高瞻远瞩	能够洞察时代发展趋势，具备前瞻性的战略眼光，为学校的发展制定出切实可行的长远规划。					
	敏锐的洞察力	善于细致观察和分析，迅速识别问题的本质和关键所在，采取有效措施加以应对，确保学校的稳定和发展。					
	统筹规划能力	能够全面考虑学校的内外部环境、资源条件和发展目标，通过科学的方法和手段，对各项工作进行整体布局和安排，以实现学校整体发展的最优化。					
	守正创新能力	在坚守教育初心和办学宗旨的基础上，能够以新颖、独特的方法解决问题，不墨守成规，持续推动学校创新发展。					

续表

胜任维度	领导力指标	题项	完全不符合	基本不符合	不确定	基本符合	完全符合
决断力	分析判断能力	具备对复杂教育现象和问题进行独立深入分析的能力，能够识别风险和机遇，基于分析结果作出合理的判断和决策。					
	担当作为	对学校发展有责任感和使命感，敢于直面问题，不畏艰难、不惧风险、敢于担当、敢于创新，积极寻求解决方案，为学校的发展扫清障碍、铺平道路。					
	责任心强	履行职责时所持有的对工作的认真态度，把完成组织的任务当作自己的事情，以身作则，愿意承担起相关的责任，愿意自动自发地出色完成工作，勇于承担事情的后果。					
	批判性思维	对他人或自己的观点、做法或思维过程进行评价、质疑、矫正，并通过分析、比较、综合，进而达到对事物本质更为准确和全面的认识。					
	果断干练	面临选择和决策时能够迅速、准确地做出判断，不畏首畏尾，以高效、利落的方式执行决策。					
	风险规避能力	在面对潜在风险时，具备预见、识别、评估并采取有效措施来减少或避免风险发生的能力。领导还需具备制定科学应对策略、建立长效机制和应对突发事件的能力。					

续表

胜任维度	领导力指标	题项	完全不符合	基本不符合	不确定	基本符合	完全符合
成就驱动力	成就事业的渴望和决心	渴望是内心深处对卓越成就的向往和追求，决心意味着在面对困难和挫折时，能够坚定信念、勇往直前。两者相互促进，共同推动学校不断发展。					
	热情激情	热爱自己的职业，对教育工作充满热情，始终保持着对新知识、新理念的追求和探索。对学校的发展充满信心和期待，对实现教育目标有着强烈的渴望和追求。					
	竞争意识	具备强烈的争先创优意识，敏锐洞察外部环境的变化，优化内部管理，追求人才培养质量来应对各种挑战，推动学校不断前进。					
	乐观自信	对自己的实力有正确的评估和积极的肯定，积极面对困难和挑战，激发团队成员的积极性和创造力，营造积极向上的氛围。					
	标杆影响力	标杆影响力主要体现在示范和激励作用上，通过自身的行为、品质、能力和成就，成为师生心中的楷模和榜样，激发师生的积极性和创造力，推动学校的进步和发展。					
	结果导向思维	结果导向思维是一种强调以最终结果为核心，通过明确目标、制定计划、优化流程等手段，提高个人或团队工作效率，推动任务完成和问题解决的工作思维方式。					
	自我价值实现	通过自我认知、目标设定、努力行动和成就感等多个方面的努力，逐渐实现自身的潜能和价值，达到自我认同和满足的状态。					

续表

胜任维度	领导力指标	题项	完全不符合	基本不符合	不确定	基本符合	完全符合
交际沟通力	会尊重	善于欣赏和接纳他人的优点和长处，对人礼貌并保持真诚、友善的态度，学会倾听并尊重他人的劳动和付出，以及提高对他人的重视程度。					
	会包容	包容是一种积极、开放和宽容的态度，它表现为对他人的不同观点、行为和生活方式的接纳和理解。保持开放、宽容的心态，积极营造包容的校园文化氛围，为学校的发展贡献更多的智慧和力量。					
	会赞美	赞美是一种艺术，需要真诚、具体、适时、适度地表达对他人的认可和尊重，并根据不同个体的实际情况进行个性化的赞美。注意避免虚伪和夸张、关注过程与结果以及平衡赞美与批评等方面的问题。					
	会拒绝	明确自己的立场和界限，以尊重和理解的态度进行沟通，提供合理的解释和替代方案，尽量以积极、肯定的方式表达拒绝，强调你的拒绝并不是针对个人，而是基于自己的实际情况和需求，并鼓励对方继续与你保持联系。					
	人际交往能力	知礼节，善于待人接物、处理各类复杂的人际关系，能够有效感知、理解他人的思想、感情和行为，能够设身处地为他人着想的能力。					

续表

胜任维度	领导力指标	题项	完全不符合	基本不符合	不确定	基本符合	完全符合
交际沟通力	沟通表达能力	在人际交往中能够有效地传递信息、具备较强的口头和书面表达能力，并善于倾听他人的观点和意见，理解他人意图的能力。					
	自律自控能力	能够自我约束、管理和控制自己的行为、情绪和思想的能力，为人处世坚持原则。					
	处理好上下级关系	建立在信任、尊重、明确职责、倾听关心、公平公正和鼓励参与的基础上。了解上级的期望和要求，及时、清晰地向上级汇报工作进展、问题和需求。遇见意见冲突，保持冷静、理性沟通，尊重对方观点和意见，并寻求共同的解决方案。调动下级的积极性，营造出和谐稳定的工作氛围，保质保量完成领导交办的任务。					

续表

胜任维度	领导力指标	题项	完全不符合	基本不符合	不确定	基本符合	完全符合
合作力	会激励	会激励是一种重要的管理和领导技能，通过适当的方式和手段来激发个体或团队的积极性和创造力，使个体或团队保持高昂的斗志和持续的动力，以达到更好的工作效果和目标实现，推动学校的整体发展。					
	会授权	能够将部分职权委托给下属，明确权利与责任的关系，以激发下属的主动性和创造性，通过授权、指导、监督和评估等环节使其更好地为学校的发展贡献力量。					
	稳重踏实	稳重踏实是一种极其重要的个人品质，遇事保持冷静、沉着，不轻易被外界动摇，同时，做事脚踏实地，注重实效，不浮躁、不浮夸。					
	团队合作精神	团队合作是团队成员之间相互信任、相互支持，并协同工作，以达成共同的目标。					
	组织协调能力	为实现组织目标，能够统筹利用各项资源，运用各种措施和方法，使组织中的各个部分和成员能够协同一致、相互配合，高效率地实现目标。					
	有效服务能力	能够发自内心为集体、他人提供热情的服务，高效、准确、及时地满足师生的需求，以推动学校的整体发展。					
	应急处突能力	面对突发事件或危机时，能够迅速、有效地做出反应和决策，以保障师生安全、维护校园稳定、保障学校正常运转的能力。					
	学习科研能力	侧重于在学术或管理领域中进行科学探索和问题解决的能力。能够针对某些方面的制度、观点、环节和机制等实际问题和理论问题进行探究，并寻求规律与方法，提出切实可行的新观点和新措施。					